现代电子商务实战型人才培养系列精品教材

电子商务概论

主　编　邢志良　花　嵘
副主编　于　雷　温希波
　　　　隋丽红　林晓乐

中国商业出版社

图书在版编目(CIP)数据

电子商务概论/邢志良,花嵘主编.—北京:中国商业出版社,2017.9
ISBN 978-7-5044-9863-2

Ⅰ.①电… Ⅱ.①邢… ②花… Ⅲ.①电子商务-教材 Ⅳ.①F713.36

中国版本图书馆 CIP 数据核字(2017)第 104534 号

责任编辑:蔡 凯

中国商业出版社出版发行
010-63180647　www.c-cbook.com
(100053 北京广安门内报国寺 1 号)
新华书店经销
涿州市星河印刷有限公司印刷

* * * *

787×1092 毫米　1/16　11 印张　240 千字
2017 年 9 月第 1 版　2017 年 9 月第 1 次印刷

定价:35.00 元

* * * *

(如有印装质量问题可更换)

前　言

对中国来说，改革开放就是最大的基因突变，中国的电子商务应该说是最受益的行业之一，我们要紧跟快速发展的时代变化，走在新时代浪潮前头，迎接人工智能将要带给全人类的又一次大爆炸式巨变。

近几年，电子商务经营模式在各行各业中得到了广泛应用，对于企业来说也是如此，电子商务的发展和应用对企业的发展产生了重要影响，成为企业最重要的经营方式，为企业竞争优势的获取创造了良好的条件。电子商务在发展中"遭遇"了大数据、物联网、移动互联的冲击，并对电子商务人才需求、营销模式选择、支付与物流等方面带来了重大变革。本书针对这些问题进行了详细的论述。

有人认为，中国的电子商务行业存在巨大的泡沫。但是，编者认为，只要我们能在电子商务发展中正视存在的问题，积极解决，紧紧把握"互联网＋"发展趋势，着力促进商贸流通转型升级，电子商务在培育经济新动力、以及在稳增长、调结构、惠民生中必然发挥重要作用。电子商务行业也必将成为我国经济改革的重要阵地，并以前所未有的浪潮引领全球新经济的创新发展。

本书在编写过程中参考了国内外电子商务教材和相关文献资料，搜集和整理了源于自媒体的观点，在此向相关作者表示最诚挚的感谢！感谢黎晓燕、姜伟和范腾腾在书稿的校对中付出的努力！由于编者水平有限，书中难免有错漏之处，恳请广大读者批评指正。

编者
2017 年 9 月

目 录

第1章 电子商务概述 (1)
1.1 电子商务的产生与发展 (2)
1.2 电子商务的概念 (3)
1.3 电子商务的作用 (7)
1.4 "互联网+"时代:电子商务发展的新机遇和新趋势 (10)
1.5 电子商务创新科技人才 (15)

第2章 电子商务促进经济发展 (19)
2.1 电子商务作为经济发展动力因素的整体性分析 (20)
2.2 电子商务促进经济发展的内在机理 (21)
2.3 电子商务促进经济发展的外在表现 (26)
2.4 电子商务与实体经济 (30)

第3章 电子商务模式 (35)
3.1 商业模式 (36)
3.2 电子商务模式 (41)
3.3 我国网络零售平台的模式创新过程分析 (47)
3.4 电子商务商业模式发展展望 (53)

第4章 电子商务与信息化 (60)
4.1 电子商务与企业信息化概述 (61)
4.2 企业信息化与电子商务的关系 (61)
4.3 企业信息化建设适应电子商务需求的策略 (62)
4.4 电子商务与ERP (63)
4.5 大数据对电子商务各组成部分的影响 (67)

第5章 网上支付与结算 (73)
- 5.1 电子支付与网上支付 (74)
- 5.2 我国网上支付的现状 (79)
- 5.3 电子支付工具 (84)
- 5.4 电子商务与网上银行 (88)
- 5.5 第三方支付 (88)

第6章 数据营销 (93)
- 6.1 大数据营销的特点 (94)
- 6.2 大数据营销与客户关系管理 (101)
- 6.3 电商企业大数据营销应用问题的原因及建议 (104)
- 6.4 相关案例 (108)

第7章 电子商务物流 (112)
- 7.1 物流配送 (113)
- 7.2 电子商务环境下物流配送 (120)
- 7.3 电子商务物流的模式 (124)
- 7.4 我国电子商务物流发展的现状及对策 (126)
- 7.5 电子商务物流最后一公里配送 (129)

第8章 电子商务运营与管理 (133)
- 8.1 电子商务运营管理基础 (134)
- 8.2 中小企业电子商务运营的基本模式与管理 (136)
- 8.3 电子商务运营模式的优劣分析 (138)
- 8.4 中小企业电子商务运营管理模式选择 (139)
- 8.5 自媒体运营 (144)
- 8.6 当前电子商务运营管理的现状及对策 (152)

第9章 大数据时代电子商务安全 (155)
- 9.1 安全问题 (156)
- 9.2 电子商务安全技术与协议 (158)
- 9.3 大数据下的电子商务安全体系的构建 (161)
- 9.4 相关案例 (168)

第1章　电子商务概述

※**课程导入**

本章通过介绍电子商务的产生与发展历史引出电子商务的概念及特点，对几种典型的电子商务模式进行了重点介绍，探讨了电子商务目前存在的问题。在此基础上，更进一步地探讨了未来电子商务发展的新亮点：移动电子商务。阐述了移动电子商务的概念、优点及所涉及的相关技术，介绍了移动电子商务的国内外应用情况及存在的问题。

※**学习目标**

➢ 掌握电子商务的概念

➢ 了解电子商务的产生和发展

➢ 理解电子商务的分类和定义

➢ 认识电子商务的功能和特点

※**相关知识**

电子商务将传统的商务流程电子化、数字化，大量减少人力、物力，降低了成本。同时，突破了时间和空间的限制，使得交易活动更为方便快捷，大大提高了效率。全球电子商务作为网络化的新型经济活动，正以前所未有的速度迅猛发展，并成为各国增强经济竞争实力，赢得全球资源配置优势的有效手段。当前国际金融市场动荡加剧，全球经济增长明显放缓，电子商务成为帮助企业走出困境最为可靠的手段之一。在此背景下，我国应大力发展电子商务，运用其开放性和全球性特点，为企业创造更多贸易机会，把握这个赶超欧美大国的良好契机。

1.1 电子商务的产生与发展

1.1.1 电子商务发展的五个阶段

电子商务作为以网络为基础的新型经济活动,在2008年以来的经济危机中几乎充当了救世主的角色,它使"新蛋美国"在美国零售业面对圣诞"旺季"一片哀鸿的境地中逆势上升,也使中国的广大中小企业面对"严冬"时涉险过关。自2009年以来,更是成为企业在用工成本上升、原材料涨价困境下降低生产与经营成本的法宝。电子商务对经济发展的促进作用引起了社会各界对电子商务的高度重视,中国发布的白皮书更是预言电子商务服务业将成为全球领先的战略性新兴产业,重视电子商务在新一轮经济发展中的作用已经被越来越多的人士认同。

没有Internet技术就没有电子商务运行的技术环境,没有经济全球化也就没有电子商务应用的市场经济支撑;没有20世纪60年代末EDI(电子数据交换)在经济活动中的成功应用,也就没有电子商务发展的效益前景;没有知识经济时代高科技的发展和人们思想观念的改变,也不可能有电子商务模式的创新和发展。

电子商务的产生是技术、经济和知识在经济领域应用的结晶,也是商务活动在发展过程中的必然结果。可以说,电子商务的发展经历了5个阶段。

第一阶段:电子邮件阶段。

这个阶段可以认为是从20世纪70年代开始的,平均的通信量以每年几倍的速度增长。

第二阶段:信息发布阶段。

从1995年起,以Web技术为代表的信息发布系统,爆炸式地成长起来,成为目前Internet的主要应用。中小企业应把握好从"粗放型"到"精准型"营销时代的电子商务。

第三阶段:EC(Electronic Commerce),即电子商务阶段。

把EC列为一个划时代的标志,是因为Internet的最终主要商业用途就是电子商务。同时反过来也可以说,若干年后的商业信息,主要是通过Internet传递。Internet已成为我们这个商业信息社会的神经系统。1997年年底,在加拿大温哥华举行的第五次亚太经合组织非正式首脑会议(APEC)上,美国前总统克林顿提出敦促各国共同促进电子商务发展的议案,引起了全球首脑的关注。IBM、HP和Sun等国际著名的信息技术厂商已经宣布1998年为电子商务年。

第四阶段:全程电子商务阶段。

随着SaaS(Software as a Service)软件服务模式的出现,互联网上软件的应用延长了电子商务链条,形成了当下最新的"全程电子商务"概念模式。

第五阶段:智慧电子商务阶段。

2011年,互联网信息碎片化及云计算技术愈发成熟,主动互联网营销模式出现,I-Commerce(Individual Commerce)顺势而出,使电子商务摆脱了传统销售模式生搬上互联网的现状,以主动、互动、用户关怀等多角度与用户进行深层次沟通。其中以IZP科技集团提出的ICE最具有代表性。

1.1.2 电子商务在我国的发展

我国电子商务的发展阶段,始于20世纪90年代,之后的发展基本与世界同步。通常,人们把1998年称为"全球电子商务年",以该年为分水岭,之前的发展可谓是"涓涓细流",之后的发展可谓是"波涛汹涌"。1998年以来的中国电子商务的发展经历了三个"非常时期":一是1999年在"全球电子商务年""政府上网年"的舆论之下,许多电子商务企业抱着抢分第一桶金的心理纷纷上马电子商务;二是2003年"非典"时期,传统企业搭上电子商务快车;三是2008年开始的全球"金融海啸",电子商务成为许多中小企业的避风港和逆市发展的契机。经过十多年的发展,我国的电子商务进入快速发展的黄金时期,其对经济发展的促进作用日益凸显。

总体来看,我国电子商务发展的空间广阔。根据中国互联网络信息中心(CNNIC)发布于2016年的《中国互联网络发展状况统计报告》数据显示,截至2016年6月底,我国网民数量达到7.10亿,互联网普及率为51.7%,而网络购物用户规模达到4.48亿,使用率大幅度提升。

1.2 电子商务的概念

1.2.1 电子商务的概念

电子商务的概念大约在1996年前后被提出并迅速传播和推广,但至今仍缺少一个权威性的定义。其内涵也随着网络技术的发展和人们对电子商务认识的深入而不断演变。经济合作与发展组织(OECD)、世界贸易组织和国际跨国公司IBM公司、Intel公司、HP公司都给出了相关定义。早期一般认为,电子商务指应用电子手段从事各种商业活动,包括企业间的日常业务往来、商品购销、信息共享以及消费者凭借互联网查询、订购商品或服务等。将电子商务的概念进一步阐述,是指以信息技术的基础设施和解决方案装备起来的关键业务系统,通过内联网(Intranet)、外联网(Extranet)及互联网(Internet)与它们的组成部门(如客户、雇员、供应商、业务伙伴、各种联络渠道及影响者等)直接联接起来的各种业务活动,既包括企业内部的活动(如企业资源计划,ERP),也包括企业外部的活动(如客户关系管理,CRM)。所以,电子商务是指将一个企业的物质流、信息流、资金流及业务过程管理全面用信息技术装备起来并实现网络化。2007年，由国家发展和改革委员会、国务院信息化工作办公室联合发布了我国首部《电子商务发展"十一五"规划》（以下简称《规划》）。《规划》首次明确了电子商务是网络化的新型经济活动，即基于互联网、广播电视网和电信网络等电子信息网络的生产、流通和消费活动，而不仅仅是基于互联网的新型交易或流通方式。电子商务涵盖了社会不同经济主体内部和主体之间的经济活动，体现了信息技术网络化应用的根本特性，即信息资源高度共享、社会行为高度协同所带来经济活动的高效率和高效能。

到目前为止，我国对电子商务还没有形成一个标准、统一的定义，从不同角度，电子商务的定义会有一定的区别。理论界认为，电子商务的定义有狭义和广义之分。狭义的电子商务，是指人们利用电子手段进行的以商品交换为中心的各种商务活动，是指公司、厂家、商业企业、工业企业与消费者个人双方或多方通过计算机网络，主要是Internet进行的商务活动。广义的电子商务，是指各行各业（包括政府机构和企业、事业单位）中各种业务的电子化，又可以称作电子业务，包括电子商务、电子政务、电子军务、电子医务、电子教务、电子公务、电子事务、电子家务等。

对电子商务的界定希望做到涵盖全面、具有可操作性及可进行不同行业之间的统计比较。根据我国国情和统计需要，电子商务是通过基于计算机的网络进行产品或服务的交易活动，无论这个交易采用何种支付手段。该定义包括以下几个要素：

行为主体：是指交易的双方，可以是政府、企业、家庭或个人等；交易媒介：是指计算机、网络或各种电子工具（包括EDI、无线电话、Web电视或交互式电话系统等）；交易内容：是指产品和服务的买卖活动；交易结果：是指交易双方发生了交易行为，实现了所有权的转移。

1.2.2 电子商务的分类

按照不同的划分标准，电子商务可划分为以下几种不同的类型。

（1）按照使用网络的类型分类。

按照使用网络的类型，电子商务可分为基于互联网的电子商务、基于EDI的电子商务、基于内部网的电子商务、基于外部网的电子商务。

基于互联网的电子商务所涉及的范围较为广泛，包括最初的电子邮件，到后来发展起来的信息发布、信息共享、购买或销售产品和服务，全都体现了互联网的强大功能及电子商务技术的飞速发展。

EDI就是按照协议，将商业文件进行格式化和标准化，通过计算机网络与商业伙伴的计算机网络系统之间进行数据处理和数据交换。EDI包括互联网EDI和非互联网EDI。

企业内部网就是企业内部的虚拟网络。许多大型企业利用内部网建立企业资源计划系统，将资金划拨、生产、管理集为一体，从而进行企业内部的电子商务活动，不仅提高了工作效率，还大大降低了管理成本和各项费用。

企业外部网就是将来自各行各业的企业的内部网连接在一起构成的网络。基于此网络的电子商务主要指企业利用外部网与货物供应商、产品销售商及其他企业开展的商务活动。

(2) 按交易对象分类。

按照交易对象,电子商务可分为五类:B2B(企业对企业)、B2C(企业对消费者)、B2G(企业对政府)、C2C(消费者对消费者)、C2G(消费者对政府)。

B2B是指各个企业之间通过互联网或其他专用网络进行信息交换与传递,开展在线商务活动。它是电子商务的主要形式,是其发展的主要推动力,也是企业获取竞争优势和市场地位的主要方式。B2B电子商务的特点是交易次数少、交易量大,一般是用于企业与供应商、销售商之间的大宗交易。

B2C是指企业利用在线零售模式,向消费者提供产品和服务的商贸活动。这是我们最熟悉的一种类型,互联网上出现的各种虚拟商业中心和网上商店,诸如天猫商城、凡客、亚马逊网上书店、当当网等均属此类型,它们提供种类繁多的消费品和服务。

B2G是指政府部门与企业之间通过网络开展的电子商务活动,如美国政府在网上公布采购清单,企业利用电子化方式对此回应,政府通过电子工具在线向企业征税。这样做可以提高政府办公的效率、公开性和透明度。

C2C是指消费者利用网络向其他消费者提供产品或服务的交易模式,买卖双方均需要依附在第三方交易平台上,最常见的是淘宝网的各家网店。

C2G是指政府与公民之间进行的各种商务活动,如个人税收、社会福利基金的网上发放等,这种电子商务在中国还没有发展起来,但未来随着经济的发展,政府部门将会向人们提供更完善的网上服务。

(3) 按电子商务交易范围分类。

按照电子商务交易范围,可划分为三类:全球电子商务、远程国内电子商务、本地电子商务。全球电子商务是指全球范围内交易双方通过网络开展的贸易活动;远程国内电子商务是指一国范围内基于网络开展的交易活动;本地电子商务是指基于本地区的通信网络开展的电子商务。

(4) 按商务活动内容分类。

按照商务活动内容,电子商务可划分为:直接电子商务和间接电子商务两种。直接电子商务是指无形产品或服务的网上定货或支付等活动,比如某些信息服务、计算机软件、娱乐内容的网上订购、支付和交付。间接电子商务是指有形产品的网上定货或支付等活动,它需要通过传统渠道(现代快递、邮政服务等)配送产品。

(5) 按商业活动运作方式分类。

按照商业活动的运作方式,电子商务可划分为非完全电子商务和完全电子商务。非完全电子商务是指需要利用一些外部因素,不能完全利用电子商务方式来完成整个交易过程的电子商务。完全电子商务是指完全可利用电子商务方式完成整个交易过程的电子商务。也就是说,商品和服务交易的全部过程是在网络上完成的。

1.2.3 电子商务应用与服务

从产品和服务的供给和需求角度看,"电子商务应用"相当于市场中的"需求者",如企业、个人、政府等利用电子商务服务进行生产、管理、流通和消费活动;而"电子商务服务"相当于"供给者",为电子商务活动的顺利开展提供必需的各种服务,如软件服务、信用管理、物流、电子支付、网络安全等。所以实现整个电子商务交易过程,不仅需要生产厂商、贸易公司、客户及政府的直接参与交易,同时也需要IT公司提供的信息技术服务和信息管理以及电子支付、电子认证、物流等技术和行业的有力支撑。

1. 电子商务应用

电子商务应用是指机构或个人利用电子手段获得商务信息以及实现商品和服务的销售、购买等,常见的概念有企业电子商务应用、个人电子商务应用及政府电子商务应用。

企业应用电子商务,体现在自建门户网站或搭建第三方电子商务交易平台开展商务活动。企业的门户网站从最初只提供网络接入和搜索引擎,到现在主要提供网络接入、搜索引擎、聊天室、电子公告牌、免费邮箱、影音资讯、电子商务、网络社区、网络游戏、免费网页空间等更加丰富的业务。第三方电子商务交易平台是指在电子商务活动中为交易双方或多方提供交易撮合及相关服务的信息网络系统总和,它是由交易双方以外的第三方建立并提供的。如果这个交易平台是由企业建立的,那么在统计企业建立的门户网站数目时,经常会难以判别企业是拥有独立的网站还是搭载第三方平台的网站,针对这种情况,我们将企业搭载的平台一律视为第三方交易平台。

个人电子商务应用是指自然人利用电子商务交易平台开展的商务活动。在B2B和B2C的交易模式中,网商的身份是企业,但在C2C模式中,网商的身份多是个人。随着C2C电子商务的飞速发展,同时考虑到统计方案的可行性及统计意义,将个人网上开店的行为划归到企业电子商务范畴内,并且明确了个人电子商务应用的定义:指个人消费者利用电子方式进行网上购物的行为。与之有关的三个统计指标是网民数、网上购物的网民数和网上购物总额,而网上购物总额与企业网上交易额是重复数据,两者择一统计。

政府电子商务应用一般就是指电子政务,最早提出并开展电子政务的是美国政府。OECDA(经济合作和发展组织)指出,将新的信息通信技术应用到政府的工作职能中,可以改变政府的运作方式和结构。世界银行将电子政务定义为:政府机构运用信息通信技术,改善政府与企业、公众及其他政府机构的关系,实现高效的政府管理。李传军(2011)在《电子政务》一书中指出:电子政务是利用电子信息技术进行的政务活动,他认为电子政务有狭义和广义之分:狭义的电子政务主要指政府部门的管理和服务活动;而广义的电子政务泛指各种公共管理活动。在以往的研究中,一般采用广义的定义。广义上,电子政务包括政府部门内部办公的电子化和网络化、政府部门之间通过网络实现信息共享和实时通信以及政府通过网络与公民进行信息交流。按照交易与服务对象,电子政务可分为 G2B(政府与企业之间的政务活动)、G2C(政府与公民之间的政务活动)、G2G(政府与政府之间的政务活动)三种模式。

2. 电子商务服务

电子商务服务一词起源于国外,经历了从因特尔服务提供商(ISP)到应用服务提供商(ASP)的发展过程。

《规划》首次提出了发展电子商务服务业的战略规划,指出由于电子商务应用乃至整个电子商务产业发展的需要,必须将大力发展电子商务服务作为重中之重。同时,《规划》从现代外包服务的角度出发,认为电子商务服务包括信息技术系统外包服务、基于网络的交易服务、业务外包服务。电子商务服务是通过信息通信网络,尤其是互联网,为企业、个人和政府提供与商品和服务交易过程相关的信用管理、电子认证、数据处理、在线支付、物流等服务的活动;电子商务服务可以划分为支撑型服务、中介型服务、集市型服务、商店型服务。还可以按照其他标准将电子商务划分为以下几种不同的类型:按行业分为行业性电子商务服务与综合性电子商务服务,按照环节分为专项服务和全程服务,按照服务对象分为面向消费者的服务与面向生产者的服务,还有按功能分为信息技术外包服务、交易服务和业务流程服务。

1.3 电子商务的作用

电子商务作为战略性新兴产业,在转变经济增长方式、推动产业转型升级、促进流通现代化中发挥着重要作用,也是提振内需、扩大消费、促进就业的重要途径之一。近几年,在个人、企业和政府的共同推动下,我国电子商务保持了快速发展的劲头。在电子商务领域,一些学者就电子商务的作用、电子商务的行业应用等问题进行了针对性阐述。

1. 电子商务将传统的商务流程电子化、数字化

一方面以电子流代替了实物流,可以大量减少人力、物力,降低了成本;另一方面突破了时间和空间的限制,使得交易活动可以在任何时间、任何地点进行,从而大大提高了效率。电子商务所具有的开放性和全球性的特点,为企业创造了更多的贸易机会。它使大小企业可以以相近的成本进入全球电子化市场,使得中小企业有可能拥有和大企业一样的信息资源,提高了中小企业的竞争能力。它重新定义了传统的流通模式,减少了中间环节,使生产者和消费者的直接交易成为可能。它一方面破除了时空的壁垒,另一方面又提供了丰富的信息资源,为各种社会经济要素的重新组合提供了更多的可能。这将影响到社会的经济布局和结构,电子商务彻底改变了传统的贸易形态。

2. 促进产业升级

中央"十三五"规划建议中,强调要拓展网络经济空间,实施"互联网+"行动计划,促进互联网和经济社会融合发展。国务院相继出台了《关于大力发展电子商务加快培育经济新动

力的意见》《关于促进农村电子商务加快发展的指导意见》，省里出台了《关于发展商贸流通扩大消费的若干意见》等一系列政策，对加快电子商务发展做出了全面安排部署。可以说，加快电子商务发展，已成为党委、政府的重要战略部署和工作要求，必将迎来更为广阔的发展前景。电子商务在对传统专业市场的发展带来挑战的同时，也为其升级与优化提供了有力的支撑，电子商务与专业市场可以互动发展。

经济转型升级的作用体现在四个方面，一是经济的内生动力，二是提高经济增长的效率，三是对外开放，四是平衡社会发展。从经济内生动力层面来说，电子商务拉动了经济发展，特别是中小企业和个人的创造力通过电子商务发展起来。从提高经济增长的效率来说，如电子商务点评经济等，使它内生的经济效益增长的动力和效力得到提高，增长主要是针对新兴的行业以及一些服务业。从对外开放的角度来说，我们可以看到最主要的是跨境电子商务，对外出口通过电子商务的发展得到了促进。从平衡社会发展来说，电子商务受到了国家的特别重视。目前国内贫富差距大、东西部经济发展的差距也很大，互联网与电子商务的发展让差距逐渐缩小。从这四个方面看，电子商务经济对我国经济转型升级起到了明显的作用。

电子商务的发展，重点是推动制造业升级。制造业升级成为高端制造业更多的是需要电子商务，以定制化、高端化、智能化这种方式来做。另外，促进了传统服务业的升级。经过早期的物流业，已经发展到了现代物流业。远程医疗、教育等行业都可以在受益升级的产业之列。甚至传统的金融行业以及涉农经济，农产品电子商务都在发生着根本性的变革。

3. 降低"成本"

电子商务突破了时空限制，降低了营销、人力和物流成本，拓宽了买卖双方市场空间，改变了企业的市场开拓方式和商业模式，是当前经济下行压力持续加大情况下，企业特别是中小企业降低成本、稳住和拓展市场的有效途径。

电子商务能够在充分发挥社会化生产优势的基础上缩短生产和消费的距离，克服市场信息不对称，降低交易成本，扩大交易范围在促进县域经济发展中，电子商务对农业产业化、工业化、第二产业等有着重要的促进作用，是农业产业化过程中农产品经营市场化的有力的手段，对促进当地第二产业的发展作用日益凸显，还可以提高县域企业尤其是中小企业的竞争优势。

以生产制造企业为例，简单介绍电子商务在降低企业成本上的表现。

（1）降低采购成本。企业通过与供应商建立企业间电子商务，实现网上自动采购，可以减少双方为进行交易投入的人力、物力和财力。另外，采购方企业可以通过整合企业内部的采购体系，统一向供应商采购，实现批量采购获取折扣。

（2）降低库存成本。企业通过与上游的供应商和下游的顾客建立企业间电子商务系统，实现以销定产、以产定供，实现物流的高效运转和统一，最大限度地控制库存。

（3）节省周转时间。企业还可以通过与供应商和顾客建立统一的电子商务系统，实现企业的供应商与顾客直接沟通和交易,减少周转环节。如波音公司的零配件是从供应商采购的,而这些零配件很大一部分是满足它的顾客航空公司维修飞机时使用。为减少中间周转环节,波音公司通过建立电子商务网站实现波音公司的供应商与顾客之间的直接沟通,大大减少了零配件的周转时间。

(4)扩大市场机会。企业通过与潜在客户建立网上商务关系,可以覆盖原来难以通过传统渠道覆盖的市场,增加企业的市场机会。

4.加速流通

商品流通业已经成为由相关部门和环节构成的庞大产业体系。从流通内容上看,它既包括商品所有权的转移,也包括商品实体的运动,还有信息交流的过程,是商流、物流、信息流的统一。从行为主体看,不仅包括传统的从事商品经营活动的流通企业,如批发、零售企业的经营活动,也包括生产者的物资及商品的购销活动,还包括仓储、运输、邮电、通信等部门的服务活动。

流通与流通产业的发展变化是经济发展的重要标志,同时也为社会经济的发展创造着日益改善的循环条件。流通领域所发生的重大变革,与流通物质技术手段的发展更新是紧密相关的。电子商务作为信息技术变革的产物,为流通提供了一个高效的运作环境和强大的技术支持体系,将会在以往组织、营销和物流技术的基础上引发全方位的创新,从而爆发更深层次的流通革命。

(1)从三流合一到三流并行。商流、物流及信息流,是与商品流通共生的三大要素。商流描述的是流通客体在价值上的运动,在这一过程中商品的所有权发生转移,同时商品也完成了由一种价值表现形态向另一种价值形态的变换($W-G$ 或 $G-W$)。一切商品的流通,都是商流与物流的统一。商流、物流及信息流职能在不同流通组织之间的分工是流通社会化分工的产物。流通的社会化与专业化分工使商流、物流、信息流职能逐步演变成为不同企业间的分工,并发展成为"三流并行"的流通格局。

(2)信息功能主导作用的强化。在现代商品流通中,信息功能占主导地位,起基础性作用。信息流包括商品供求、价格行情、订货、广告、促销、政策等信息,还有信息流通中的处理和增值。在商流、物流、资金流中都包含了信息的传递、存储及处理。以计算机和信息网络为代表的电子商务技术的出现,实现了信息流对商流的工具性替代,使信息功能作用发生了质的改变。这不但大大提高了商流的活动范围和效率,而且极大地增强了信息功能在现代商品流通中的主导地位。

(3)电子商务使物流管理中信息作用极大增强。电子商务不能取代物流的功能,这是由于"比特"的运动不能替代商品实体的运动。但在现代物流管理中,电子商务的发展却使得现代物流业开始发生信息化、自动化、网络化、智能化和柔性化等实质性的飞跃,而这一切都是以物流信息化为基础、以电子商务技术为手段的。

(4)信息流对传统支付方式的改造。网络技术和电子商务的应用,使商品流通中货币流

(货币支付即货币流或称资金流,是完成商品所有权转移即商流的必要手段之一)形式也发生相应的改变。在电子商务环境中,由于资金可以以数码的形式加以传送,货币运行完全是虚拟的、数字化的,信息流取代了资金流。在电子商务交易中,买卖双方只是在一个虚拟的空间,为实现商品的流通,而进行货币的虚拟化运行。这种在网上用电子货币直接付款的方式,赋予现代流通中的货币流以全新的内涵,完全被信息流所取代。

5. 打破时空限制,构建全球化交易

电子商务作为经济全球化、电子化的产物成为促进西部地区经济跨越式发展的一条捷径,电子商务的信息交流、商品在线交易等优势成为西部大开发的新起点,能为西部地区经济营造良好的发展空间,借助于电子商务有机会缩小东西部经济发展差距。

1.4 "互联网+"时代:电子商务发展的新机遇和新趋势

随着国家"互联网+"行动计划的实施,"互联网+"电子商务迎来新一轮的重要发展机遇,呈现出一系列的新内涵、新特征和新趋势,并且在大宗商品交易、个人消费服务、跨境电商、农村电商、移动电商等领域迎来新发展,成为推动经济增长的新动力。当前,应健全电子商务政策法规保障、推进重点领域电子商务应用、促进电子商务加快创新发展、完善电子商务支撑服务体系。

1.4.1 "互联网+"电子商务的内涵、特征和趋势

传统意义上,电子商务是指通过以计算机为主要媒介的网络,进行产品和服务的买卖活动。买卖双方通过网络取得联系,具体的交易活动既可以在线上完成,也可以在线下完成。"互联网+"电子商务的崛起,则代表一种新的经济形态,即充分发挥互联网在市场交易过程中资源要素配置的优化和集成作用,将互联网的创新成果深度融合于传统电子商务交易过程之中,提升传统电子商务的创新力和集聚力,形成更广泛的以互联网为基础设施和实现工具的经济发展新形态。

"互联网+"是电子商务发展的趋势和未来,电子商务近年来的发展变化很大,在大数据、O2O、移动化与社交化、个性化与定制化、去中心化和去中介化等方面表现出明显的发展特征,并呈现出一系列新的发展趋势。

1.4.2 跨界跨业合作、强强联合成为新常态

在"互联网+"时代,电商巨头积极寻求跨界跨业合作,与基因互补的传统企业展开合作,成为电商企业开拓市场、增强竞争力的新潮流。

供应链电商引领"互联网+"电商新潮流。"互联网+"时代,加速向上游互联网金融和

下游物流配送拓展，积极提升供应链资源整合能力，成为传统电商转型提升的重要突破口。

2017年4月，时尚企业衣品天成集团携手阿里旗下的天猫、飞猪、聚划算三大互联网知名品牌，上演了一幕"时尚+旅行"的营销大戏，引起业界广泛关注。据了解，衣品天成集团此次和阿里的跨界合作，从4月6日持续到8日。合作期间，消费者登录天猫、飞猪、聚划算等平台，可以多入口参与活动。同时，合作不再局限于打折、促销等简单的传统营销模式，而是通过对消费人群属性的大数据分析，将"时尚+旅行"这两大在消费市场增速最快、最贴合消费人群属性的关键词，进行流量与资源的深度整合，为消费者提供更具场景化、更有触感、更为立体的消费体验。

在业内人士看来，这种思路，或许可以在当下营销模式普遍需要转变的节点上，为整个消费市场带来启示。随着互联网经济的逐步成熟和大众消费理念的升级，企业依靠自身资源的"单打独斗"式营销手段，已经不能完全满足大众的消费需求。优秀企业之间如何借力打力、将资源进行跨界整合，以获得营销效率的有效提升、为消费者提供更佳的消费体验，已经成为企业在营销模式上亟待思考的关键。

此次阿里体系与衣品天成集团的跨界合作，从表面上看，可理解为企业对更新营销模式的探索和创新。即新零售风潮中，通过四大平台的跨界深度合作，将各自平台的优质资源进行整合，为消费者提供更多元的渠道和更便捷的方式体验服务和产品。而实质上，此次合作为企业带来的效益远大于此。相比单线作战的传统营销模式，本次跨界对品牌知名度的提升不仅更有效率，同时借阿里体系的大数据优势，将时尚与旅行这两大拥有共同消费属性的用户群体进行整合，在企业和用户之间搭建更为垂直和立体的营销矩阵，确保目标用户的靶向性。

从整个消费市场观察，互联网经济已从最初的红利阶段趋于成熟稳定阶段。而随着大众消费认知的转变，企业的营销模式受到巨大冲击，如何摆脱孤军奋战、突破营销壁垒，以适应大众日渐提高的消费需求，已成为影响企业营销成败的关键因素之一。

营销行业专业人士分析，细究本次四大品牌深度跨界合作的商业逻辑，并不是4个1的单纯相加，而是一个优势互补、有着无限可能的"乘法营销"，其聚焦点可归纳为"跨界"。衣品天成集团作为国内知名时尚品牌，其时尚定位和品牌本身具备浓厚的互联网基因，与飞猪、天猫、聚划算三大互联网平台的品牌定位十分贴合。跨界合作不仅可以有效的突破营销壁垒，将四方资源进行整合，搭建一个全方位营销矩阵。更为重要的是，可以将时尚与旅行有效结合，为用户提供更有触感的消费体验，在探索和还原营销本质的同时，为大众带来优质产品，也为大众提供更具场景化和触感的服务体验。

1.4.3 构建开放生态的产业系统成为主流

在复杂的市场环境和激烈的市场竞争下，加快构建多元开放的生态系统，积极寻求产业链、价值链、供应链上下游各方的协作共赢，成为"互联网+"时代电子商务发展的重要内容。

所谓电商的生态产业链可以简单理解为整合上下游产业，为电商的核心业务服务。B2C型电商本质上是零售的一种，与线下零售业相比，其业务环节、涉及的行业要复杂得多。上下游产业链实际上都是电商整体业务环节的一部分，任何一个环节缺失都会造成整体业务环节的低效率和成本偏高，这是现在电商行业混乱的本质原因。从企业运营的角度划分，可以将电商的整个生态产业链划分为三个部分，一是上游产业链，即供应商资源、市场推广，电商的主要货源来自于各类供应商，对于综合类电商企业来讲，供应商数量数以万计，产品数达到几百万，对他们的有效管理直接影响到商品资源的丰富和质量，尤其是开放平台，前期资源积累带来的供应商管理混乱和资质差问题是电商企业整合上游资源最大的困境之一；市场推广是企业费用支出中很大的一部分，个别电商企业的市场推广费用占其销售额的20%～25%，成为企业的重大负担；电商生态产业链的模式中，供应商资源实现了上游化、精简化，电商多与生产厂商合作，结束了多家供应商供应同一品牌的混乱局面。二是中游产业链，即企业内部运营管理，电商的发展还处于行业生命周期中的成长期，这一阶段的重要特征就是以企业运营为中心，流程和机制以适应短期运营为特点，长期有效地解决措施不完善，企业内部管理更多的是粗放式的，各项决策缺乏数据依据，企业内部各部门之间沟通、协调的成本高，效率低，造成各环节的风险不断传递，成本节约无法实施。三是下游产业链，即销售中后端的服务职能，主要涉及的就是仓储、物流体系，支付体系，售后服务体系等，以及由此衍生出的企业多元化发展路径下跨行业战略，在国内基础设施不健全的背景下，很多电商企业已经开始自建物流与支付体系，如京东、凡客、当当、卓越等都有自营配送团队，淘宝、京东都有自己的支付体系，京东更是自建了超千人的售后客服团队，实现7×24小时全天候无间断服务。在未来的发展中，电商的竞争将更多的集中于服务的竞争，在产品同质化的条件下，价格对消费者购物行为的影响将大大低于服务质量的影响。综合来讲，电商生态产业链就是实现了产品渠道的优化，市场推广自主化、品牌化，内部管理精细化，服务职能体系健全化、便捷化。

1.4.4 "互联网+"电子商务的新发展

"互联网+"时代，大宗商品电子交易加快能级提升，个人消费服务平台不断创新，跨境电商、农村电商、移动电商加速发展，电子商务发展迎来新一轮契机。

1. 大宗商品电子商务加快能级提升

"互联网+"时代，大宗商品电子交易平台快速发展，围绕产业链和供应链不断拓展延伸，市场规模持续扩大，集聚效应逐步凸显，市场能级加快提升。目前，我国大宗商品电子交易市场已超过400家，年交易额超过12万亿元。2015年，有数十家大宗商品B2B电商获得融资，累计融资额度超过28亿元，融资额超过亿元的企业就有12家。伴随我国加快推进自贸区建设，上海自贸试验区、广东自贸区、天津自贸区、福建自贸区纷纷把推动大宗商品交易作为自贸区建设的重要内容，一批线上线下联动的国际大宗商品交易平台加速崛起，大宗商品电子交易市场能级不断提升。

2. 个人消费服务平台加快功能创新

随着"互联网+"电子商务的快速发展，我国在个人消费领域形成了一批消费品交易类平台和生活服务型平台，在促进和扩大消费方面发挥了重要作用。以天猫、京东、1号店等综合性、全品类平台为代表，"互联网+"时代消费品交易平台商品品类齐全，基本涵盖生活的各个方面。在餐饮、旅游、文化、教育等领域，各种新模式、新业态应运而生，涌现出携程网、大众点评网、饿了么等一批国内生活服务O2O龙头企业。同时，1号店、京东商城等大型电商企业加快拓展线下功能，大润发、农工商等大型实体商贸企业纷纷自建电商网络平台，形成了一批线上线下融合发展的新型商业模式，加速了商业领域全渠道资源的整合。

跨境电子商务迎来重要增长空间。"互联网+"时代，各类电商企业纷纷发力，加快布局跨境电商。京东开启"自营+平台"模式，一方面通过海外直采与国外原产地品牌商合作增强品控能力，另一方面依托平台引进第三方商家入驻销售国外商品，两者互为补充效益明显；淘宝、亚马逊等平台推出专门的全球购频道，开辟海淘商品代拍或直采业务，并通过自建物流或第三方物流将商品配送到消费者手中；唯品会和聚美优品等垂直电商积极拓展跨境电商业务，相继推出全球特卖和网上免税店业务；蜜芽宝贝、蜜淘、洋码头等一批跨境电商新秀则获得资本市场青睐，分别获得数千万至上亿美元不等的风险投资，快速发展势头强劲。2015年，中国消费品出口贸易销售额约1万亿美元，占全球的1/10，但是跨境电商在其中的占比连1/100都不到，具有较大的增长空间。

3. 农村电子商务呈现巨大发展潜力

从电子商务发展情况来看，当前三线以上城市的电商渗透率已经逐渐接近顶峰，农村电商成为下一轮"互联网+"电子商务发展的巨大市场空间。电商时代的到来，让农村购买力得到释放，逐渐实现了与城市无差别的消费，更深刻的影响到农村生产生活的方方面面，显示出强大的生命力。当前，会在电商上购买农用商品的用户仅有10%，潜在客户群体尚有很大提升空间。同时，生鲜电商作为农产品电商的重要内容，在消费升级、技术进步和资本介入的背景下，迎来高速发展的爆发期。2015年1-10月，人均线上生鲜消费达到339.7元，远超其他品类消费。随着阿里、京东等大电商主导的金融服务加快在农村普及，以及电商渠道下沉带来的农村物流体系完善，农村电商发展将迎来进一步爆发的空间。

4. 移动电子商务引领电商发展潮流

随着智能终端和移动互联网的普及，移动端已经成为电子商务的新入口，以碎片化、场景化、社交化等为特征的移动网购新模式，正在挑战基于PC端的传统购物模式。2015年，中国移动端网购交易额达到2.1万亿元，同比暴涨123.2%，在网购总交易额中的占比首次超越PC端，达到55%。从2015年第四季度移动购物市场的企业份额来看，阿里无线、手机京东、手机唯品会占据前三，市场份额分别为83.7%、9%、1.7%。同时，基于微博、微信等自媒体社交平台兴起的"微商"群体快速崛起，正在构筑以"社群"和"APP"为核心的去中心化的电子商务新模式。据统计，目前中国有大约1000万人在做微商，年交易流水约650亿元，其中朋友圈微商400亿个、微店150亿家。

"互联网+"时代，尽管电子商务在各个领域取得了较大的发展，仍面临着一系列问题和瓶颈。大宗商品电子交易领域，在线上和线下、现货和期货、商流和物流以及贸易和金融等方面，仍缺乏深度的融合机制。消费服务平台领域，有人气、没利润，"赔本赚吆喝"成为电商企业最大的痛点。跨境电子商务领域，近期关于跨境电子商务零售进口的税改新规，在短期内将加速行业洗牌，一些在供应链管理、品类以及价格上没有明显优势的企业将被淘汰。农村电商领域，农村网络基础设施、仓储物流设施、金融支付服务等方面的落后以及电商人才的缺乏，都对农村电商快速发展形成制约。移动电子商务领域，微商、微店作为电商发展的新兴领域，尚未建立信用评价体系和申诉体系，行业标准和市场机制亟须进一步健全和规范。

1.4.5 "互联网+"电子商务发展的对策建议

健全电子商务政策法规保障。加强对电子商务发展的规划指导，积极推进电子商务立法及相关法律法规的修订。加强电子商务标准的顶层设计，推动优势企业、技术组织实质性参与国际、国家标准化活动，增强我国在电子商务领域的国际话语权。加强电子商务市场监管，规范电子商务交易主体行为和市场秩序，建立相关权益保障服务机制。鼓励企业加强行业自律，引导行业诚信体系建设，建立公平有序、诚信守法的电子商务市场环境。

推进重点领域电子商务应用。积极发展农村电商和社区电商，全面推广农村电子商务信息服务，大力发展社区商业服务新模式，提升电子商务服务社会末端的功能和水平。鼓励发展行业电子商务，积极发展一批行业垂直型供应链总集成服务商，提高平台资源整合能力。加快发展跨境电子商务，积极开展跨境电子商务综合试点，推动传统国际贸易商务流程电子化、数字化和网络化。大力发展移动电子商务，鼓励第三方电子商务平台研发应用移动电子商务客户终端，不断优化用户体验。

促进电子商务加快创新发展。引导电子商务企业探索智能技术的应用，加快推广互联网、物联网、云计算等先进技术在电子商务领域的集成应用，营造全新立体的实时交互体验。鼓励电子商务模式创新，重点推动电子商务企业在供应链信息共享、大数据应用平台、消费增值服务、O2O、商业精准营销等方面的模式创新和业态创新。推进电子商务创新实践区建设，加快互联网与电子商务的深度融合，推动电子商务企业集群发展和效应外溢。

完善电子商务支撑服务体系。积极发展第三方物流和第四方物流，鼓励快递、城市配送、冷链物流、中转分拨中心等现代物流的发展，建立电子商务物流配送体系。在实现人民币跨行支付、跨境支付、票据等管理服务电子化的基础上，积极发展第三方支付，推进第三方支付规范化和标准化建设，完善电子商务支付服务体系。鼓励政府、行业及企业积极参与，推动建立面向第三方信用服务机构的信用信息采集、共享、使用和发布机制，健全电子商务信用服务体系。以技术、产品、服务、制度为着重点，积极构建电子商务的安全通道，增强电子商务安全保障体系。围绕推进基础网络升级提速，加大对光纤宽带网络、移动通信网络和无线局域网（WLAN）互联网基础设施的投入，强化电子商务基础设施体系。

1.5 电子商务创新科技人才

目前能够看到的情况就是电子商务快速发展并越来越成为众多政府、个人、企业的销售和购物等方面新的选择方式。但是，在电子商务繁荣景象的背后却隐藏着专业人才匮乏的窘境：一方面，我国电子商务创新科技人才市场需求旺盛，电商企业长期处于人才需求强烈的状态；另一方面，大量的电子商务专业的毕业生却找不到合适的工作，电子商务专业因失业量较大，就业率较低，及薪资较低而成为2011年、2012年红牌警告专业。电子商务创新科技人才供给与需求存在怪异的错位脱节现象。

1.5.1 电子商务创新科技人才相关理论

1. 电子商务创新科技人才概念

大多数的学者认为电子商务创新科技人才是指不但掌握了现代信息技术，而且通晓现代贸易理论和实务，能够创造性地通过电子方式进行商贸活动的一种复合型的人才。

但是对于电子商务创新科技人才的理解，不同行业领域的人有着不同的看法。如一位资深淘宝商城店长将电子商务创新科技人才理解为：能够适应网络技术的发展，熟练应用最新的网络工具，创造性地开展商务活动，力求实现企业、社会和个人三方价值之和最大化的人。上海励锋总监邹学海认为电子商务的本质是商务，不是美工和装修店铺，不是报活动，也不是导流量的技巧，对于人才的考核更重要的是在其商务能力，是把握全局和整体规划的能力，在这一点上，就算完全不懂电子技术的老板，也可以胜任。而京东商城的CEO刘强东对电子商务创新科技人才的理解更是与众不同，他认为只要懂商业、懂用户就足够了，而所谓的电子商务创新科技人才只是一个"传说"。

电子商务创新科技人才需要具备网络、计算机技术和商务才能两方面的能力。但是不同的岗位需求层次决定了人才所需要的知识和能力的不同。例如，对一个操作层次的电子商务创新科技人才来说，熟练掌握网站的建设和维护、网页的编辑、美工等技术是最为重要的，但同时掌握一般的商务知识、营销知识，能够理解客户的想法、知道消费者想要什么，这样才能将网站推广出去。而对于一个高级的电子商务创新科技人才来说，不需要掌握太高深的网络技术知识，但是应该具备出色的商务才能，能够在瞬息万变的商场中把握方向，所以对于电商科技人才来说，拥有杰出的分析判断能力、商业预见能力、市场信息整合能力等是最重要的。

2. 科技创新人才理论

(1)科技人才的界定。

目前,对科技人才的概念尚缺少统一的定量化的表述,但已有许多学者对其进行了定性描述。

根据不同专家对科技人才的描述,可以发现他们对科技人才的描述中有三个共性:一是有专门知识和技能;二是从事科技活动的能力较强、有丰富的实践经验;三是有科研成果的支撑,并在相关专业领域做出过一定贡献。笔者认为科技人才是一个动态的具有鲜明时代特征的概念。所谓科技人才是指接受过专门、系统的训练,长期从事科技活动并且在本专业领域取得一定的研究成果,对社会、经济发展做出一定贡献的人。

(2)科技创新人才的界定。

科技创新人才具有较强的创新能力和创新意识,与一般科技人才相比,具有五个不同的基本特征:①从事科技活动具有持续性。科技创新人才一般会长期的持续的在某个特定的专业领域从事科技创新活动,从事科技创新活动的过程具有连续性和持久性。②取得创新性的科技成果。科技创新人才区别于一般科技人才的显著特征是其比一般科技人才具有更强的创新精神、创造性和创新能力;而取得创新性科技成果则是衡量科技创新人才是否具有创新的精神、是否具有较强创新能力的重要标准。③对科技创新活动的投入大。科技创新人才在科技创新活动中进行了巨大的、多方面的投入,主要包括:一是科技创新人才在从事科技创新活动中,要有一种为科技创新献身的精神,全身心地投入到科技创新活动中,包括个人情感、兴趣和意志等诸多方面的投入。二是对相关专业、技能的学习,需要科技创新人才投入大量的精力去做从事创造性科技创新活动的前期准备工作。④科技创新成果效益的全面性。科技创新成果效益的全面性指科技创新成果不但有明显的经济效益,还具有较好的社会效益。科技创新成果的效益全面与否,不但是衡量科技创新人才创新水平的重要标准,也是衡量科技创新成果水平的重要标准。⑤具有扎实的知识体系,全面综合发展。当今世界科技发展日新月异,新的互联网等技术革命促进了世界经济发展方式的转变,世界经济由信息经济开始向生物经济转变,由传统工业文明向生态文明演进。因此,这就要求科技创新人才必须具有宽博的知识体系以及敏锐的观察力,具备从事跨学科综合科技创新活动的能力。科技创新人才的全面综合发展包括思想道德素质、健康素质和科学技术素质等方面的全面发展;并包括人文精神和科学精神的协调发展;以及工业理性与生态意识的深度领悟和生物健康观与信息技术观的全面贯通。

综上可知,电子商务科技创新人才是指一个区域内长期从事电子商务科技活动,具有扎实的电子商务专业知识与专业技能,具有较强的创新能力、敏锐的洞察力,能准确把握电子商务领域的发展趋势与研究动态,根据现实需要发现具有重要意义的基础性和应用性的课题,能对发现的课题开展独立深入研究,并能够做出创新性贡献,其研究成果具有一定的经济效益和社会效益,并获得电子商务同行的认可。

1.5.2 电子商务高速发展给人才带来的机会

在国家"双创"政策的鼓励下,电商企业特别是小微型企业发展迅猛,人才需求直线上扬。电商企业用人需求呈逐季递增,且增幅越来越大。对于电子商务人才而言,机遇和挑战并存。

1. 提供了良好的创业环境

党的十八大报告强调了"促进创业带动就业"的发展战略,该政策的出台为大学生就业所面临的严峻形势带来契机,"自主"创业也逐渐成为现代大学生实现理想和个人价值的重要手段。互联网的产生和发展、电子商务的推广和运用,将给时刻准备着的人提供一个全新平等的创业机会,给每个人一个崭新的生活空间和创业空间,从某种意义上讲:全世界在电子商务这一行业中站在了同一起跑线上。在以 B2B、B2C、C2C 为主的模式影响下,淘宝、京东、天猫等平台构建的网络商店成了越来越多人选择创业的重要途径。网店的普遍特点是交易快捷、内容丰富,不受时间、空间等因素的影响,更容易操作和运营,因此这种环境下的市场蕴藏着更多的就业和创业的机遇,很多人开始将"开网店"作为初次创业的首选。

2. 带来了国际化的发展空间

电子商务建立在互联网的基础上,由于其跨地区、跨领域,超越了时间、空间的限制,打破了国家和地区各种商业壁垒,首次将人类引领到了全球性的资源共享社区、自由贸易区。电子商务促进了买者和卖者直接发生交易,去除了中间环节、缩短了交易的时间、降低了经营的成本、降低了资源浪费、扩大了企业经营范围,营造了面向全球的网上交易环境,而 EDI 已经开始取代传统的直接贸易方式。我国电子商务企业也必将随着国际电子商务环境的进一步规范和完善逐步走向世界。我国企业可以以此为契机同发达国家真正站在同一起跑线上,转变我国在市场经济轨道上的后发劣势为后发优势。电子商务创新科技人才需要树立国际化意识,提升自身的竞争力,这样才能在国际市场上得到更好的发展。

3. 带动了相关行业人才的发展

电子商务正在成为新的经济增长点,新的就业方式、新的市场。随着更多的中小企业涉足电子商务领域,电子商务创造的直接就业仍会增长,市场对电子商务专业人才的需求将进一步增加。同时,电子商务衍生出第三方托管、网络模特等新兴电子商务服务业职业,电子商务发展将带动相关产业联动发展。电商的迅速发展,促进电商相关产业的迅速崛起,而电子商务相关产业的兴盛,反过来又助力电商发展,创造更多的就业机会。

1.5.3 电子商务创新科技人才自身竞争力问题分析

当前,造成电子商务企业"招人难"和电商创新科技人才"就业难"矛盾的一个主要原因是电商创新科技人才自身竞争力较弱。此外,一部分电子商务创新科技人才之所以不能顺利找到工作,是因为其自身不知道应聘何种企业、何种职务;另一部分原因就是电子商务创新科技人才自身的知识和技能没法满足企业的需求。主要原因如下。

第一,就业方向不明确。一方面,大部分电子商务专业学生不清楚自己今后的就业方向,更不知道毕业以后应该具备什么能力和技能,才能让自己更有就业竞争力。泛泛的简历不能吸引用人企业的关注,因此电子商务应届毕业生往往失去面试的机会;另一方面,即使毕业生获得面试机会,由于不能深入了解电子商务在各行各业的应用现状及发展前景,对于企业提供的职位缺乏具体的工作方法、经验和热情,使他们也很难应聘成功。

第二,电子商务创新科技人才学历偏低,知识结构不全面。当前电商从业人员高学历、复合型人才所占比例不高,以销售人才为例,本科为37.6%,硕士为9.4%。但由于电子商务企业高速发展,亟须挖掘高端人才,特别是复合型、懂运营和管理的高学历人才,在招聘高学历、高素质人才方面难度较大。此外,电子商务专业是综合性的学科,其所涉及的知识面广、知识点多且杂,重要的是知识更新非常快。电商创新科技人才,尤其是学历低的电商创新科技人才,知识储备不全面,不能跟上电商行业发展的要求。对于其自身职业生涯来说,如果没有足够的时间和知识的积累,大多数只能长期从事较底层基础的工作,不利于自身的发展。

第三,电子商务实践能力不强。目前企业需求的电子商务创新科技人才既要懂电子商务实战又要懂贸易实战,具备良好职业素质。电商创新科技人才,尤其是应届毕业生求职难的主要原因是其自身实践能力不强。这样的人才在当今大学基本不能培养出来,大学电子商务专业教育与企业人才需求严重脱节,使得理论与实践有着相当大的差距,种种问题困扰着大学电子商务专业教育和企业引进电子商务创新科技人才。与此同时,学生大多数自身也没有在课余时间积极投身社会实践,增强自身的实践能力。

课内思考题

1. 电子商务的含义是什么?
2. 结合实际举例说明电子商务的作用。
3. 理解电子商务发展的新趋势。

第2章　电子商务促进经济发展

※**课程导入**

电子商务的兴起，旧有的商业竞争大环境与规则制度受到强烈冲击，许多企业顺应时势坚持创新而迅速崛起。变数、挑战、机遇充斥在时代背景之下，企业是否具备核心竞争力的关键在于其是否懂得并实践商业模式的创新。马云曾在过去高喊"要么电子商务，要么无商可务"，现在他却提出，电商概念即将消失，阿里巴巴自明年起将弃用电商概念，线下企业必须走到线上，线上企业必然深入线下。互联网+带来了宣传平台和大数据，而电商与实体经济也正在由对立走向融合，边界日益模糊。毕竟在这样一个多元化的时代，只有共赢才是硬道理。

※**学习目标**

➢认识电子商务助推经济发展

➢理解电子商务促进经济发展的内在机理和外在表现

➢体会电子商务与实体经济的融合

※**相关知识**

信息时代，电子商务是经济发展的重要动力因素，研究电子商务促进经济发展的原理与机制是更好地促进电子商务发展、发挥电子商务促进经济发展作用的需要。电子商务是一个综合性的动力因素，其作用的发挥体现出整体性、全面性的特征。从商业模式变革的角度来看，它是流通模式创新、业务流程重组、管理理论与方法变革的具体体现，具有制度因素的特征；从技术支撑上来看，它是由现代信息技术特别是互联网技术的发展和广泛应用引起的，具有技术进步的特征；从电子商务的影响来看，它导致投入方式、生产方式、消费方式的变革，这使得电子商务作为经济发展的动力因素还具有资本因素、人力资本因素以及消费因素的特征。

2.1 电子商务作为经济发展动力因素的整体性分析

电子商务从概念上讲，有广义和狭义之分。广义的电子商务即 Electronic Business(EB)，指利用电子技术、数字技术和信息技术进行生产、管理、营销、销售、交易、流通、支付、服务等商务活动，包括企业经营管理、在线信息传递与交换、货物电子贸易、售前售后服务、电子资金划拨、电子证券交易、虚拟企业组建与运行、商业拍卖、电子货运单证、物流配送等。狭义的电子商务即 Electronic Commerce(EC)，指利用网络实现的所有商务活动业务流程的电子化。本章是从广义的电子商务概念出发来研究电子商务如何促进经济发展的，诚如我国制定的《电子商务发展"十一五"规划》所言，电子商务是网络化的新型经济活动。从广义角度理解的电子商务作为经济发展的动力因素，注定是一个综合的因素。然而，这个因素不是多种因素的简单相加，而是多种因素构成的一个整体，因此表现出整体性特征。

第一，电子商务首先是由现代信息技术进步引起的。现代信息技术是以计算机技术、数据库技术、通信技术、网络技术为代表的信息技术群，它们共同构成了现代信息文明的技术支撑。特别是互联网技术的发明和广泛应用，为电子商务的发展提供了广阔的商业化应用空间。基于 EDI、互联网、概念的电子商务发展阶段，都是以网络技术为标志所作的阶段划分，它说明了电子商务与现代信息技术的密切关系。

第二，电子商务以信息化为基础。2006 年出台的《2006－2020 年国家信息化发展战略》认为："信息化是充分利用信息技术、开发利用信息资源，促进信息交流和知识共享，提高经济增长质量，推动经济社会发展转型的历史进程。"在这个过程中，信息化是从低层次逐步向高层次发展的。第一个层次即最低层次是产品信息化，一方面产品所含各类信息的比重增大，物质比例逐渐降低，产品逐渐由物质产品的特征向信息产品的特征迈进；另一方面越来越多的产品具有越来越强的信息处理功能。第二个层次是企业信息化，企业在产品的设计、开发、生产、管理、经营等多个环节广泛利用信息技术和信息设备，大力培养信息人才，完善信息服务，加速建设企业信息系统和局域网。第三个层次是产业信息化，农业、工业、服务业等传统产业广泛应用信息技术，大力开发和利用信息资源，建立各种类型的行业信息数据库和网络，从而实现产业内各种资源、要素的优化和重组，促进产业结构进一步合理化，并向更高层次的产业结构迈进。第四个层次是国民经济信息化，在经济大系统内实现统一的信息流动渠道，将金融、贸易、投资、计划等环节组成一个信息大系统，使生产、流通、分配、消费通过信息进一步联成一个整体，如电子商务等。第五个层次即最高层次是社会生活信息化，包括经济、军事、政务、教育、科技、文化、卫生等整个社会体系中采用先进的信息技术，建立各种信息网络，如局域网、互联网等，大力开发有关人们日常社会生活的信息内容，拓展人类的生活空间。由此可见，电子商务是信息化的高级阶段和具体应用形式。

第三，电子商务是对传统商务活动的创新。狭义的电子商务是商务活动的电子化，电子化的商务活动既是商务活动方式的创新,也是商务活动流程的创新。商务活动方式与流程之间相互推动、相互制约,共同促进商务活动的变革。

第四,电子商务已经形成了具有生态系统特征的产业链。电子商务活动的开展需要信息基础设施的支撑、需要电子商务技术的支持、需要电子商务政策法规环境的保障、需要业务流程的变革,还需要支付、物流、售后服务等服务的保障。这些共同构成了一个以电子商务交易为核心的电子商务产业链体系,而它们之间是共生共荣的生态关系。

第五,电子商务具有极强的渗透性,广泛渗透到社会生活的各个领域。根据电子商务在各行各业的应用,衍生出电子化生产、电子化贸易、电子医疗、网络教育等一系列新的概念,使电子商务发展到概念电子商务阶段。由此说明了电子商务具有极强的渗透性和影响力,它渗透到各行各业,影响到社会生活的各个角落。

这些表明,电子商务作为经济发展的动力因素,它不是作为单一因素在起作用,而是作为一个整体在推动经济社会全面发展。

2.2 电子商务促进经济发展的内在机理

2.2.1 电子商务对消费方式的改变

购买是消费的前提,一般把购买行为看作是消费的范畴。电子商务作为一种新的购物方式,对人们的购买行为产生了影响甚至是改变。

1. 电子商务使更多的人成为网络消费者

据中国互联网络信息中心发布的历次《中国互联网络发展状况统计报告》显示,中国网民规模、普及率表明,越来越多的居民变成了网民,越来越多的网民成为了网络消费者,进而成为网络购物者。

互联网经过了多年的发展,不仅本身拥有极大的使用价值,而且还为其他传统行业的发展提供了新的工具和途径,使一些传统行业得以创造出许多以前很难实现的服务和价值。如网上炒股炒汇、网站短信服务等即时通信工具都在中国蓬勃发展并为相关企业带来了巨大经济效益。基于互联网的优势,网上购物市场逐渐形成并造就了巨大消费空间,网民数量的急速增长为电子商务的发展提供了原动力,其中商务类应用用户规模高位增长。网上支付和网上银行增长率远远超过其他类网络应用,预示着更多的经济活动步入互联网时代。

2. 电子商务改变了消费者的购买决定

在电子商务条件下,消费者的购买决定是在比以往获取更多信息的条件下做出的,电子商务中的信息不对称现象是可以有效缓解甚至消除的。所以,与传统的市场相比,电子商务市场具有更高的效率,而效率的提高是通过电子商务手段缓解或消除信息不对称条件而实现的。

3. 电子商务使消费者采用对待经验商品的方式对待搜寻商品

根据人们在购买商品时对商品信息的依赖程度，信息经济学将商品分为两类，经验商品和搜寻商品。经验商品指不具有标准化或标准化程度不高，质量只有在使用后才能了解的商品。搜寻商品则相反，它具有标准化特征，其质量容易被消费者了解。这两类商品在传统市场上最大的不同是，前者通过大量的广告和商品信息都难以使顾客相信其质量，后者则通过广告和商品信息就可以解决顾客对商品不了解的问题，顾客不必通过实际使用来了解商品质量。

虽然在传统零售环境下，消费者在购买前对搜寻商品和经验商品质量的感知和测度能力存在显著差异，但是这些差异在在线购买环境下变得模糊。网络可以通过减少收集和分享信息、提供购买前学习的新途径来减少搜寻商品和经验商品的传统差异。消费者在搜寻商品和经验商品的信息收集上花费的时间相似，但是在两种商品的浏览和购买行为上存在重要差异。与搜寻商品相比，经验商品的搜寻深度更高（时间/网页），搜寻广度更低（总网页）自由选择（从非产品信息主要提供商处购买的行为）在经验商品上的出现频率比搜寻商品的低。其他消费者的产品测度和使消费者在购买前能与产品互动的媒体，对消费者搜寻和购买行为的影响，在经验商品上比搜寻商品上的要大。电子商务改变了人们的购物方式，他们可以用购买经验商品的方式来购买搜寻商品。

2.2.2 电子商务对生产的促进

电子商务首先是一种商务模式，属于流通范畴，其逐步发展演变为一种经济运行方式，全面影响着生产、消费各环节。它对生产的促进是以系统改变生产流程、生产的内部组织结构、生产的外部合作方式、生产管理来实现的。

1. 生产流程更清晰，分工更细密

传统经济中，由于需求相对比较稳定、需求变化较慢，为了充分发挥规模经济效应，企业往往采用规模化生产方式来降低生产成本，提高生产效率。这种生产方式中，投入的机器设备、劳动力规模都比较大，按照生产流程进行分工，企业将产品的设计、生产、储存、流通等分成若干环节，由企业统一组织运行。而在电子商务环境下，需求呈现出多样化、个性化的特点，这使得生产环节必须具备快速响应需求变化的能力，实行柔性生产。柔性生产方式的顺利进行，必须以产品零部件的标准化、生产环节的细密化、生产过程的并行化为前提。这样，企业往往将生产流程分成若干环节，自己掌握产品设计等核心环节，且产品设计按照市场需求变化快、个性化强的特点采用信息化的手段，保证设计过程的快速化和设计产品的多样化，而将加工生产环节外包给其他企业并行生产，从而提高响应市场的速度。

2. 生产的内部组织结构扁平化

生产的内部组织结构扁平化，提高信息传输速度，保证信息传输及时准确，从而提高企业的市场响应能力和管理效率。

在企业的运行过程中，来自基础操作层的决策支持信息要通过中间管理层上传至最高决策层，而来自最高决策层的操作指令信息也要通过中间管理层下达到基础操作层。中间管理层的大小与企业规模有关，一般来说，企业规模越大，中间管理层机构越多、流程越烦琐。所以，在传统的企业组织中，信息的上传与下达都要通过中间管理层，容易导致信息在传递过程中出现时滞和失真现象，而且，中间管理层越庞大，这种现象越严重。这显然不利于企业的运作。

在信息化背景下，企业可以通过可视化、数据化的信息系统直接进行信息的上传和下达，减少中间管理层对信息传输造成的拥堵与失真。在各个平行环节，则可以通过具有不同功能的信息系统来实现组织运行的信息化，保证组织运行的效率。比如，在管理层的各环节，可以通过诸如 ERP、MRP 等一系列管理信息系统来提高管理的效率，保证管理流程的畅通，从而提高管理效率。

3. 生产的外部合作方式多样化

生产的外部合作方式在电子商务环境下也变得更为丰富和有效。

企业生产的外部合作方式包括战略联盟、虚拟企业、供应链、扩展企业、生产外包等形式。

正是由于企业之间的合作采用了电子商务的手段，使得生产的效率大为提高、竞争力显著增强。借助于电子商务中各种计算机管理软件以及网络平台，企业之间可以在只需要少量人员或无人干涉的情况下，完成企业之间生产协作的协调和监督，飞速进行信息的传递和共享，极大地降低了分工合作成本，也使企业能够专注于自身的核心竞争力，提高专业化水平，从而优化社会分工。电子商务使企业以销定产、按订单生产成为可能，计算机辅助设计、计算机辅助制造、成组工艺等的应用也可以很好的满足企业对小批量、多品种产品生产的需求，这些都大大地降低企业的生产成本，提高了企业的生产效率，改变企业内外部的生产运作方式。企业之间通过电子商务、网络和信息技术采用虚拟的方式快速有效的沟通联合，改变了原有的必须通过实体联合方式进行合作的模式，并且极大地改变了企业之间的生产合作方式，提高合作的效率、效益以及灵活性。

2.2.3 电子商务对流通的改变

流通是社会再生产运行系统中的中间环节，起着桥梁和纽带作用，上连生产环节，下连消费环节，它对生产和消费都起着影响作用。电子商务对流通的作用体现在强化流通社会再生产系统中的功能、改变贸易的方式、创新交易的模式、扩大流通的范围等方面。

1. 电子商务改变了生产与消费的矛盾

在过剩经济中，生产与消费的矛盾日益突出。由于消费需求的变化，生产的产品面临着积压和销售不出去的问题，这对企业而言是一个巨大的灾难。为了改变这种状况和规避这种灾难的降临，企业急于了解市场需求，实现按需生产，以减少或消除产品积压和销售无门的现象。生产企业的产品"零库存"并不意味着社会产品的零库存,可能大量产品不是积压在生产企业的仓库,而是积压在流通企业的仓库。这使得产品积压的现象并没有减少或消除,而是把产品积压转移到了其他经营者身上。就信息而言,生产企业的产品零库存,并不能作为生产的指令。电子商务的出现为解决上述问题提供了有效的保障,这种保障首先体现为信息技术的保障,然后体现为信息保障、组织保障和流程保障。

通过电子商务平台(生产企业自建的平台和第三方企业的平台),企业可以直接销售产品、扩大产品流通范围,及时了解产品在流通领域的信息,从而更好地制订生产计划。各种功能的计算机信息系统为企业的产品设计、生产、管理、销售提供了保障,全面提高了企业的生产效率。电子商务创新了生产的合作模式,提高了生产效率。如前所述,电子商务使企业的生产更多依赖于与其他企业之间的合作。采用供应链、虚拟企业、扩展企业、生产外包等方式,实行并行生产,提高生产效率。

2. 电子商务对流通渠道的变革

电子商务为流通渠道的变革提供了广阔的空间,正在进行着流通渠道的创新。B2B、B2C、C2C、B2B2C等电子商务模式都可以看作是流通渠道创新的产物。在电子商务模式中,如果把参与主体确定为生产厂家和零售商,减少的中间环节有产地批发、中转地批发和销地批发等环节,减少这些环节意味着流通成本的直接降低,继续存在的环节由于采用电子商务手段也相应地减少了运作成本。在电子商务模式中,如果把参与主体确定为生产厂家和消费者,则减少的环节更多,降低的成本理论上也更多。然而,不是所有的商品都能直接采用电子商务模式,所以即便模式对降低流通成本更具优势,但B2B仍然是电子商务中业务量最大的模式。为了发挥模式的优势,结合商品的特性,于是有了电子商务这种创新的流通渠道中创新 – B2B2C 模式。事实上,这种模式的应用前景更为广阔,因为它既结合了商品流通的特性,也结合了降低流通成本的目的。

现实经济活动中,流通渠道的创新者有两类,一类是新兴的企业,他们一开始就涉足了电子商务,形成核心竞争力,如京东商城;另一类是传统企业,他们在已有流通渠道的基础上进行着电子商务的创新。我们认为,传统企业开展电子商务具有更大的优势,他们开展电子商务不仅仅是采用新的流通渠道,而且是对传统业务的改造。这在提高电子商务的渗透率上更具有意义。

3. 电子商务对交易模式的创新

在各种交易模式中,电子商务的影响普遍体现在对交易时空限制和支付方式的改变。传统的交易受到时间和空间的限制,交易双方必须在同一时间、同一地点面对面开展交易活动,而电子商务则打破时空的限制,交易双方借助于网络,可以在 7×24 小时中开展交易活动。支付方式也变得更为灵活,网络支付成为便捷的支付手段。

4. 电子商务对流通范围的扩大和交易额的增加

流通范围主要包括商品流通的空间范围、时间范围和客户范围。电子商务对市场规模的扩大主要体现在五个方面：扩大市场的空间范围、扩大客户数、全天候的销售与服务、增加产品类别、增加交易额。电子商务使卖方所面临的市场不再是其所处的地区或区域，而是网络所能触及的范围，形成一个统一的全球虚拟市场，使全世界绝大部分城市和地区的买方不再受到地域范围的限制，都能通过网络购买到卖方的产品和服务。利用因特网，人们可以自由、便捷、低成本交流，也可以通过因特网进行购物，不管所购商品远在何方，你只要下单，剩下的事情由物流公司来完成，这极大地扩大了商品流通的空间范围。

电子商务不受时间的限制，不需人力维持，可以提供24小时全天候的销售和服务，让买方可以随时以电脑、手机等设备接入因特网，登录交易平台进行购买，非常方便。更为重要的是，买卖双方的交易可以不在同一时间点进行，顾客下单后，经营者尽快响应订单，免除了传统交易中同一时间、同一地点、交易双方必须面对面的约束，这在跨时区、不同区域的买卖者之间具有非常重要的意义。

信息化与电子商务还带来了数字产品销售量的增加。例如，数字化的新闻、书刊、音乐影像、电视节目，远程教育、在线学习，虚拟主机服务，常见问题解答和在线技术支持、交互式服务、售后客户关系管理，支票、电子货币、信用卡等财务工具，数字咖啡馆、网络游戏、交互式娱乐等，极大地丰富了电子商务交易对象的内容，扩大了商品销售额。

2.2.4 新增电子商务服务业

电子商务的应用发展需要相应的应用环境、支撑体系和技术服务等作为基础和支柱，而这些应用环境、支撑体系和技术服务等是在电子商务应用需求的推动下逐渐形成和发展起来的。就像互联网的应用一样，其最初应用并不是在商业领域，当它扩展到商业领域之后，为了满足电子商务发展的需求，为电子商务提供技术、运营、金融、运输、人才、培训等全面支持和服务的电子商务服务也应运而生且不断繁荣，这些服务之间存在着服务对象、服务关联、服务价值链等多种相互关系，构成了电子商务服务产业。

电子商务服务业是由电子商务应用需求催生的，而它产生之后逐渐发展成为一个具有内部结构关联的、提供多种服务的产业价值链体系，按照产业发展壮大的规律不断成长，反过来促进电子商务应用的深化和空间范围的拓展。

电子商务服务业是国民经济中新的产业部类，基于统计意义的国民经济产业部类中并没有单独列类，理论界一般把它划归现代服务业或者电子商务产业。随着电子商务应用的不断深入，电子商务服务业在现代服务业和电子商务产业中所占比例将越来越大，它将推动现代服务业和电子商务产业的发展，在促进网络经济与实体经济融合、促进经济增长方式转变、优化产业结构、提高国民经济运行效率和质量、形成有中国特色的电子商务发展道路等方面都起着主要作用。

2.3 电子商务促进经济发展的外在表现

按照与电子商务的关联关系的不同，我们将国民经济的产业部类划分为电子商务服务业和电子商务应用产业两大类。电子商务服务业又可以分为新增的电子商务服务业和在电子商务产生之前已存在的可以用于为电子商务服务的服务产业。电子商务促进经济发展的外在表现主要体现在对电子商务服务产业新增电子商务服务以外的服务产业以下称其为"相关产业"相关服务产业和电子商务应用产业发展的促进上和对国民经济产业结构的调整上。

2.3.1 带动相关服务产业发展

1. 带动IT产业发展

云计算、大数据的技术经验优势与地方特色产业优势有机结合，推动传统产业与电子商务的深度融合，带动地方农产品、服务业等相关产业的转型升级，为地方政府和企业提供云计算大数据业务，有效提升当地电子商务发展水平，打造地方特色产业发展新模式，为大众创业、万众创新和新经济发展提供新动能。

信息经济时代，信息产业已经成为国民经济的主导产业，它对国民经济的发展起着向前带动作用，并以快于国民经济增长一倍的速度持续增长。

社会各行各业要应用电子商务，必然要应用到计算机、网络设施、电子商务与信息化软件、电子商务与信息化平台等各类信息化设备、信息技术以及信息系统，而这些信息化设备、信息技术以及信息系统正是IT产业所提供的产品和服务。因此，电子商务的应用势必会扩大对产品和服务的需求，提高IT产业产品与服务的销售量。同时，这些需求会随着各行业电子商务的应用发展情况不断变化，不断产生新的需求，刺激IT产业不断进行产品与服务的研发与创新。

同时，电子商务服务业作为为电子商务提供支撑和服务的行业，其本身就属于一个高科技行业，其核心组成部分必然是计算机、网络设施、电子商务与信息化软件、电子商务与信息化平台等各类信息化设备以及信息系统，因此，与其他行业相比，它将需要数量更多、层次更高、功能更全面的产业产品。可以说，电子商务服务业的日益繁荣也必然会带动产业不断发展。

2. 带动金融产业发展

电子商务对金融产业发展的带动作用主要是通过银行业务的扩展与创新、支付方式的变化等来实现的。在支付手段上，目前为电子商务交易的双方提供支付服务的主要是第三方机构，包括非金融机构第三方支付公司和金融机构。目前，我国第三方电子支付系统已经逐渐成为维护金融秩序稳定的战略基础设施，不仅支持我国宏观经济的良性运转，而且在加快流通速度、降低成本、提高效率等方面发挥着巨大的作用并逐渐扮演着更加重要的角色。其中第三方非金融机构电子商务支付平台是指除银行、证券、保险等金融机构以外的提供第三方电子商务支付服务的平台，如在国内支付占有率排名前十的支付宝、财付通、快钱、汇付天下、易宝支付、首易信等，都属于非金融机构第三方支付平台。而这些平台又可以进一步划分为两类，一类是非独立的第三方非金融机构电子商务支付平台，如依托于淘宝网的支付宝、依托于拍拍网的财付通等；另一类是独立的第三方非金融机构电子商务支付平台，如快钱、易宝支付、汇付天下等。非金融机构第三方支付公司是在电子商务支付需求的直接刺激下产生的，它们的出现不仅满足了电子商务对支付的需求，而且打破了电子商务发展的瓶颈，推动了电子商务更加快速的成长，同时其自身也随着电子商务的发展而得到迅速发展。

在金融信贷方面，阿里巴巴面向中小企业推出了无抵押的新型信贷机制——网络联保。该机制通过家及以上企业共同申请贷款、签署联保协议的方式向银行贷款，不仅降低了银行的信贷风险，创新了信贷机制，更重要的是为中小企业的发展解决了资金难题。同时，银行在融资业务上也大举进军电子商务领域。

3. 带动物流业发展

电子商务的发展，极大地刺激了物流需求，提高了物流产业的地位，也促进了物流业务水平的提升。在生产领域，由于经济全球一体化趋势的发展、电子商务应用的深入，生产布局出现了较大变化，传统经济中的规模、经济效应作用方式也发生了改变。在传统经济中，为了发挥规模经济效应，生产的集中度越来越高，物流起着集散货物的作用。在现代经济中，由于需求的多样性和个性化要求的增强，生产的分工更加细密，产品零部件生产按照资源禀赋条件进行着国际化的跨区域分工，而产品的组装生产则离消费者越来越近，按照消费者的需求进行着小批量、多频度、柔性化的生产，其中的物流不仅发挥着集散货物的功能，还起着连接生产环节的纽带功能。

在电子商务交易领域，交易活动可以通过网络这个虚拟空间进行，而物流活动则是实体经济范畴，买家与物流配送人员之间必须面对面接触，进行货物交接、验收等活动，物流人员可能还代表卖家收受货款。电子商务使物流成为电子商务活动中的重要一环，直接刺激了物流配送产业的发展。

在物流企业信息化领域，电子商务还促进了我国物流企业向网络化、信息化的转型。企业间的电子商务使供应商必须满足生产企业对物流的要求，而这一要求的满足必须引入看板管理、条形码技术、无线射频技术等信息化管理手段与技术。企业或消费者之间的电子商务平台通过与物流企业建立合作关系，加强对物流配送流程的监控，推动了行业服务质量的提升，并带动了物流企业管理模式的转变，如限时物流、货物跟踪、货到付款等促进了物流配套服务制度的完善与信息化水平的提高。

4. 带动服务外包产业的发展

由从事电子商务活动的主体来看，无论是企业、政府、其他经济组织和个人，不论是买家还是卖家，他们都有服务外包的需求，这些需求涉及网络通信、网站建设、系统软件等技术需求,信息发布、信息搜索、信息分析等信息服务需求,交易产品设计、产品生产制造、产品包装等生产需求,网络店铺装修、产品广告设计、营销方案策划等运营需求,安全认证、信用服务、在线支付、物流配送等交易支撑服务需求,产品"三包"、在线升级等售后服务需求等。而这些需求不可能完全由自己来满足,于是电子商务下的服务外包需求极大增长,满足这些需求的电子商务服务业应运而生。由于产业之间的关联关系,电子商务服务业务的进一步延伸,从而带动了整个现代服务业的发展。

2.3.2 促进电子商务应用产业发展

如今,电子商务已经广泛应用于农业、制造业、建筑业、批发零售业、旅游业、社会服务业以及文化产业等行业。通过电子商务所带来的融资、生产、管理、贸易等方面的优势和变化,彻底地改变其传统的融资、生产、管理、交易模式,促进其向现代化、数字化、信息化方向发展和变革,增强产业的综合竞争力。

第一,电子商务增加企业的融资渠道、简化融资流程,延长企业的资金链。

金融机构和从事电子商务支付业务的非金融机构,利用电子商务平台,创新信贷机制,为企业特别是中小企业增加了企业的融资渠道、简化了融资流程,延长了企业的资金链,使信贷双方实现了双赢。例如,阿里巴巴与商业银行合作创新的面向中小企业的网络联保信贷机制帮助我国许多中小企业度过了"金融海啸"的严冬。

第二,电子商务改善企业之间的生产合作方式。

企业之间可以通过网络化的手段,通过虚拟企业等组织方式进行产品设计、生产制造等方面的合作,并将这种合作贯穿于行业采购、运输、销售、服务、结算等环节,贯穿于行业供应链和产业集群之中,提高行业的整体效率。

第三,电子商务服务为这些行业的电子商务应用提供基础设施、技术服务、应用推广、发展咨询等一系列的服务,更好地促进电子商务与应用行业的融合,使应用行业能够集中优势资源发展核心业务,进而提升了应用行业的整体竞争力。

第四,电子商务使应用行业的企业面对市场的能力大幅提升。

从宏观角度来看,发展中小企业电子商务对促进国民经济快速发展、结构优化等具有重大战略意义。中小企业电子商务对GDP的作用明显;中小企业电子商务对内外贸的贡献突出;中小企业电子商务对就业拉动的效果明显。此外,电子商务还带动了大量创业机会和间接就业,对缓解社会就业压力,促进社会稳定发挥了重要作用。中小企业电子商务促进了第一、二、三产业结构的优化。电子商务服务业已成为"重要的新兴产业",是国民经济新的增长点。同时,电子商务的发展还带动了物流等相关产业发展,促进了支付、信用体系的建立,对优化我国第一、二、三产业结构发挥了重要作用。

从微观角度来看,电子商务在增加中小企业营业收入、促进中小企业经营效率提升以及帮助中小企业实现产业升级等方面的效果明显。电子商务加速了中小企业营业收入增长,有效提升了中小企业的人均产能,明显促进中小企业转型升级。使用电子商务的中小企业在小订单利润率、产品多样化程度、产品创新能力等方面,高于不使用电子商务的中小企业9~15个百分点。

2.3.3 优化产业结构

从产业的部门结构、产值结构、投资结构、产品结构、贸易结构、就业结构等方面考察电子商务在优化产业结构方面的功能、作用形式、作用效果等。

第一,电子商务服务业的出现,改变了服务业原有的格局,增加了新的产业门类。同时,随着电子商务服务业的发展壮大,电子商务服务业企业数量不断增加,不仅改变了服务业中各个子产业的数量比例关系,也扩大了服务业在国民经济中所占的数量比例。

第二,电子商务服务业也带来了就业结构的改变。电子商务服务业的兴起提供了大批的新岗位、新职务,极大地增加了就业数量,改变了就业结构。电子商务不仅催生了一大批新兴企业和职业,如电子商务网店、网店装修师、"网模"等,也带动了包括网络基础服务、仓储物流配送、支付、网络营销、网络广告等延伸行业或相关行业的发展壮大,因此,给就业提供了大批的新岗位、新职务,极大地增加了就业数量。

第三,电子商务服务业改变了产值结构。随着电子商务服务业的规模、企业数量的逐渐增加,其在产值中所占的比重也越来越大。

第四,在对电子商务投资方面,其投资的额度和力度也是以不断增加的态势在发展。从2006年起,投资规模逐年增大,增长速度明显加快。目前,中国电子商务的投资主要还是集中在B2B、B2C领域,尤其是B2C领域。而在B2B领域方面,由于其所处于垄断格局状态,导致其投资风险和难度比较大,主要集中在垂直行业平台。

第五,电子商务快速发展也促使了技术的进步。电子商务是信息技术和高科技的产物,因此,电子商务的发展势必会对科学技术的发展产生需求,从而带动其发展,加大国家、产业、企业对技术的投资和研发。

第六,电子商务的快速发展也促进了产品结构的改变。电子商务对产品结构的改变主要体现在两个方面。一方面,电子商务的产生和发展促使数字化、电子化产品数量增加;另一方面,电子商务广泛应用又促使了产品内部构成中信息含量的增加。高科技产品层出不穷,在其产品设计、生产过程中所注入的信息、知识的含量也越来越多。

第七,电子商务的发展改变了贸易结构。《中国中小企业电子商务发展报告》(2009)数据显示,中小企业电子商务对内外贸的贡献突出。2009年,中小企业电子商务交易规模将达1.99万亿,同比增速达到20.3%。其中内、外贸交易规模分别为1.13万亿和0.86万亿,分别相当于2008年全国国内商品销售总额和出口总值的6%和8.9%。

2.4 电子商务与实体经济

近年来,中国的电子商务快速发展,交易额连创新高,电子商务在各领域的应用不断拓展和深化、相关服务业蓬勃发展、支撑体系不断健全完善、创新的动力和能力不断增强。电子商务正在与实体经济深度融合,进入规模性发展阶段,对经济社会生活的影响不断增大,正成为我国经济发展的新引擎。

在如今"互联网+"的时代,电子商务不仅带动了原有产业的振兴,也让新兴产业找到了商机,实现了电子商务与实体经济的融合发展,并改变和影响着原有的产业结构,最终形成了全新的"互联网+各种产业"的电商发展模式。在2017年"两会"期间,关于电子商务与实体经济的讨论再成热点,特别是在实体经济领域一直以来有着不同的声音,如在2016年年底,杭州娃哈哈集团有限公司董事长宗庆后在央视财经频道一档节目中列举马云的"五新"理论,直指电子商务伤害了中国实体经济,引发了全民关于实体经济大讨论。在中国实业振兴峰会上,宗庆后表示:实体经济是创造财富的经济,虚拟经济是钱生钱的经济。2016年11月17日,在第三届世界互联网大会中欧数字经济对话论坛上,阿里巴巴集团副总裁指出,电子商务是互联网经济与实体经济的连接器,跨境电商逐渐成为数字经济发展的重要引擎。京东集团高级副总裁徐雷在商城2017合作伙伴营销峰会上表示,电子商务与实体经济不是取代和对立关系,而是一种相生相长、能力互补关系。不同于纯粹流量贩卖型平台,京东在长期自营中也建立了一整套脱胎于实体零售的核心能力。

笔者的观点是电子商务与实体经济,本身就是相互促进、相互发展的!

2.4.1 电子商务与实体经济两者的关系

电子商务交易中,虽然互联网大行其道占据了原本大多数实体经济的市场份额,但总的来说,电子商务如果离开了实体经济,就失去了其生命活力,它将不具有任何经济价值,而真正的经济体则是实体经济和电子商务相结合才能更好地发展市场经济。利用两个"恶性循环"来分析我国电子商务蓬勃发展背景下经济发展遇到的问题,进一步认识电子商务与实体经济之间的关系。

1. 生产者恶性循环

不完善的市场经济加之电子商务带来的冲击,使中国的实体经济中的生产者陷入了以下恶性循环:低利润→低生产动力→质量低下的产品→消费者较低的消费激情→较低的消费水平→恶劣的价格竞争斗争→低利润。

恶性的价格竞争不仅局限于实体经济也突显在电子商务领域,一个现实的例子就是淘宝平台。淘宝作为中国最大的电子商务平台,其巨大的市场与交易额离不开"盗版",然而盗版的产生大大降低了生产者的成本,加速了电子商务平台的对于市场的渗透,但是往往导致更严重的价格竞争实体经济成本突显,电子商务的冲击又使商品价格进一步降低,越来越低的利润使实体经济的发展陷入了困境实体经济的萧条也导致资本过度流向虚拟经济,这更加加剧了实体经济的困难如果中国的实体经济不能得到良好的转型,继续积攒泡沫,我国经济发展的前途就不会光明,同时电子商务这种依托实体经济发展而产生的经济形式也只能是昙花一现。

2. 消费者恶性循环

消费者人群大多为工薪阶层,他们的消费能力往往取决于自己的工资水平和物价水平的双重影响,由于实体经济企业和公司发展同时受到电子商务的冲击,导致其利润较低,也就直接导致了工薪阶层的工资水平较低,再加上中国物价水平持续上涨,导致中国的消费者普遍拥有较低的消费能力。这样就产生了中国消费者的恶性循环:企业低生产利润→劳动者低收入→消费水平低→更注重商品价格→转而通过电子商务平台消费→实体经济不景气→企业低生产利润。

中国的消费者较为务实,注重价格,这不仅仅出于中国消费者的消费心理,更重要的是由于中国消费者消费水平有限,人均收入统计学层面上的上升不足以提升广大工薪阶层消费者的消费动力,这也是大多数消费者选择价格更优的电子商务消费模式的原因。但是电子商务的繁荣并不能为社会创造持续的、优质的经济增长,这样实体经济的萧条导致广大的工薪阶层的消费水平降低,工薪阶层转而通过电商购物,往往导致了电子商务的虚假繁荣,而这又进一步冲击了实体经济,导致实体经济的发展更加困难。

2.4.2 电子商务对实体经济的影响作用

电子商务对实体经济产生了诸多冲击影响,不仅表现在交易成本和范围的影响,它还严重弱化了当前实体经济的存在地位。但就是因为这些劣势给实际经济的冲击,也造成了实体经济的改革发展。

1. 调整销售渠道,提高服务质量。

一般来说,网络上的贵重物品购买总是得不到较好的保护,总会发生一些难免的磕碰,影响到购买东西的质量。因此实体商店可以改变自身的一些销售渠道,通过已有的完善的规范系统,解决消费者的后顾之忧。要想和电子商务竞争,实体经济还要积极提升自己的服务态度,将卖方市场转变为买方市场,让顾客得到更好的优质服务体验。

2. 加强设施投入,提供更多的优惠。

在实体经济的发展中,相应的基础配套设施的建立是非常重要的,比如停车场以及一些人性化的区域布置,这一投入可以有效促进顾客满意度的提高,还可以增强实体经济的管理效果。实体经济在进行经济活动时,还可以通过开展各种丰富多彩的优惠活动,牢牢吸引消费者的眼球。同时,树立起一个长期的发展策略,并积极进行忠诚顾客建立工作,经常举办忠诚顾客的回馈优惠活动。

3. 进行媒体宣传，提高知名度。

实体经济在宣传自身时，可以通过当前十分流行的微信、微博等平台进行积极的宣传和发展，或者也可以借助网络进行宣传，对于一些换季清仓的活动还要加强宣传力度。通过这些媒体平台，实体经济能够有效加强自身实体店的知名度，提高自身的竞争力水平。

中国实体经济存在着土地价格过高、税负压力大、内需不足、劳动力成本优势流失、资源成本较高、市场不完善及资金的匮乏等问题。因此中国的实体经济在各种压力下艰难成长，虽然在21世纪前10年中国经济发展迅速，但是在中国实体经济的困难越来越大，下行压力越来越大的同时，新兴的电子商务也对中国的实体经济产生了巨大的冲击。新兴的电子商务将原本实体经济中的劣势放大，当更加便捷和低廉的电子商务逐渐被市场所接纳时，实体经济所能产生的利润便进一步压缩，这也是近几年中国市场的资金流向房地产、金融等行业的原因，因为制造业利润较低。中国的经济问题虽然很多，但是还没有形成危机，只是处于一种成为危机的状态，只要没有爆发危机，那么中国经济未来扭转局势的可能还存在。未来的三至五年内中国的实体经济可能仍然低迷，电子商务可能进入平滑期，但是十年之后的总体预期还是乐观的。我国现在只要逐渐完善市场，调整经济结构，优化升级，鼓励创新，积极应对困难，解决问题，利用好互联网带来的优势和机遇，消除"恶循环"，让电子商务更好地服务于中国经济，壮大实体经济，鼓励制造业的发展创新，那么未来中国经济形势的前景便是光明的。

未来的业态，必然是实体与电商融合的。当互联网技术在商业领域应用到基本完全普及的时候，也就没有什么电子商务与实体之分，也不会再有O2O等各种概念来炒作。实体店因其真实场景、真实体验，以及无法替代的服务性功能而将永远存在。在解决需求与供应当中，电子商务起着功不可没的作用。电子商务持续持高速发展，有力推动互联网和实体经济深度融合发展，实现了以信息流带动技术流、资金流、人才流、物资流，促进资源配置优化。电子商务消费的区域特征，与经济发展水平的关系日益紧密。

2.4.3 实体与电商融合发展的机遇与挑战

1. 实体与电商融合发展的机遇

随着互联网技术不断发展，网络零售开始不断占领市场，其在用户和市场规模以及电子商务网站的增长方面都是极为迅速的。并且伴随着物流与电子金融的发展，网络零售的各个瓶颈得到突破。从年轻人到中老年人都开始慢慢喜欢上网购物，网络购物种类也越来越多，由图书向电子产品、衣着服饰开始不断向各式各样产品扩展。全渠道零售模式已经是大势所趋。网络零售在技术进步、个性化消费、实体店成本压力等方面的促进下得到长足的发展，现阶段单纯经营实体零售将面临较大的压力。因此，让实体与电商融合发展的前提，就是把握好传统实体零售的优劣势。

实体零售想占领更多市场，必须"互联网化"，才能进行可持续性的发展。未来全渠道销售模式将不可低估,企业不会放弃任何一个市场,全渠道销售模式机遇已经来临。随着移动互联网不断发展,手机等智能终端的普及,移动互联网时代将成为另外一个电商市场,单纯的 PC 端已经无法满足消费者的需求,未来移动互联网的布局对于实体和电商都是一个新的机会。另外,消费者 O2O 理念不断形成。近几年网络购物已经给消费者带来了丰富的经验,越来越多的消费者开始转变购物观念,开始先到实体店进行体验,然后进入网上查询购买,这种理念将有利于实体与电商的融合发展。

2. 实体与电商融合发展的挑战

实体零售企业与移动互联网结合发展已经成为趋势。但是,在融合发展的过程中,也存在着许多的误区与问题。融合发展中,实体线下店铺由于覆盖面积广而零散,其在转型过程中存在着许多困难。在融合过程中,其线上线下的商品价格、管理制度、人员薪资甚至企业战略都需要进行严密的改革,而线下店铺越多其改革店铺的数量也越多,难度也会越大。另外,实体店铺相比较于网上店铺来说其运营成本更高,而且现阶段线下店铺的利润不断减少会使得许多企业在进行线上平台搭建过程中面临资金不足,最后导致企业转型失败的情况出现。特别是在初期开展实体与电商融合发展的过程中,会面临更加严重的经营问题,存在着互相抢夺企业内部资源、市场份额等问题,从而使得资源浪费等情况出现。如何在融合发展过程中实现内外部资源的无缝结合是企业在融合发展过程中需要解决的重要问题。企业在实体与电商融合发展过程中必须采取谨慎的方式,要从重视用户体验、消费者个性化消费需求、产品质量出发。传统实体零售企业在进行融合发展过程中,应摆对姿态不要为了单纯应对互联网趋势仓促出发,不要为了单纯的拓宽销售渠道、占领市场份额、获得时尚噱头来开展这项业务。在这一过程中必将会有机遇、有挑战,要开发出一套适合自己融合发展的模式,在挑战与机遇中不断提高自身实力。

3. 实体与电商融合发展的建议

随着互联网不断的普及以及整个电商行业的发展,电商将会不断注重服务质量的提升,低价竞争不再是惯用伎俩。未来,电商发展将更加会注重优质服务,价格会不会高于实体还有待考证。但是,消费者将会是最大的受益者,不仅获得了更低的价格,还获得了更多的服务。因此,实体与电商在融合发展过程中不是单纯的靠低价格就能够取胜,应从以下几个方面入手:

第一,注重支付安全。支付是保证网络交易顺利完成的基础。目前我国消费者网购主要采取的支付方式包括支付宝、网上银行、货到付款、邮局汇款、银行转账等。支付宝既提高了网络购物的便捷性,又为买卖双方提供了安全保障,成为年轻群体最常用的网上支付手段。而中年网购用户则由于对风险的顾虑,对新事物、新技术的接受程度较低,倾向于采用货到付款的支付方式。目前我国信用和金融体系不十分健全,网上支付手续烦琐,因而能够提供多种支付方式的网络零售商更受消费者欢迎。

第二,注重供应链整合。实体与电商融合发展中供应链的整合是重中之重。在融合发展中，企业应该关注的是供应链整合到需求链的过渡。与供应链相比需求链更加关注顾客的需求，是根据消费者的需求进行线上线下需求管理、商品管理、仓储管理、物流管理、销售与采购管理、战略与库存优化、协同管理的整个供应链运转。通过获得消费者需求来进行大规模定制化生产，从而通过规模效应来占领市场。

第三，协同销售。网络零售的发展确实给大型百货商店带来了一定影响。但是，线下线上零售并非只是一种你死我活的竞争关系，网络零售掀起的网络购物热潮对于传统大型百货商店来讲是挑战，更是机遇。它为大型百货商店提供了良好的平台，是对大型百货商店传统销售渠道的补充。大型百货商店应该进军网络零售，注重自家网上商店的建设，开拓全新的网络销售市场模式与赢利平台，把实体店铺和网上商店结合起来，实现线上和线下双重销售渠道，减少客户的流失。通过实体与电商融合发展还要做好客户的引流工作，怎么样才能让客户从实体店流向网上平台，又如何从网上引向实体店是线上线下协同销售的关键问题。企业可以通过二维码扫描、促销、游戏等方式打通线上线下通道。

 课内思考题

1. 电子商务作为经济发展动力因素有哪些表现？
2. 论述从事物发展的角度认识电子商务与实体经济的融合。

第3章　电子商务模式

※**课程导入**

电子商务模式是企业确定细分市场和目标顾客之后，通过企业内部特定的组织结构和在价值网中的定位，运用网络信息技术，与价值网上的各合作成员整合相关的流程，最终满足顾客的需要，并给企业带来盈利的方式。

电子商务模式是企业在价值链系统一定位置上为目标市场提供价值和赢利的方式，它由电子化、客户关系、产品创新、财务要素、企业资源、业务流程6个要素构成，这些要素之间相互依赖和联系，共同确定电子商务模式的构成和特点。

※**学习目标**

掌握商业模式的概念

认识电子商务模式的具体表现

体会我国网络零售平台的模式创新

※**相关知识**

二十一世纪进入了互联网经济时代，互联网因其效率更高和体验感更强而被广泛采用，并且不断向购物、社交、教育、金融、医疗等领域渗透，极大地方便人们生活的同时，也改变着人们的生活方式。在经济领域，互联网不仅能改变交易场所、拓展交易时间、丰富交易品类、加快交易速度、减少了中间环节，而且带来了商业模式的创新。在"互联网+传统产业=新兴商业模式"范式的指导下，围绕着用户的核心需求，各种基于互联网的新兴商业模式层出不穷，如平台商业模式、生态圈商业模式、免费商业模式、跨界商业模式等。应该看到，不是因为互联网才有商业模式的创新，但互联网的出现和发展点燃了商业模式创新的导火索，激活了商业模式创新的激情，拉开了商业模式创新的序幕，一大批基于互联网技术的新兴商业模式纷纷涌现，如长尾商业模式、免费商业模式、平台商业模式等。

3.1 商业模式

20世纪90年代末期,商业模式成为一个独立的研究领域,2003年以后相关的研究进入到高潮期。近年来,商业模式在我国经济学界和管理学界成为研究热点。对商业模式的研究主要围绕着商业模式的内涵及种类、商业模式的构成要素、商业模式创新等主题展开。

3.1.1 商业模式的本质

商业模式是一个组织在明确外部假设条件、内部资源和能力的前提下,用于整合组织本身、顾客、供应链伙伴、员工、股东或利益相关者来获取超额利润的一种战略创新意图和可实现的结构体系以及制度安排的集合。

根据学者对商业模式本质研究的不同视角,可将商业模式的概念研究归结为三种类型:盈利类、交易类和价值类。

盈利类研究是从经济学视角展开,认为企业商业模式应服务于企业目标——利润最大化,商业模式就是"做生意的方式""企业的经济模式",即获取利润的逻辑。

交易类研究是从管理学视角展开,为了利用商业机会创造价值而设计的交易内容、交易结构和交易治理机制。

价值类定义鼻祖当属最早系统提及商业模式的提莫斯(Timmers,1998),他将商业模式界定为"企业价值创造的基本逻辑"。从市场营销角度出发,在商业模式中植入客户价值和资源使用的理念,认为商业模式是为客户创造价值活动、资源及其联系的体系。价值必须通过顾客、伙伴和企业的合作来创造。

商业模式概念研究可归结为经济学视角的研究和管理学视角的研究。经济学视角的研究以经济利润作为终极目标,将商业模式界定为"企业的经济模式",重点探索企业获取利润的途径,研究内容主要集中于企业利润的决定因素,包括收入、成本、产量和价格等。管理学视角的研究则分别从企业战略和运营效率两个角度进行,从企业战略角度将商业模式界定为"战略方向的总体考察",研究内容主要包括市场主张、组织行为、增长机会、竞争优势和可持续性,旨在获取企业的竞争优势;从运营角度将商业模式界定为"企业的运营结构",研究内容侧重于企业创造价值的流程,旨在提高企业的营运效率。

3.1.2 新兴商业模式的种类

从商业活动的本质看,商业模式就是企业获取利润的方式,而企业"做生意的方式"千差万别从而导致商业模式形态各异。美国著名的商业模式研究学者Osterwalder和Pigneur(2011)概括出五种商业模式新式样:非绑定商业模式、长尾商业模式、多边平台商业模式、免费式商业模式和开放式商业模式。

1. 非绑定的商业模式企业有三种不同的业务类型:客户关系型业务、产品创新型和基础设施型业务。每种不同的类型都包含三种不同的驱动因素:经济驱动因素、竞争驱动因素、文化驱动因素。所以企业应关注以下三种价值信条:产品领先、亲近客户、卓越运营。为避免冲突或不利的权衡妥协,三种业务类型"分离"成为独立的实体但又可同存于一家公司,如私人银行业、移动通信业等商业模式。

2. 长尾商业模式是指市场定位于"多样少量"的模式,并把这种量少样多的产品称为"利基产品",长尾模式能够存在的前提是低库存成本、强大的平台与买家容易寻找和获得。典型的行业如图书出版业,典型的企业如 eBay、Netflix 等。

3. 多边平台商业模式是指将两个或更多有明显区别但又相互依赖的客户群体汇集在一起,通过促进各方客户群体互动来创造价值。如何激发网络效应、增加入驻平台的用户数量是多边平台模型运行的关键。其典型的企业如 Amazon、阿里巴巴。

4. 免费式商业模式是指至少向一个庞大的客户细分群体提供持续的免费服务,并据此吸引付费用户且通过付费用户补贴免费用户的一种商业模式。作为一种营销手段,免费的本质就是交叉补贴,免费式商业模式的特点是至少有一个客户细分群体持续从免费的产品或服务中受益。

5. 开放式商业模式是指通过与外部伙伴系统性合作来创造和捕捉价值。可以分为"由外到内"和"由内及外"两种式样,前者是指将外部的创意引入到公司内部,如宝洁公司将内部研发外部化,通过互联网平台,将自己研发中的难题暴露给全球的科学家,解决方案开发成功可获得宝洁公司的现金奖励的方案;后者是指将企业内部闲置的创意和资产提供给外部伙伴,如葛兰素史克建立对外开放的专利池,把公司弃用的开发疑难杂症的相关知识产权放在专利池,以供外部的研究者使用,以促进对疑难杂症的研究,产生更多的价值。

可以看出,五种式样都是对新兴商业模式的描述。在互联网经济时代得到广泛应用的主要有三种:长尾商业模式、多边平台商业模式和免费商业模式。在当今互联当道,基于互联网的平台商业模式风起云涌已然成势,如电子商务领域的阿里巴巴、京东等;旅游服务领域的携程、去哪儿、途牛;婚恋交友领域的世纪佳缘、珍爱网、百合网等,但国内有诸多学者质疑将免费界定为一种商业模式的恰当性。

3.1.3 商业模式创新

商业活动的本质是创造价值,商业模式创新本质上是一种基于信息不对称的机会主义行为,推动商业模式创新的动力可分为外因和内因。外因是指市场存在未被发现的市场机会,内因是指企业知识能力或能力要素的积累。

作为企业最基本的经营方法,商业模式可分解为四个部分:客户价值主张(Customer value proposition)、盈利模式(Profit formula)、价值链定位(Value chain location)、核心资源和流程(Key resources and processes)。与此相对应,商业模式创新也可分为四种模式:改变收入模式

（Revenue model innovation），改变企业模式（Enterprise model innovation），改变产业模式（Industry model innovation），改变技术模式（Technology-driven innovation）。同时，商业模式中涉及商流、资金流、物流、信息流、价值流、知识流，商业模式创新的本质也是对各种"流"的改革。

每个创业者都希望自己的初创公司能颠覆传统行业，为用户提供独一无二的服务体验。Uber、苹果和亚马逊更是业界最令人嫉妒的创业公司，他们的商业模式不仅极具颠覆性，更引领着其他创业者不断创新、优化自己的业务。

但是，实现革命性的商业模式创新其实真的很难。苹果颠覆了音乐，Uber颠覆了交通，亚马逊则颠覆了零售，所有这些都不是每天喊着"创新"口号做出来的，伟大的思想永远不会在会议室里出现。想要实现真正的商业模式创新，除了要深入挖掘你的公司和行业，还需要对用户、甚至是人性有更多理解。实际上，Uber、苹果和亚马逊的成功并没有在所谓的数字创新上大肆投入，而是专注于为客户提供更好的服务体验。

以苹果公司为例，很少有人知道苹果对产品包装是多么的重视，他们认为客户"开箱"过程也是一种独特的用户体验。很多公司很容易忽视产品包装，但事实上，这其实是一个非常重要的客户接触点。当苹果将这种包装打开过程变成一种"神奇"的体验，自然会吸引消费者，他们也愿意在社交网络上分享自己的感受。

事实上，当企业和消费者建立的联系越多，就会发现人们愿意从服务体验中寻求更多有意义的人际联系。所以，不要盲目只顾在技术上追求创新，也可以从其他渠道上探索是否能实现颠覆创新，了解你的目标客户在哪里，真正和他们建立联系。

这并不是说简单地把你的品牌推到客户面前，而是要在客户需要你的时候及时出现，如果你能提供这种体验，那么你就有机会成为未来的Uber，苹果和亚马逊。

那么，又该如何设计未来的商业模式呢？

1. 从改变管理开始

商业模式创新基本上都是从组织层面上开始的，如果在管理层上没有适当改变，创新是行不通的。

商业模式创新不是追求KPI，而是要融入公司的文化细胞之中。如果你的员工无法被企业价值和愿景所驱动，努力倾听、尝试和探索，那么创新永远都不会出现。所以只有当你的员工变成了颠覆式的"发明家"和"探索者"，你就会发现他们会变得多有创造力。同时，如果公司里的每一个人都变成颠覆者，成功便指日可待。

当然，聪明的创业者会找到一个中间地带，也就是说，你没必要让公司里的每个员工都100%专注于创新，而是可以让专门的团队直接负责产品和服务创新，如从现在开始集中一年时间创新，收获的成效可能会让你在未来五到十年内在业界保持领先。创新本身其实和其他业务指标一样，也需要在一定周期内被评估分析。

构建这种创新团队，重点在于能够灵活转型，实现跨功能性，"快速行动，实现突破"。

来自不同部门，善于解决一些创造性问题的员工可以组成这种创新团队。比如，设计师可以给工程师带来全新视角，供应链专家可能会为业务发展带来先前从未考虑过的解决方案。混合创新人才会给企业发展带来意想不到的效果。

2. 测试

尝试新的商业模式，失败在所难免。

但没关系，成功分离出原子的科学家卢瑟福努力了大半生，YouTube 一开始也不过是个视频约会网站，没有人能在一夜之间获得成功。

真正的商业模式创新来自于设计思维突破——这是一个观察和头脑风暴的过程，最终产生大量创意，而所有这些创意都需要被测试。100 次失败的经验教训会让你在第 101 次尝试变得更好。

你可以把自己想象成一个科学家，基于你对自己商业模式的理解制定一个假设，然后检验这个假设。你可能会大量投入，也不得不面对大多数试验失败的结果。不过，如果要实现商业模式的突破创新，就必须要能承受失败。就拿风险投资人为例，每个风投都经历过大量投资失败，但只要实现一次"全垒打"，就能获得巨额回报。著名风险投资人 Peter Thiel 是 Facebook 早期投资人，也是 PayPal 联合创始人，在他所著的《从零到一》一书中写道"成功的商业模式创新能为企业业绩带来十倍提升"。他写道："企业需要努力实现大幅创新，因为如果创新力度不够，终端用户能看到的改进就变得微乎其微……当你的产品有了十倍改善，用户才能体验到创新。"

值得注意的是，虽然商业模式迭代有时会给你带来十倍业绩的提升，但商业模式创新和迭代是不同的。

3. 留意七个"P"

今天你的客户是谁，明天你的客户又会是谁，他们的生命周期价值是什么，你要获取客户的理由是什么，还有更重要的，你为什么会让客户流失？

在创新商业模式的过程中，你可以从以下七个"P"中学到很多，它们分别是：

产品（Product），定价（Price），地点（Place），推广（Promotion），包装（Packaging），定位（Positioning），用户（People）。

商业模式创新的过程，其实也是批判性思考的过程，需要你在现有的价值主张中找到漏洞。

如果你因为产品定价不合适而导致客户流失，那么该如何在自己的产品价值链上提供更多价值来匹配高定价呢？

尽管降低成本很重要，甚至有一定的必要性，但需要注意的是，商业模式创新不是简单地削减成本。看看 Tim Cook 这个供应链大师和运营天才，在他的运筹帷幄下苹果公司在商业模式创新和降低成本之间找到了最佳平衡点。

较差的供应链会摧毁一个公司。如果你的产品没有完善，也没有经过有效测试就发布到消费者手上，失败就在所难免。一款劣质产品会给你致命一击。然而，出色的营销推广，市场分销也会把一款劣质产品交付到你的客户手上。

就个人而言，你多久会购买到一款低质量的产品获取不便利的服务？永远不会买到的劣质产品基本是不可能的。

所以，更好、更快、更便宜三个要素，最好能做到两点就已经非常不错了。而像 Tim Cook 这样深知供应链之道，把 iPhone 产品送到消费者手上的商业模式创新大师，可谓凤毛麟角。

4. 在现有商业模式基础上进行创新

没有人是天才，可以不需要任何帮助就实现商业模式创新。对创业者而言，你需要找到对自己最有效的创新框架。

在这方面，Doblin 的《创新框架的十种类型》和 IDEO 的《创新的十个面孔》都做了很好的诠释。你的商业模式创新理念需要得到整个团队的理解。对业务有共同语言是培育企业创新文化的催化剂。在此，笔者强烈推荐 Strategyzer 所著的两本书：《商业模式一代》和《价值主张设计》。

5. "重复"是商业模式创新的最大敌人

可能你无法想象，一家公司创新失败的最常见原因，就是他们业务做得太好了，组织太有规律，流程执行得太过于精确了。所有这些都会逐渐变成一种常规，渐渐的，这种规律性会带来流程优化，优化的结果则是节约成本和时间，继而提升产品和服务质量。

但循规蹈矩是创新的最大敌人。

当然，如果你坚持不懈地去做同一件事，那么会有一个非常精益化、六西格玛式的产品流程。不过真正的问题是，当你不再尝试新东西，就永远无法实现创新。

你需要的是一群"探险家"，专门针对你公司内部现有的产品和服务进行创新、发明、迭代。我们在日复一日的重复工作中已经对人、流程和组织思维方式变得麻木，而这些"探险家们"会用不同的视角去找到更好的商业模式创新解决方案。

不要局限在"重复"之中，尝试探索去解锁你的创新思维。

3.2 电子商务模式

3.2.1 电子商务模式的含义

电子商务模式,是指构成电子商务的诸多要素和各种不同的组合形式及电子商务运营管理的方式与方法。

电子商务构成要素的不同组合,有不同的模式。按组合要素的不同与其组合作用的不同,电子商务模式可分成:电子商务空间模式、电子商务规模模式、电子商务等级模式、电子商务经营范围模式、电子商务运营管理模式。

电子商务要素构成及其与电子商务模式之间关系,如图3-1所示。

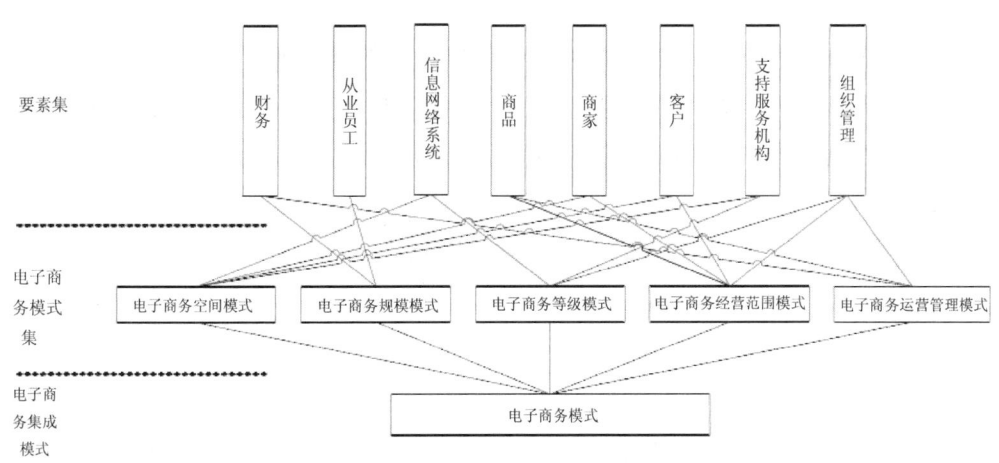

图3-1 电子商务要素构成与模式的关系

1. 电子商务空间模式

电子商务空间模式是指按物理区域划分的电子商务模式,由商家、客户、信息网络系统和支持服务机构四种要素组合而成。

电子商务空间模式可分为本地区模式、跨地区模式和跨国家模式三种类型。

①电子商务本地区模式通常是指利用本城市内或本地区内的信息网络实现的电子商务活动,电子交易的地域范围较小。

②电子商务跨地区模式是指在本国或本省范围内进行的网上电子交易活动。其交易的地域范围较大,是在全国或全省范围内实现的电子商务活动。涉及工商行政管理、税务、银行等不同地区的众多部门。

③跨国家电子商务是指在全世界范围内进行的电子商务活动,参加电子商务各方通过网络进行贸易。涉及有关交易各方的相关信息系统,如买方国家进出口公司系统、海关系统、银

行金融系统、税务系统、运输系统、保险系统等。全球电子商务业务内容繁杂,数据来往频繁,要求电子商务系统严格、准确、安全、可靠,应制订出世界统一的电子商务标准和电子商务(贸易)协议,使全球电子商务得到顺利发展。

这三种类型模式的相互比较结果列于表3-1中。

表3-1　　　　　　　　　电子商务空间模式及其比较

类型	分类标志	特点	实例
本地区模式	行政区域	同一行政区域,范围小,简单	中商网(chinaEC.com)
跨地区模式	行政区域	跨行政区域,范围较大,较复杂	当当网(dangdang.com)
跨国家模式	行政区域	跨国家,范围大,复杂	阿里巴巴(china.alibaba.com)

2. 电子商务规模模式

电子商务规模模式是以电子商务企业或单位的规模所划分的电子商务模式,由从业员工数、财务中的销售额两种要素组合而成。

电子商务规模模式可分为大型、中型和小型三种电子商务类型。电子商务规模模式划分标准参照国务院国有资产监督管理委员会办公厅2003年11月4日的国资厅评价函[2003]327号《关于在财务统计工作中执行新的企业规模划分标准的通知》中的标准,具体划分标准见表3-2。

表3-2　　　　　　　　　电子商务规模模式类型及其比较

类型	分类标志	特点	实例
大型规模	从业人员数(人)	400及以上	阿里巴巴
	销售额(万元)	15000及以上	(china.alibaba.com)
中型规模	从业人员数(人)	100~400以下	前程无忧
	销售额(元)	1000~15000万以下	(51.job.com)
小型规模	从业人员数(人)	100以下	国美电器
	销售额(万元)	1000以下	(www.gome.com.cn)

①电子商务大型规模模式通常是指企业从事电子商务的从业人员数在400人及以上,销售额在15000万元及以上的企业或单位。如阿里巴巴为大型规模的电子商务企业,2005年销售额为140000万元,从业人员数为3500人;携程网2005年销售额为52000万元,截止到2006年10月从业人员人数达5000余人。

②电子商务中型规模模式是指企业从事电子商务的从业人员数在100~400人之间,销售额在1000万~15000万元之间的企业或单位。如以前程无忧为例的中型规模电子商务企业,2005年销售额为15000万元。

③电子商务小型规模模式是指企业从事电子商务的从业人员数在100人以下,销售额在1000万元以下的企业或单位。如国美电器网上商城从业人员不到100人,销售额为4000

万元。

3. 电子商务等级模式

电子商务等级模式是以经营服务水平所划分的电子商务模式,由信息网络系统、支付服务机构、组织管理三种要素组合而成。

电子商务等级模式以经营服务水平不同可分为电子商务初级水平模式、电子商务中级水平模式和电子商务高级水平模式三种类型。

①电子商务初级水平模式通常是指在商务活动中主要实现信息流、商流的网络化,即进行网上发布商品信息、网上签约洽谈等非网上支付型电子商务。是实现初级经营服务的电子商务。

②电子商务中级水平模式是指在商务活动中实现信息流、商流与资金流的网络化,以供应链管理与客户关系管理为基础,实现网上支付型电子商务。它涉及支付服务机构及企业内部的营销管理,是实现中级经营服务的电子商务。

③电子商务高级水平模式是指在商务活动中实现信息流、商流、资金流与物流的网络化。网上订货与上下游企业应用集成,及时精益生产,在智能化的基础上实现协同型电子商务。它涉及四个流的高水平组合,是实现高级经营服务的电子商务。

这三种类型模式的相互比较结果列于表3-3中。

表3-3 电子商务等级模式类型及其比较

类型	分类标志	特点	实例
初级水平	经营服务	信息流、商流、网络化	国美电器 (www.gome.com.cn)
中级水平	经营服务	信息流、商流、 资金流网络化	前程无忧 (51.job.com)
高级水平	经营服务	信息流、商流、资金流、 物流网络化	海尔(haier.com)

4. 电子商务经营范围模式

电子商务经营范围模式是以经营业务的种类所划分的电子商务模式,由商品、商家、客户和组织管理四种要素组合而成。

电子商务经营范围模式以经营范围不同可分为专业和综合两种类型。

①电子商务专业经营模式通常是指针对一个行业或某一方面做深入、透彻的商务模式,这种模式在专业上更具权威,在商品和用户群上更加精确。

②电子商务综合经营模式是指针对多个行业或多个方面开展的商务模式,在广度上下功夫。

这两种类型模式的相互比较结果列于表3-4中。

表 3-4　电子商务经营范围模式类型及其比较

类型	分类标志	特点	实例
专业	经营范围	专业上权威,精确	携程(ctrip.com) 前程无忧(51.job.com)
综合	经营范围	用户广、跨行业	阿里巴巴 (china.alibaba.com)

5. 电子商务运营管理模式

电子商务运营管理模式,是指电子商务组织、业务流程的设计、实施、指挥、控制的机制与方式方法。由财务成本、商品、组织管理三种要素组合而成。

电子商务运营管理模式以运营管理企业数量的不同分为独立运营管理和联合运营管理两种类型。电子商务独立运营管理模式通常是指企业自主运营和管理的电子商务模式,这种模式由一个企业独立完成商务活动的主体部分;电子商务联合运营管理模式是指由多个企业共同合作运营和管理完成商务活动的电子商务模式。

(1)独立运营管理模式。

独立运营管理模式可以有以下两种具体模式:

①企业自主运营模式。

从事电子商务的企业自主开通和管理电子商务网站,如:海尔、美的、松下、沃尔玛网上专卖店等。企业自主运营模式具有产品信息更新快、信息准确度高,提供客户定制产品、客户主体为高认知度和高忠诚度消费者,信誉度高,售后服务有保证,消费者比较放心等特点。

②供应链运营模式。

供应链运营模式是一种基于供应链的连接买卖双方之间密切联系的运营模式,通过将供应商融入买方的价值链中,或借助供应商的能力来定制产品和服务。这种运营模式的主要出发点是发现、巩固和锁定商务合作伙伴关系。

(2)联合运营模式。

联合运营模式具体有以下三种模式:

①平台运营模式。

网上交易平台不直接参加交易只是提供商务活动场所和相关服务,它只是吸引有关商家和企业参与,为他们的网上交易提供配套服务。提供一个集认证、付费、安全、客服和渠道于一体的统一平台。

②联盟运营模式。

联盟运营模式是通过共享电子商务基础设施,把多个竞争对手联合起来进行合作的运营模式。其出发点是为解决电子商务中经常会遇到一些难以逾越的障碍,如商品的交付问题、资金的网上支付安全问题、消费者不信任网上购物的问题等,可实现风险共担,以小博大。

具体体现在企业之间的协同采购模式和协同销售模式上。联盟运营模式可与社会各行业公司建立渠道合作伙伴、技术合作伙伴、服务合作伙伴和客户伙伴关系，实现与同行的竞争对手合作，资源共享、互连互通共享业务平台。

③价值网运营模式。

价值网运营模式是以网络和信息系统作为手段，快速、精确地收集网上各种信息，并与供应商、合作伙伴、分销商以及顾客进行分享，用信息连接、协调和控制价值链上的所有活动，使得价值链上所有成员密切合作，快捷、可靠、高效、动态地为参与者创造更多的价值。

3.2.2 电子商务模式体系

上述电子商务模式之间有密切关系，形成电子商务模式体系。如图3-2所示。

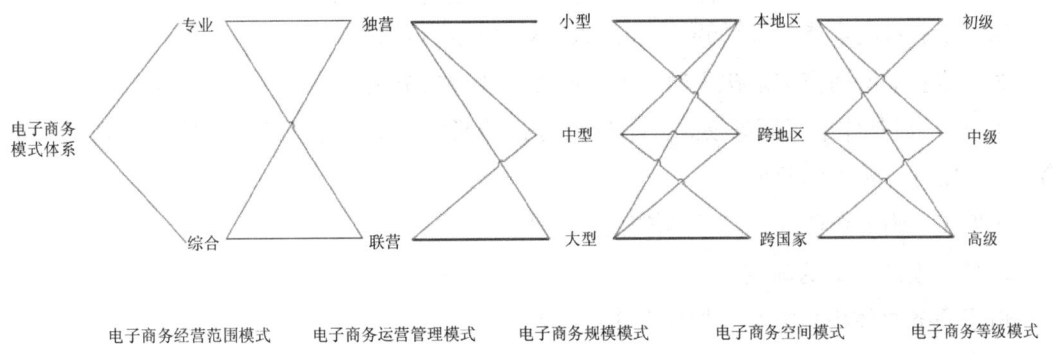

图3-2　电子商务模式体系

电子商务模式体系是由电子商务经营范围模式、电子商务运营管理模式、电子商务规模模式、电子商务空间模式和电子商务等级模式中的具体模式依次组合构成。由于每一具体模式有其限制条件，因此从总体上看电子商务模式体系并不是所有模式的组合而只是可能模式的组合。如图3-2所示，联营模式下一般情况不会出现小型模式，同样跨国家模式下一般情况不会出现初级电子商务模式。

3.2.3 电子商务具体模式选择

只能从客观角度确定电子商务的空间、规模、等级、经营范围等模式。为确定电子商务具体模式，就要进行具体的模式选择。

1. 具体模式选择流程

电子商务具体模式选择流程如图3-3所示。

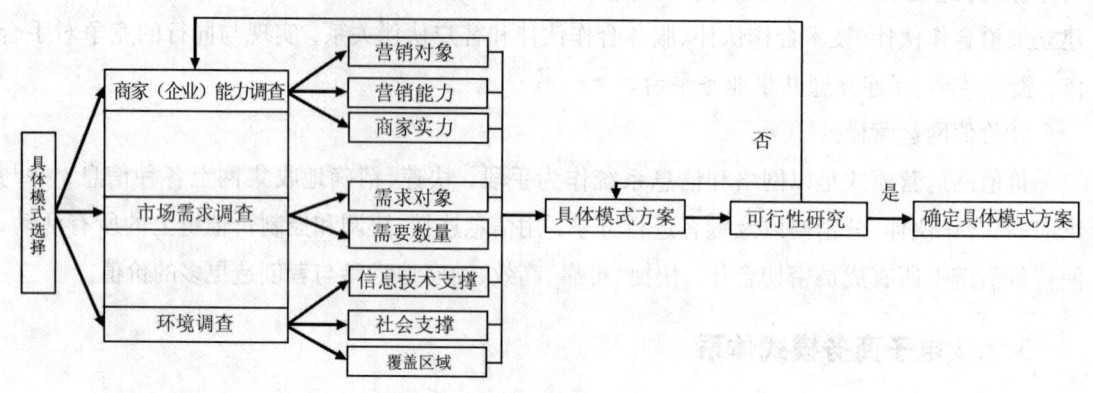

图 3-3　电子商务具体模式选择流程

第一步：对商家能力、市场需求和商家所处环境进行调查。

第二步：根据调查结果初步确定电子商务具体模式方案。

第三步：对具体电子商务模式方案进行可行性研究，如不可行则根据情况转到第一步或第二步，如可行转到第四步。

第四步：确定企业电子商务具体模式方案。

2.具体模式方案的确定

电子商务具体模式方案框架如图3-4所示。

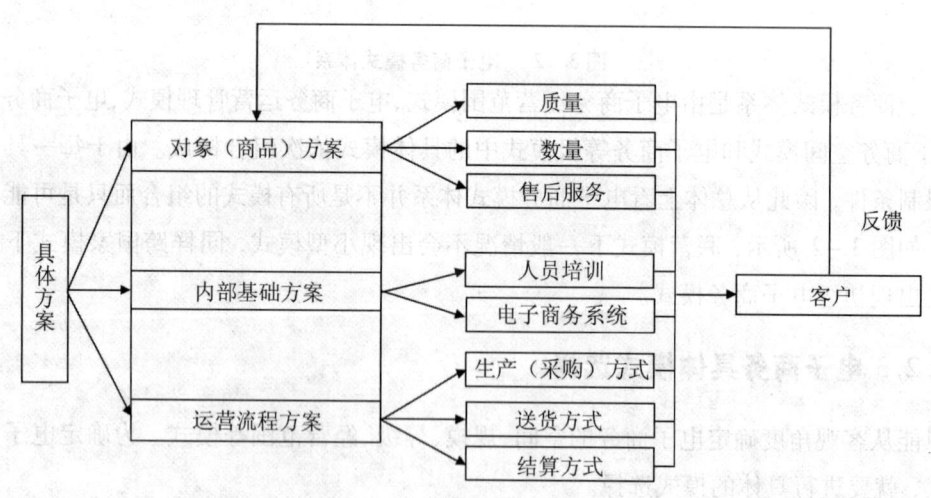

图 3-4　电子商务模式具体方案

如图3-4，电子商务模式具体方案由对象（商品）方案、内部基础方案和运营流程方案构成，它们共同为客户提供电子商务服务，并从客户处接受反馈信息，促进电子商务具体模式的改进与创新。

3.3 我国网络零售平台的模式创新过程分析

以淘宝网为代表的网络零售平台发展实践表明,网络零售平台商业模式的变迁或升级是平台通过对自身发展生态的有效判断所采取的自组织过程,也是平台实现自身发展目标和企业利益时所采取的自适应过程。

3.3.1 网络零售平台核心体系的自适应创新过程分析

网络零售平台处于一个具有开放性和动态性的系统中,平台企业出于对收益最大化的发展目标的追求,在其自身的发展演化过程中不断积累,掌握相关企业发展的有效信息,及时调整平台发展策略和方针,使平台的性能达到最佳的状态。平台企业要达到最佳状态,必须竭力认清和把握平台所处的"生态系统",搜寻系统变化信息,解析系统变化轨迹,对平台企业发展中存在的干扰适时进行排除,有效完善企业服务内容,形成有效的环境响应机制。我国网络零售平台核心体系以竞争机制为主,平台企业需要更加高效地响应机制,在系统中要不断提升自身的比较优势和竞争优势,利用创新的理念,建立平台差异化的企业定位和排他性的服务体系和,保持或获得更多的市场优势。

3.3.2 网络零售平台支撑体系的自组织创新过程分析

网络零售产业主要由网络零售平台产业、第三方支付平台产业和快递业共同构成,实现交易的信息流、资金流和物流的有效流转。实践中产业发展的过程是多个产业创新过程的聚合与叠加,是产业共生的创新过程。我国网络零售平台发展的实践表明,平台产业间具有共同的产业发展目标和协同创新动力,它的发展有利于系统内产业价值的实现。我国网络零售系统中的产业自组织创新过程,可以是产业间发展不断稳步提升的过程,在沿用产业发展路径的基础上,不断适应外部环境的渐进式创新。产业间自组织的创新性过程,也可以是在产业发展路径出现分叉以后,用新的产业发展模式取代旧有产业发展模式,利用非连续的破坏性创新,达到系统突变,在更高的发展起点上建立新的网络零售平台系统模式。

3.3.3 网络零售平台模式创新

我国网络零售平台的商业模式创新是指网络零售平台依照产业发展生态,对影响平台发展的要素进行重新组合。上述分析表明差异化和延展性是网络零售平台模式创新的方向。在本节中,将通过网络零售平台的发展实践,归纳出我国网络零售平台差异化和延展性的模式创新路径。

1. 通过业务创新实现网络零售平台模式创新

通过业务创新实现商业模式创新是指通过发现和发掘新的业务领域,创造新的市场需求或填补市场空白来创造发展机会的模式。网络零售平台，是由与网络零售平台卖家和网络零售平台买家共同构成的。模式创新中的业务创新是要求网络零售平台通过对自身经营领域的定位，与符合经营方向的卖家合作，共同打造具有不同业务功能的网络零售平台（见图3-5）。根据我国网络零售平台的发展实践，业务创新主要包括业务内容差异化和业务形式创新两种形式。

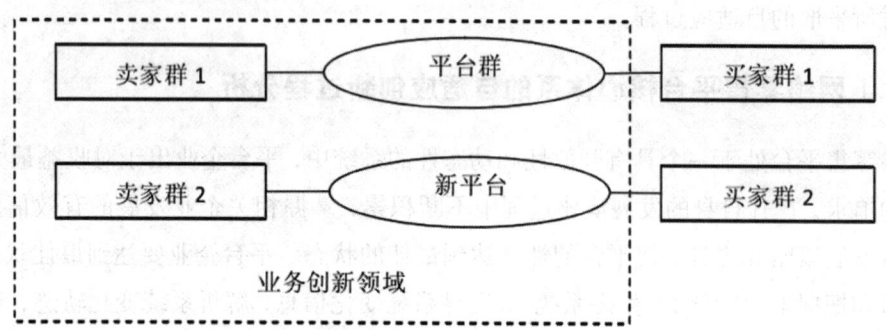

图3-5 网络零售平台业务创新领域示意图

（1）业务内容差异化——以京东商城为例。

业务内容差异化是业务创新的主要形式之一，此模式强调网络零售平台通过挖掘现有网络零售市场的业务空白，与符合业务需求的卖家共同实现新业务领域的网络零售行为。如图3-6所示，新网络零售平台进入网络零售市场后，建立起与已有业务领域（业务Ⅰ）不同的平台业务组合，开拓了新的业务领域（业务Ⅱ），吸引了新业务领域的买家群体，并形成了与原有平台群相互独立的业务模式。

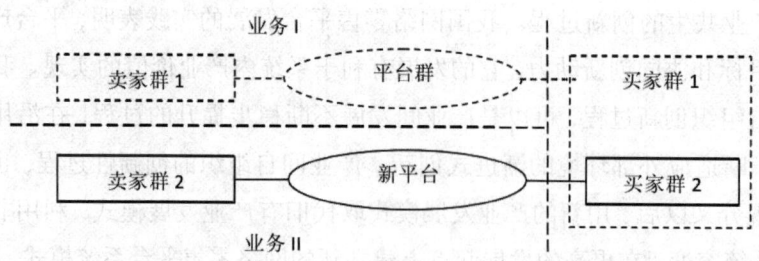

图3-6 网络零售产业业务内容差异化内涵示意图

在我国网络零售平台的实践中，京东商城进入B2C网络零售平台领域的经营策略，是以业务内容差异化形式进行模式创新的典型案例。

京东商城的前身是刘强东于1998年在中关村成立的京东公司。2004年1月，京东商城转型进入电子商务领域，同年7月，京东商城正式上线。现在的京东商城，在获得国内外著名风险投资公司的注资和成功在"纳斯达克"挂牌后，平台活跃数达到4740万人，完成交易总额3233亿元，平台合作的网络零售卖家近一万家。销售家电、手机和3C产品、家具、服装服饰、化妆品及个人护理产品、母婴用品等13个大类、逾2500多万种的商品。在B2C领域与阿里巴巴旗下的天猫商城呈鼎足之势，是我国最大的综合性网络零售平台之一，也是我国网络零售领域中最具有影响力和最受消费者喜爱的电子商务平台之一。

京东商城在起步期就面对中国网络零售市场最强劲的竞争对手——淘宝商城（后改名为"天猫商城"）。淘宝商城凭借着由淘宝网在C2C网络零售平台累积的网络零售买家优势，在B2C网络零售领域也成为领军平台。在淘宝网的强烈冲击下，京东商城初始发展并不顺利。自2004年京东商城开始进入网络零售领域以来，市场规模仅有1000万元，而同年淘宝网实现市场交易额为23亿元；截至2007年，京东商城年交易额才首次突破亿元大关，达到3.6亿元人民币，同比增长350%。

随后，2008—2013年，京东商城进入高速发展时期，年平均增长率超过300%，截至2013年，京东商城交易额超过千亿元大关。

从京东商城发展的大事迹可以发现，2008年，京东商城开始涉足销售平板电视，并于6月将空调、冰箱、电视等大家电产品线逐一扩充完毕，完成了3C产品的全线搭建。随后在2009年至2010年期间，京东商城率先提出特色上门服务，承诺"售后100分"服务（即收到返修品，确认属于受理范围开始，在100分钟内完成所有的售后处理），全国上门取件服务等一系列针对3C产品销售特征的特色服务。京东商城在3C产品网络零售领域迅速建立起市场竞争优势，而这一领域恰恰是淘宝网销售领域中的弱项。2011年，京东商城又分别将医药市场和奢侈品市场引入到平台中来，形成了一系列的特色业务领域。

此外，京东商城针对竞争对手淘宝商城服务中的不足，提出了多种特色服务。首先，将京东商城呼叫中心由分布式管理升级为集中式管理，升级后的京东商城全国呼叫中心在电话接听率、客户服务水平及业务流程管理方面得到了全面的提升。其次，京东商城在北京、上海、广州、成都、武汉等城市分别建立了自己的物流体系，一级物流中心设在北京、上海、广州、成都、武汉等城市，二级物流中心设在沈阳、济南、西安、南京、杭州、福州、佛山、深圳等城市，保障了京东商城购物全场免运费、"211限时达"、GIS包裹实时跟踪等特色服务的顺利执行。

由此可见，京东商城正是通过对市场竞争局势的准确判断，在B2C网络零售领域实施业务内容差异化的发展模式，才能在与占有垄断地位的淘宝网的竞争中，取得平台独特的竞争优势和市场空间。

(2) 业务模式多样化——以移动网络购物为例。

业务模式多样化是指将更多的产业主体引入并参与到网络零售产业链中，不断横向延伸网络零售产业的辐射范围和辐射领域，不断扩大网络零售产业的影响力。如图3-7所示，网络零售平台将卖家群与买家群联系起来，形成基于网络零售的商业模式（虚线区域所示）。通过网络零售业与新的产业领域的不断融合发展，既形成了原有卖家群Ⅰ与买家群Ⅰ构成的新的业务模式，又吸引了由新的卖家群体（卖家Ⅱ）和原新领域用户群体构成的新的买家群体（买家群Ⅱ），新的业务模式丰富了网络零售平台的业务覆盖领域，增强了网络零售平台的资源整合能力，整体提高了网络零售平台的竞争实力。

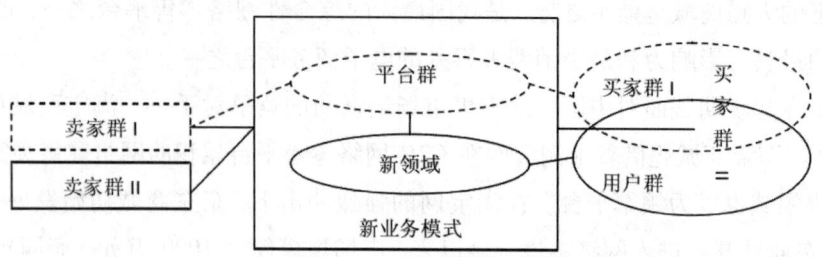

图 3-7 网络零售产业业务模式创新示意图

在网络零售平台的发展实践中，移动网络零售模式的兴起，是业务模式多样化的典型案例。移动网络零售是用户通过移动终端设备进行网络零售活动。移动网络零售行为的兴起有赖于无线移动通讯技术的发展、相关产业业务进入移动终端领域、智能手机价格的不断调整等多种基础因素的发展。首先，移动通讯技术在经历了 1G、2G、3G 的发展后正逐步向 4G 迈进，4G 技术拥有比 3G 技术更加高速的数据传输和更加高质量的视频图像传输的优势，几乎能够满足用户所有的无线服务要求，并且可以完成用户无线服务需求定制化的需要，为网络零售行为提供了完善的技术支持。其次，我国银行和第三方支付平台全部实现在终端设备上的业务处理功能，为移动网络零售产业的发展提供了全面产业保障。再次，据统计，随着我国智能手机价格的进一步下降，2013 年我国智能手机的保有量为 5.8 亿台，同比增长 60.3%。与此同时，2013 年智能手机出货量为 3.2 亿台，同比增长 64.1%。智能手机出货量的增长比例大于智能手机的保有量的增长比例，这一现象将继续引发智能手机价格的持续下降，将进一步刺激智能手机的购买需求，尤其是中低端市场需求，智能手机将不断向三、四线城市渗透。智能手机价格的不断走低为我国移动网络零售行为提供了更大的市场空间。在技术支持、产业保障和市场支撑下，我国手机网民规模从 2006 年的 1700 万人上升至 2013 年的 50006 万人，七年时间手机网民规模占网民总规模的比例从 24% 上升至 81%，仅 2013 年，新增网民上网设备的使用情况的调查中，利用手机上网设备的增加占全部设备增加的 73.3%，远远高于台式电脑所占的 28.7% 和 16.9%。数据表明，我国移动网络零售产业具有成熟的需求市场。

与此同时，移动网络零售行为相较于传统网络零售行为也具有独特的发展优势。移动网络零售为买家提供了较传统 PC 电脑更加便捷的购物模式，并提供了网络零售行为与网络社交行为充分融合的空间。首先，由于移动终端设备较 PC 电脑更加轻便灵活，便于携带，因此网络零售行为彻底打破了传统网络零售平台对时空的限制。利用智能移动终端，可以便捷的满足任意时间、地点购物的需求。

同时由于移动终端具备扫描二维码等功能优势，较 PC 电脑具有更强的商品搜索和比选等功能，更加体现网络零售的便捷性和高效性。移动网络零售行为可以实现更多的即时信息的推送功能，更加有利于网络零售信息的传递和反馈，实现更大的市场效益。由于智能手机具有强大的即时通讯功能，可利用社群中人与人链接的裂变实现信息的快速扩散和传播，从而获得更加有效的传播及价值。更有研究者判断，今后网络零售平台的发展将从信息入口之争转向为场景之争。由此可知，移动网络零售产业具有强大的竞争优势和巨大的发展潜力。

目前，我国移动网络零售正处于高速扩张期，从2010年的22.2亿元市场规模激增到2013年的1676.4亿元，年均增长率达到10.8%。我国移动网络零售的增长主要是依赖与传统网络零售平台进入移动终端领域的带动作用，除此之外，也带动一批专门从事移动网络零售业务的平台企业，如爱购网（igou.cn）只提供手机终端的网络零售应用程序，不提供适合传统PC访问的界面；还加速了网络零售活动与社群网络等传统手机应用程序的融合，如京东商城、天猫商城和酒美网等网络零售平台纷纷入驻新浪的"微商城"，目标是充分挖掘微博2.75亿的用户中的市场开发潜力，让微博用户可以通过点击相应平台的官方微博的网购频道进行浏览和购物，又如"微店"是针对微信活跃的4.38亿账户数开发的网络零售和社交平台融合的全新移动网络零售商业模式。

由此可见，移动网络零售产业正是网络零售在移动终端领域的全新尝试，这种新的业务模式既能延伸传统网络零售产业的优势，同样又会带来新的商业模式的产生，为网络零售市场带来更多样的发展模式。

2. 通过市场创新实现网络零售平台模式创新

通过市场创新实现商业模式创新是指通过熟悉和掌握现有目标市场的规律，专业性的根据不同的市场需求制定平台发展业务领域的商业模式。此类型的模式创新关注的核心和焦点是对于目标市场的调查和分析，充分发掘现有目标市场中可能存在的商业机会，进而定制平台的业务领域（见图3-8）。由于我国现有网络零售领域主要被综合性的网络零售平台所垄断，而综合性网络零售平台虽有其优势领域，但涉及的领域多且竞争激烈，缺乏对各领域专业化程度的关注，难以满足网络零售市场中对专业化的需求。

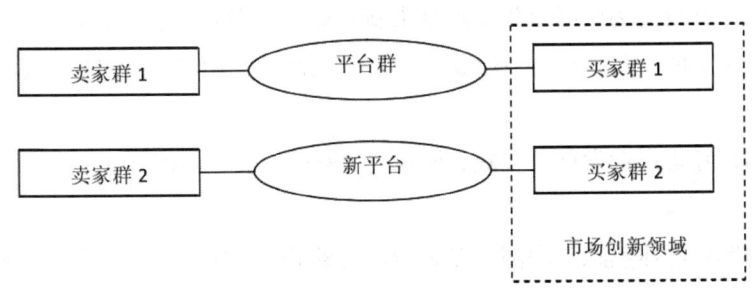

图3-8　网络零售产业市场创新领域示意图

（1）目标用户差异化——以DealMoon平台为例

目标用户差异化是指针对目前网络零售市场中尚未被满足的买家群体，设计网络零售平台的服务内容和网络零售卖家的业务领域。在我国网络零售平台的实践中，DealMoon平台便是典型的利用目标用户差异化的发展战略设计平台。

在目标用户的定位上，DealMoon最初的用户群体锁定为在美国生活的华人女性。针对这一目标用户群体，DealMoon 在平台网站的设计上，选择华人女性喜爱并具有女性柔美特质的粉色为主要色调；平台经营领域主要包括化妆品、鞋、包等女性商品；在信息的收集上，DealMoon 利用自主研发的信息抓取软件，按照平台所关注的产品分类从美国各大商家（如亚马逊、梅西百货等）抓取商品信息，保证信息的准确性和可信性；在信息的处理上，DealMoon 主要整理、关注适合华人女性，并受华人女性喜爱和关注的商品信息，加大有效信息的比例；在信息的更新上，DealMon 保证一天 24 小时不间断的公布最新、最热门的商品折扣信息；在平台宣传上，DealMoon 主要在北美新浪、MITBBS 等主要华人网站和论坛打广告，并在网站上推出北美生活指南博客，为华人传授一些日常生活需要的实用信息。良好的信息内容为 DealMoon 逐步培养了用户群体，平台的用户流量逐步增加，同时更多的知名商家也愿意在平台上提供商品折扣信息，DealMoon 逐渐进入增长期。

通过对留学生市场的调查发现，绝大部分的留学生具有使用新浪微博的习惯，DealMoon 便利用平台的官方微博发布受留学生喜爱的《美国生活使用指南》等实用信息和大量及时的打折信息，增加网站在留学生中的关注度。现阶段，DealMoon 在成为美国最大的中英文折扣信息聚合网站后，积极开通了英国省钱快报和加拿大省钱快报两个频道，全球发展进化正在逐步实施中。未来，DealMoon 的目标是打造除大中华地区之外的全球最大中英文折扣信息网站。

综上所述，DealMoon 平台现阶段将目标用户定位在非大中华地区之外的华人用户，与中国网络零售平台的目标用户相区分，与国外网络零售卖家合作，创造出网络零售发展的新领域。

（2）目标市场专业化——以凡客诚品为例。

目标市场专业化是针对具有相同特质的某一目标用户群体，定制专门化的服务和特色商品。此种发展策略并没有为网络零售市场带来新的业务或者新的客户，只是针对特定目标提供符合此类用户需求的产品，此类平台致力于深度挖掘某一用户群体的需求，属于专业化的网络零售平台。

根据我国网络零售产业发展的实践，凡客诚品网站的发展策略属于目标市场专业化的典型案例。

凡客锁定的客户群体熟悉互联网并热衷于网上购物，凡客在宣传营销上，将重点放在相比报纸、电视广告费用低很多的网络媒介上，投放渠道除了门户网站必须的覆盖式投放以提升知名度和影响力之外，更加侧重的是垂直类网站，以精确锁定消费者，进行定向投放，节约成本提高效率，如目标客户关注度较高的财经、体育、军事、娱乐类网站和论坛。

在广告设计上，根据目标客户的消费理念、审美、品位、生活方式等方面的偏好，力求简洁明快，以突出产品的简约、舒适、轻松、自由的特色以及倡导的健康生活新方式，无论从整体画面设计还是摄影上面都体现出产品的质感，满足客户对于品牌和品质的追求。

在品牌代言上，凡客的代言人策略是根据目标客户的心理特点选择代言人，即有个性、独立、能代表互联网精神并与凡客的"平民时尚"调性相契合并具有一定影响力的人。2010年签约韩寒和王珞丹为代言人,2011年又先后签约黄晓明、李宇春为代言人。韩寒和王珞丹的"凡客体"、黄晓明的"挺住体"、李宇春的"生于1984"、续签韩寒的"春天体"等代言效应在网络上产生巨大的舆论影响。

在产品设计上,凡客更注重品质、品味、实用与舒适,将消费者广泛接受的特色款式和设计照搬过来。同时也与知名的服装企业签约,聘请世界级的设计师为凡客提供设计,力求让每一款服饰都符合客户的喜好,满足他们的审美要求。

在网站装饰上,凡客利用简洁的页面、合理的布局、高雅的深灰导航和那些经过专业摄影师拍摄平整的服装都极大地提升了用户的购物体验。而这些细节元素,处处都透露出迎合固定消费群体的明确意图。

通过凡客对目标客户的精准定位和靶向营销,凡客在2010年的市场交易规模突破10亿。但凡客良好的发展势头并没有维持很久,2011年,凡客开始了扩张之路,至2013年凡客更是大举引进第三方品牌,凡客诚品网站从自有品牌的专卖店,迅速变成了集佐丹奴、唐狮、森马等众多第三方品牌的大卖场。在此时期,凡客的高层表示,凡客将不断扩大第三方品牌的引进,将凡客发展成为一个可以与天猫、京东等综合平台竞争的新平台。

由此可见,凡客的成功来自于平台对目标市场的精细化定位和精准化营销,秉承在宣传营销、广告设计、产品设计、品牌代言、网站装饰等平台发展领域都根据目标市场的偏好作为执行标准。其失败的原因主要是没有持续贯彻这一原则,在平台扩张的过程中违背了目标市场的需求特征,注重量而非质,使用户黏性逐步降低。

3.4 电子商务商业模式发展展望

电子商务商业模式的创新关键在于电子商务平台类企业的创新,整个电子商务的创新是由这类企业推动的。这类企业之所以能够创新,是因为传统的商业模式在过程中存在着不经济的现象。需要企业优化这些过程,把不经济变成为经济,更好地为客户提供价值,创新就能取得成功。

比如,支付宝类产品、P2P业务对银行业的冲击,就是因为传统银行业务中存在着不经济的现象,对用户的信用不清楚,不能为储户提供更高的价值和服务。嘀嘀打车类软件的使用,对传统的出租车行业产生了巨大的冲击。因为传统出租车行业在整个运营过程中,存在着不经济的现象,由于资源的垄断、权利的垄断,出租车司机处在被动状态,打车软件使用户需求与供给能够以更好的方式配置,而且能节约成本,因此这种模式就会有生命力。我们可以看到,传统商业中,凡是存在不经济现象的,都有可能借助网络进行优化与创新。为了更好地满足客户需求,解放人性,颠覆性的创新方式仍然会不断地被企业使用,比如免费模式

（如腾讯的微信）、比如提高性价比模式（如小米）。这些模式一定是给用户提供了更多的价值。但它要生存，要盈利，也必须要有自己的立足点，比如腾讯公司目前赚钱靠的是游戏，未来可能会靠电商；再如360做了搜索、做了导航、做了浏览器等。所以以后的公司，要给用户提供更多的价值，还要能够有主业使自己生存下去，这样盈利模式清晰了，创新才能成功。

　　未来电子商务商业模式的创新还会有哪些方式？跨界、组合，把用户的需求、体验提升到极致，这是商业模式发展的方向。比如对于跨境电子商务，外贸综合服务创新就是今后的发展趋势，必将把贸易前、贸易中、贸易后进行一体化的优化组合，为更多企业提供便利。到那时，对于在网上从事贸易的买卖双方企业而言，能节省更多的人力、物力成本。今后的制造类企业可能都将成为服务型企业。互联网会将各方联系起来，包括人和人、人和物。很多实物产品，都可以是智能的，经过改造后，不仅仅是技术的概念，更是把用户体验变成了互联网化的体验。比如GE可以把航空发动机全部与网络连接起来，与实时卫星相连，发动机利用空中数据实时监控，可以随时知道哪一台发动机出了问题，需要怎样修理或维护。所以企业要能满足人性的需求，能生产出更吻合客户需求的商品，提供给客户更多的价值。新的商业模式还会不断出现。

■案例

阿里巴巴联手"零售老大"百联打造新零售"样本"

天猫：重构人货场　剑指新零售

　　2016年10月，马云在杭州的云栖大会上提出了"五新"的观点，即"新零售、新制造、新技术、新金融和新能源"将定义未来商业世界。很快，最受人关注的新零售就成了全社会讨论的热点，也成为争议的焦点。有人质疑新零售"简直是胡说八道"，也有人表示"看不太明白"，甚至还由此引发了一场惊动了总理的"虚实之争"。

　　到底什么是新零售？零售企业很焦虑、生产商很渴望、互联网公司很激动、消费者很好奇……不过还好，马云并没有让大家等很久：还搞不懂？还不相信？没关系，我做个样本给你们看。

　　"2017年是阿里巴巴启动'五新'尤其是新零售的元年，今年开始整个集团将全面打造新零售，第一站我们选择在上海，第一个战略合作伙伴选择了上海百联集团。"阿里巴巴集团董事局主席马云表示。这意味着线下零售老大和线上零售老大将强势联手，共同探索新零售之路。

　　目前从阿里巴巴的布阵看，致力于重构传统商业要素的天猫将率先扛起新零售的大旗。

"十里洋场"变新零售试验场

　　2月20日，阿里巴巴与全国最大的零售企业百联集团达成集团层面战略合作，双方将基于大数据和互联网技术，在全业态融合创新、新零售技术研发、高效供应链整合、会员系统互通、支付金融互联、物流体系协同等六个领域展开全方位合作。

第3章 电子商务模式

百联集团是中国最大的多元化全业态零售集团,多次蝉联中国零售百强之首,在上海,百联更是坐拥大半条南京路。如今,这条中国最著名的商业街、被誉为"十里洋场"的南京路,将成为新零售的首个试验场。

事实上,曾经辉煌的"中国零售祖师爷"百联在新时代也遇到了新问题,业绩增长并不尽如人意,和所有的传统零售企业一样,百联也面临巨大的转型压力。百联最终决定要拥抱互联网。充分融合线上线下、同时依托领先技术驱动,提供全新体验是百联集团的战略目标,这与阿里巴巴的新零售战略不谋而合。上海南京路一年有两亿的游客,但在手机客户端上,阿里旗下平台一天就有两亿人在访问。

线上和线下两大零售巨头的携手,引起了资本市场的极大关注。2月17日、2月20日和2月21日三个交易日,百联股份(600827.SH)的股价涨幅累计达到了20%。

"世上本没有路,世上的路是人走的。这个世界上本来也不存在新零售,新零售是靠人创造出来的,而今天我们正在走这条路的过程当中。今天任何对新零售的定性描述都是不完整的,最终要靠实践去不断探索,做真正本质上的改变和创新,才能发生化学反应。"对于究竟什么是新零售,阿里巴巴集团CEO张勇在接受记者采访时如是表示。

在张勇看来,新零售是利用互联网和大数据,将传统商业要素进行重构的过程,包括重构生产流程、重构商家与消费者的关系、重构消费体验等。"未来的商业将不再有线上线下之分,也不存在虚拟实体之别,这在中国商业史上具有里程碑式的意义。"张勇说。

张勇明确提出,希望双方合作能够在三个方面对互联网技术和商业结合起深远推动作用。换句话说,新零售要做到"三通""三才""三化"。

"三通",指的是商品通、会员通、服务通。这是过去几年天猫着力推动的全渠道打通。截至目前,在天猫平台上完成"三通"的已经超过10万家门店。在张勇看来,以数据为基础的商品、会员和服务全面打通,将给未来提供更多新零售场景和基础。

"三才",指的是人、货、场(场景),新零售是基于互联网对"人、货、场"完成重构。围绕这三要素会不断产生化学反应,从而以大数据、新技术,以互联网驱动不断演化产生全新的反应,能够使得消费者获得随时随地的全新体验。

"三化",一是"强化",以百联原有的购物中心、便利店、标准超市为例,原有功能得到强化是基础;二是"化学反应",通过化学反应让原有的业态经营变得更有效率;三是"孵化",看看能不能产生大家觉得似像非像、从未见过的业态。

"它像商场又不是传统商场,像购物中心又不是传统购物中心,它是一个消费的社区又是一个吃喝玩乐的中心,又是一个消费者连接的中心,还是一个一个新的社区、社群,真正基于消费多场景,为消费者提供便利。"张勇表示。

商家将比妈妈还了解你

新零售并不是要把线下的生意搬到线上去,而是为了通过线上、线下的互动共同"把蛋糕做大"。那么,阿里与百联会产生怎样的化学反应?会打造出怎样的商业新物种?

过去，商家发愁好产品找不到消费者，而充满了买买买欲望的你，虽然心中已经描绘出了剁手目标，但却苦于不知道去哪家商场、哪个品牌店才能找到。未来，新零售和黑科技将为你解决这些小麻烦和大问题。

新零售时代，商场专柜货架上的所有实体商品都会被电子化，想要一条碎花蓬蓬连衣裙，你通过手机搜索，就会知道附近的商场哪个品牌可能有你想要的。

甚至还会猜你喜欢什么。当你走到南京路，一份根据你的购物偏好、消费习惯制定的"逛街指南"就会发送到你的手机上："你喜欢的YSL 52号口红第一百货一层就有货哦""你支持的曼联队，八佰伴二层有卖正版球衣"……

对于商家和商场来说，也有好消息。每件商品一天中被顾客拿起、试穿、购买的次数都会被记录，通过把消费者的行为和喜好数据化并反馈给商家，既可以让商家更精准地触达用户，也避免了商家费尽心力去生产一些消费者根本不喜欢也不买账的商品。每隔一段时间，商场会根据数据的变化来调整品牌和选品。可以说，大数据决策其实也是未来零售业品牌营销推广的重要新方式。

五大维度重构 新零售并不遥远

其实，以上这些也并非是遥远的畅想。在近几年的时间内，以天猫为业务载体，阿里已经在新零售等方面做了不少的布局和尝试。目前，新零售已经在重构经济格局、重构消费体验、重构品牌与消费者关系、重构生产流程、重构资源配置等方面逐步显山露水。

新的经济格局正在形成，传统零售行业和互联网企业的融合不断加速。自2014年，阿里巴巴就战略入股了银泰商业，开启百货业线上线下全渠道的融合探索；2015年，阿里283亿元入股苏宁，探索数码家电领域的全渠道融合，苏宁和天猫除在物流、服务、金融等方面进行全面打通外，还通过共同投入100亿元资金，实现品牌渠道电子化，重构品牌产业链，在三年内激发出一批年销售额超500亿元的"超大品牌"；2016年，阿里入股三江购物，布局超市领域；2017年启动银泰私有化，意将新零售全面提速。

"这是对中国零售行业的一种颠覆。"银泰百货杭州下沙工厂店的营业部经理金萃表示，当前淘品牌集合店月销售额保持增速40%，这种线上线下一盘货、一口价的集合店正成为购物中心招徕的"新宠"。

位于杭州武林商圈核心位置的银泰武林总店，基于阿里与银泰合作推出的行业首款逛街App喵街，不仅能实现顾客的可识别，还能做到可洞察。通过新零售平台，能分析出客户群的来源分布、购物频次、购物偏好。在2016年双11期间，银泰杭州武林总店收获了单日销售额破2亿元的成绩。

图3-9 为假想的未来消费场景:虚拟试衣

天猫成为企业开启新零售的引路人

作为新零售的核心载体,天猫成为传统企业新引路人。

2016年天猫"双11"最终以1207亿元的销售额创下全球零售史上的最新纪录,但其背后更大意义在于,全渠道融合正成为一种常态。仅在2016年"双11"期间,天猫商家实现线上线下打通的门店就超过100万家,近10万家线下门店全面实现了电子化。通过对门店的智能化改造,让普通门店变身"智慧门店",涉及苏宁、银泰、TCL、优衣库、索菲亚、GAP、Bestseller、B&Q等国内外数千商家。

仅以"双11"推出的全新的AR互动游戏为例,找狂欢猫、送红包等,将黑科技与消费场景在线上线下大规模结合。据阿里巴巴提供的数据,参与捉猫的用户超过6000万,捉猫次数超过16亿次,涵盖了2000多家星巴克门店,4000多家KFC门店,500多家电影院以及苏宁易购、银泰百货、北京西单大悦城、深圳海岸城等线下商业体。

消费者的体验不断进行重构。除了线上玩游戏,线下参与各种个性化消费和活动,消费者还可以坐在家里,戴上VR眼镜,通过阿里的Buy+技术,足不出户就能实景逛遍梅西百货(Macy's)、塔吉特(Target)和好市多(Costco)等8家全球顶级品牌当地商场,轻点按钮,就能实现由品牌天猫海外旗舰店送货上门。

基于天猫与品牌陆续实现线上线下"商品通""会员通""服务通",消费者已经不再有线上线下购物的界限。北京的周小姐上优衣库买一件羽绒服,她可以选择去最近的门店上门自提,也可以由门店实现最快2小时送货上门。由于线上线下的库存全部打通,所有门店的服装款式、尺码等在线上统一展现,周小姐也不用再为了一件心仪的颜色服装跑遍整个北京城。

品牌变得更懂消费者,也更能帮助到消费者。目前,天猫与宝洁、雅诗兰黛等美妆品牌线上线下会员打通,线上购买最新的护肤产品后,有美容顾问可以线上视频给你演示最新"桃花妆",或者直接预约到最近的专柜亲自给消费者化妆。

原有的生产流程变短了,生产出来的商品更符合消费者的需求。天猫与多个品牌拓展C2B,比如与美的合作推出定制款冰箱、电饭煲、豆浆机等,帮助美的2016年在天猫上的销售额破百亿。

天猫的新零售让商家真切地尝到了甜头。比如在整体家具行业处于平稳趋势下，索菲亚就实现高增长，年利润增长高达40%以上。这个数字背后的秘密就是门店100%电子化装备、渐渐成熟的VR体验、逐步落地的"全屋定制"项目……

天猫的新使命：从销售通路到赋能平台

梳理阿里巴巴对新零售的种种布局不难发现，最终的落点和业务承载都是天猫。实际上，阿里巴巴对于天猫的定位已经悄然发生了变化。

去年12月份，阿里巴巴将天猫团队和聚划算团队合并，并形成了"三纵两横"的业务架构，即纵向按照品类划分为快速消费品事业组、电器家装事业组、服装服饰事业组，为商家提供一站式的商业互联网化解决方案；横向则分为营销平台事业部和运营中心，用来全面提升商家在前中后台的运营效能。

按照官方的表述来说，就是要从原来的"千手观音"变成"一指禅"，通过统一的平台商家接口，协调商家在平台上高效经营，从而解决商家多头运营的痛点，使其能够实现统合高效的中后台对接。最终，更好地帮助他们完成"新零售时代"的新运营，为商家提供一站式的新零售解决方案。

张勇在公开信中表示，刚过去的"双11"开启了新零售的全面升级和变革。现在摆在面前的题目是，天猫如何在这场变革中继续引领行业，创造出面向未来的零售模式和业态，成为帮助品牌商业互联网化升级的主阵地。而天猫的此次变阵就是为了寻找"一切数据业务化，一切业务数据化"的各种可能性，以适应新零售变革的新需要。

简单来说，如果过去天猫只是品牌商的一个线上销售通路和渠道，那么接下来，天猫则要变身商家的赋能平台，将阿里巴巴的云计算能力、大数据能力、金融能力、物流能力、信息能力……这些新零售的基础设施对接给合作伙伴们。

对于商家来说，新零售意味着不仅把互联网看成一个销售的通路，越来越多的商家正在走向把线上和线下一体化地去考虑、一体化地去经营。新零售不能狭义地理解为就是线上线下的互动和融合，全渠道只是新零售的一个组成部分，网红经济、个性化推荐、新的用户交互、娱乐化营销、更高效的物流……都是需要学习的新能力。

"从1999年成立起，阿里巴巴的使命就是'让天下没有难做的生意'；到了2017年这个大数据时代，阿里巴巴的使命就是如何用大数据的力量，用整个新的商业基础设施建设来使得所有合作伙伴做生意更简单、更高效。"张勇说。

"现在传统零售日子非常难过，冲击传统零售不是我们的目的，真正服务好消费者、帮助中小企业成长才是我们的目的。阿里巴巴最主要的价值就是作为一个平台赋能别人。"马云表示。

第3章 电子商务模式

 课内思考题

1. 电子商务模式的含义是什么?
2. 简述我国网络零售平台的模式创新过程。
3. 结合实例论述电子商务商业模式发展。

第4章 电子商务与信息化

※ **课程导入**

本章通过介绍电子商务与企业信息化的相关内容,论述电子商务与企业信息化的相互关系。把握电子商务与企业信息化的关系,将有助于我们更好地开展各项工作和解决工作中出现的各种问题。

※ **学习目标**

➢ 掌握电子商务与企业信息化的关系

➢ 了解电子商务与ERP的未来发展

➢ 理解大数据对电子商务各组成部分的影响

※ **相关知识**

电子商务运营模式推进了企业信息化进程,企业运用现代信息网络技术开展国际合作和交流,实现了企业的经济结构战略性调整,对于提高企业自身社会竞争力和企业品牌必将产生深远的影响。信息化是继工业化之后世界经济的又一场革命,是当今世界经济和社会发展的大趋势,电子商务和企业信息化是国民经济信息化的重要组成部分。

4.1　电子商务与企业信息化概述

现如今很多企业已经加入了电子商务运营模式,电子商务运营模式推进了企业信息化进程,企业运用现代信息网络技术开展国际合作和交流,实现了企业的经济结构战略性调整,对于提高企业自身社会竞争力和企业品牌必将产生深远的影响。信息化是继工业化之后世界经济的又一场革命,是当今世界经济和社会发展的大趋势,电子商务和企业信息化是国民经济信息化的重要组成部分。企业信息化是电子商务的基础,电子商务又是企业信息化的"助推器"。大力发展电子商务,推进企业信息化进程,支持企业运用现代信息网络技术开展国际合作和交流,是实现我国经济结构战略性调整的关键,对于提高国民经济和社会总体水平也必将产生深远的影响。

4.2　企业信息化与电子商务的关系

4.2.1 企业信息化是实施电子商务的基础

在信息经济环境中,企业围绕着信息组织生产,企业首先要有获得信息的技术手段。在信息技术的支撑下,企业可以清楚地知道现实的市场需求在什么地方？需要什么产品？需要多少？企业信息化不是在现行的业务流程中增设一套并行的信息流程,而是要按照现代企业制度的要求,适应市场竞争的外部环境,对企业业务流程进行重组和优化,并利用现代信息技术支撑商业动作。电子商务的实质并不是通过网络购买东西,而是利用 Internet 技术,彻底改变传统的商业动作模式。电子商务将会帮助企业极大地降低成本、节约开支、提高动作效率,更好地服务于客户。对企业来说,电子商务是一种业务转型,真正的电子商务使企业得以从事在物理环境中所不能从事的业务。

4.2.2 电子商务是企业信息化建设的助推器

企业信息化建设成本高导致电子商务的应用效果不佳,但却又能通过电子商务来降低其交易成本。电子商务有助于降低企业的成本,为企业节约资金,企业恰好就可以利用这笔资金作为企业信息化建设的投资。此外,由于电子商务的发展已形成一定的客户和信息基础,这些客户和信息又可以被企业信息化建设所利用。总的来说,发展电子商务可以从各方面促进企业信息化进程:

1. 通过外部竞争效益促进企业信息化建设;
2. 通过电子商务交易标准化促进企业信息化的标准化;

3. 电子商务的发展将通过"倒逼机制"促进网络安全的运行,从而为企业信息化建设提供安全保障;

4. 电子商务的发展将在全社会培养一批相关人才,从而为企业信息化建设提供人才支持。在电子商务的引领下,企业不仅把互联网作为买卖的通讯工具,更是作为基础的信息环境,把企业的客户、供应商与企业内部处理三条线集成在一起。

同时,由于网络的扩充性非常好,使企业在成长过程中有比较好的基础平台来支撑这种成长,企业可以利用电子商务为基础进行互联网的转型,从而实现企业信息化。因此,电子商务有助于企业尽快实现信息化,提高核心竞争力,是企业信息化建设的助推器。

4.2.3 企业信息化与电子商务相互制约

企业信息化的现有技术状况阻碍了电子商务的发展,同时电子商务的发展又给企业信息化建设带来许多难题。电子商务本身要靠企业信息化建设的深入来发展,而多数企业的信息化程度和水平都达不到标准,这已成为制约电子商务发展的重要因素。

另外,电子商务又肩负着推进企业信息化建设的重任,企业希望通过电子商务的发展来促进企业信息化建设的开展。但是,由于电子商务环境与传统机构的经营模式有很大的区别,传统企业通过信息化开展电子商务,就必须依靠IT技术来修改自身的组织构架、业务流程和经营策略。但传统企业在利用IT技术时,很容易依循工业化的思路,单纯追求IT技术的自动化应用,不但创造不出新的高绩效的流程来组织生产,反而会由于对IT的投资造成新的成本来源。企业投资增加,将促进企业信息化的投资和电子商务的进一步实施。

电子商务之所以难以迅速地普及,就是因为企业缺乏这些完善的信息化环境。电子商务在实施的过程中要求企业在人事、技术、资金等方面都达到一定的深度,这为企业信息化建设带来巨大的压力,发展电子商务的同时,企业信息化建设将面临更大的挑战。

4.3 企业信息化建设适应电子商务需求的策略

1. 明确企业需求,遵循电子商务的基本原则

分层次建立企业信息化系统:第一层次是电子商务的IT技术基础设施,包括互联网络构建、电子计算机与通讯设备配置、在线支付、电子邮件系统、联机订购、网上竞拍等。第二层次是企业资源管理系统的财务系统以及应用系统的集成,即Internet采购和定单履行的内部通路,通过它实现企业后端应用系统的财务系统、HR、BIS、UO、UMCAD等应用软件的集成,使它们在电子商务机制的驱动下协调工作。第三层次是基于Internet的采购、订单管理、交易系统,即一个商家(B)或消费者(C)连接其他商家(B)或消费者(C)的Internet通道。这三个层次的系统设置应能兼容电子商务系统的各种操作平台,并通过XML技术在这三个层次的有机

套嵌,形成真正面向电子商务的企业信息化系统。

2. 为推进企业信息化、发展电子商务创造良好的市场环境

第一,政府必须进一步完善市场经济体系的相关法律法规,重塑市场的商业信誉,为企业和消费者创造出一个公平、公正、公开且相互信任的市场环境。第二,政府应尽快从技术与法律这两方面着手,促进网上交易安全问题的解决。第三,中国电子商务支付体系仍处于发展的初级阶段,支付方式十分繁杂,直接在网上支付的还是少数。企业间多采用信用证、传统的支票转账的方式进行,而个人在网上交易的支付方式有信汇、货到付款(现金)、网上支付等不一而足,极大地影响了电子商务的交易效率,完善网上支付手段,应尽快完善网上支付体系。第四,还应理顺电信行业发展与电子商务发展之间的关系,改善企业上网条件,提升上网速度并降低收费标准。第五,需要建立健全物流配送系统。中国电子商务的顺利发展离不开物流的进步和完善,物流产业是工业化高级阶段的产物。然而,我国的工业化水平还比较低,物流产业的发展较为滞后,这已成为影响我国电子商务发展的重要障碍。因此,在积极倡导"以信息化带动工业化"的同时,还应该积极发展物流产业,加速企业信息化进程。

3. 以人为本,重视复合型人才

目前,信息技术人员匮乏已成为企业信息化建设的瓶颈问题。许多企业在信息化建设过程中,只注重信息化"硬件"建设,对各种设备、软件的引进不惜重金,却忽略了信息技术管理机构的组建和信息技术人才的引进和培训,从而导致了信息化建设举步维艰的局面。在推动企业信息化建设过程中,必须坚持以人为本、立足于调动人的积极性。因此企业信息化建设对人才要实行培训和引进并举的方式,建立人才培训基地和人才引进通道,为企业提供所需的人才。

企业从决定实施企业信息化建设开始,就要对员工进行培训,培训的对象是全体人员,上到企业总裁,下到基层的每一个员工。企业对员工的培训,不仅要使员工掌握信息技术和系统操作,而且要提高全体员工对企业信息化的认识,使员工搞清自己岗位应配合的工作和将要发生的变化。对员工的培训是一个长期的过程,企业信息化不断完善,员工就要不断培训,通过不断的培训,使每个员工都既是信息化的应用者又是信息化的推动者。

4.4 电子商务与 ERP

企业资源计划(ERP)是目前世界公认的企业信息化管理较为完善与健全的管理工具和管理思想,自20世纪90年代从国外引进,受到了广大企业管理者的关注与青睐。经过20多年的发展与完善,ERP的理念已被全球范围内的各类企业所接受和引用,并已成为现代企业管理中不可或缺的有力管理工具。进入21世纪,中国加入WTO以后,电子商务在我国的迅速发展深刻地影响和改变了企业的传统经营方式与竞争格局,在为企业提供机遇与发展方向的同时也为其生存与发展带来了严峻的挑战。电商时代强调以客户为中心,从客户需求出发提

供个性化的产品与服务理念，要求企业提升运营管理能力之外，还要求对外部市场需求做出快速响应，迅速满足不同顾客的个性化需求。由此可见，现代企业对于企业信息化的要求日益强烈。

4.4.1 电子商务与ERP关系

电子商务与ERP都是IT技术和网络技术发展到一定程度的产物，从这点为出发点，两者之间必然存在密切的关系，这两者的关系主要体现在：

首先，从横向来看，电子商务是ERP的延伸。

电子商务和ERP都是计算机和信息化发展的产物，ERP是对企业内部的物流、资金流和信息流的优化管理，注重的是企业内部的流程疏导和管理控制，而电子商务则将传统的采购和销售在网上以电子化的方式呈现，实现网上采购和网上销售，是在原有的物流和资金流的基础上增加一个入口和出口，成为新物流与资金流的一部分。通过企业组织结构和业务流程的重组，从某种意义上讲电子商务可以属于供应链的一部分。

其次，从纵向来看，ERP是电子商务发展的基础。

电子商务的实现，使企业增加了向外接触、沟通的桥梁和机会，为企业市场和业务的扩展提供新的源泉。但这些应用需要建立在ERP的基础之上，没有ERP系统，单纯的建立个网站，开展网上销售，把产品往网上一放，当客户在询问产品价格，要求在规定时间发货，甚至有大量客户在网上下订单，企业则无法提供数据的支撑，也无法实现对客户快速、可靠的响应，也就无法体现电子商务的全球化、低成本、高效率的优势，这样的企业网站最终会失败。从中可以看出，仅仅靠前端网上交易，电子商务终会成为空中楼阁，因此，高效的电子商务平台与企业内部的ERP需要实现无缝连接，才能解决以上这些问题。

ERP是电子商务发展的基石，没有了基石，电子商务的大厦就会倾斜和倒塌。建立在ERP的基础之上的电子商务才是真正意义上的电子商务，即ERP是企业实施电子商务的支撑保障。电子商务的特性说明电子商务不能单独担当起企业发展的重任，它必须有企业内部流畅、高效的管理与之协调，这主要依靠企业ERP系统。

再次，两者相辅相成，不可分割。

ERP系统在其应用层次中，可分为三层：即决策层、中间层和作业层。决策层主要面向企业中高层人员的数据查询和综合分析，以历史数据为依据，判断并决策将来的方向。中间层则主要针对中下层人员的日常业务的数据管理和业务指导，努力实现企业的目标。作业层主要面向各岗位的终端层人员，按规定的要求，完成日常的业务数据，为中间层和决策层的数据提供有力保障。

而电子商务则可以为各个层次提供辅助性支持。

在决策层，高层可以通过电子商务了解产品的受欢迎程度，了解客户的分布情况，可以及时了解销售的状况，并给出调整策略。

在中间层,通过电子商务的信息,了解客户对产品的新功能或新款式的要求,做研发和技术上的改进,并且针对生产调整相关的工艺。

对于作业层而言,可以为市场营销提供网上广告发布、网上商机搜索、诚信认证、即时通讯、网上消费问卷调查等辅助手段。

最后,两者具有互补性。

电子商务主要通过在采购和销售环节对 ERP 做了延伸,是一种新的采购和销售模式的体现,这里指的采购和销售包含采购和销售的一整条流程,比如采购包括对供应商信息的注册、网络采购、网上比价、收货、电子付款等功能,销售包括客户信息的登录,网络报价,收款等流程。企业在引进电子商务时,不会完全摒弃传统的采购与销售模式,而是两种模式、两个系统共同存在,互为补充。当然,在今后,网上的模式会越来越占优势,所占市场份额和受客户满意程度会越来越高。

4.4.2 电子商务与 ERP 整合

1. 电子商务与 ERP 整合的路径和方法

电子商务与 ERP 的整合,是一项复杂的系统工程,要完成这样的系统工程,需要有一整套科学的、完整的步骤,才能达到整合的预期效果。

首先,项目规划阶段。企业在规划电子商务与 ERP 的整合时,需要明确企业的目标,根据自己的实际情况出发,合理规划,明确需要达成的效果。明确具体的实施计划,计划要落实到细节,并且要考虑存在的风险并要有预防风险的措施。另外在规划阶段,需要确定项目组,确定团队人员,设定项目经理和监理,需要专业的实施技术人才和服务加入,只有保障了技术力量,实施才会成功。

其次,方案确定阶段。完成前期的规划,开始进入部署阶段,首先项目组要针对企业的需求做详尽的调研,从高层到操作层,对整合的需求和希望达到的功能和效果做深入调研。根据调研的情况,设计和规划方案,通过评审、验证、确认的步骤完成最终方案的确定。针对电子商务与 ERP 的接口问题,在方案呈现阶段,还需要专业技术人员的加入,做接口方面的开发,完成两个系统的无缝对接。另外在方案阶段,需要重点考虑传统模式和网上模式都能够为市场需求和供给分析提供数字依据,针对现有的和未来的数据库,两种模式需要能实现共享,并且资金的收入与支出都可以反映到财务中去。

再次,实施上线阶段。明确具体的方案以后,技术人员开始做项目的具体实施,实施过程中,为确保实施的顺利,需要建立管理制度,完成对静态和动态数据的规范、收集、核对、导入等事项、按部门对不同的人员做整合后的培训、做期初数据的收集和整理,最后完成整合系统的最终上线。为确保数据的安全性,新老系统可以做一定时期的并行,并行一段时间后,在确保两边数据的一致性后,再抛弃老系统,全面进入整合后的系统的运行。

最后,持续支持阶段。项目工程在整合上线后,进入后续的持续维护阶段,对个别的业务流程和操作流程做合理的优化,定期做评估,做总结,完善系统的功能,提升企业的满意度。

2.电子商务与ERP整合的困难点

作为一种全新的信息化模式,电子商务与ERP的整合,不会是一帆风顺,其中会碰到很多困难点,这里主要可以归纳为以下几点:

(1)技术上的难点。

技术上的难点是两者整合的关键,这主要可以从以下几个方面考虑:

①数据同步问题:电子商务与ERP是两套不同的系统,两者的设计理念、功能、面对的客户群也是不一样的,要实现整合,两者之间的物料信息、客户信息、供应商信息、库存信息设置和财务信息的数据需要达成一致,否则不是真正意义上的整合。而要实现电子商务与ERP数据上的共享和同步是整合需要考虑的主要问题。

②整合的深度和广度问题:电子商务与ERP的整合,不是单方面的修改可以完成的,需要双方的共同改造,要深层次的做整合,就要求两者之间建立畅通的接口,而不是简单的数据的提取。从广度的角度考虑,两者要互相渗透,就要从业务流程上、商务智能上做完整的整合,实现真正意义上的一体化。

(2)管理上的难点。

企业的高层要有明确的战略目标和指引方向,知道做整合的真正意义。而实际在管理上,从企业的高层到中层,到操作层,都需要参与到项目上来,这就要求在管理上要落实到位,要有很强的执行力,并且要制定详细的规章制度,这样才能将具体工作付诸实施。另外,在整合的过程中会涉及流程的重组和优化,某些流程的重组会导致部分人员的工作量增加,工作的范围会变化,工作的习惯也有所变化,这样就要求参与项目的人员全力配合,共同度过难关。

(3)人员整合的难点。

实现电子商务与ERP的整合,光靠软件供应商是不行的,更需要企业内部的人员要具有一定的能力。项目经理首先需要具有领导、沟通和协调才能,技术专家和技术顾问需要有统筹规划的思想,能抓住重点,对需求做出明确的指示。开发人员能配合技术顾问做开发需求工作上的协调。服务人员对后续整合后进行的服务、优化和改进要有足够的耐心和能力。这些要求参与项目的人员需要具备专业的技能,需要懂得相关的专业知识,而当今企业,能找到适合自己企业的人才,并且保证这些人才有一定的稳定期,要把以上这些人才做整合,是相当困难的。

以上几点给电子商务与ERP的整合带来了实际的难点,这就要求企业在开展此类项目的时候需要解决这些困难,才能实现最终目标。

4.4.3 电子商务与ERP未来发展趋势

随着世界经济的不断发展,特别是中国经济的突飞猛进,企业信息化建设的步伐将会迈得越来越大,速度将会越来越快,这就要求未来电子商务与ERP的发展也要得到更大的提升。电子商务与ERP在未来的发展趋势将会向更科学、更简洁和更环保的方向发展。

这里的更科学包括未来电子商务与ERP具有强大的功能,可以通过需求者的意愿来配置自己想要的流程和功能,具备与不同的电子平台和系统环境对接,在安全性方面,确保使用者的数据和资料更加保密。

更简洁主要表现在使用者对操作的简便和界面的友好和个性化,令使用者能快速入手,节省大量的实施和培训成本。另外,简洁也表现在电子商务与ERP可以与其他信息化系统衔接的方便性,和一些当前流行的网络软件能实现方便的接口。

在环保方面,从硬件上看,未来可以通过功能强大的服务器来支撑,采用WI-FI网络,在任何角落都可以方便进入系统,节省大量中转设备,未来还可以通过手机和IPAD等新型的移动终端进入ERP系统和电子商务系统,实现电子商务与ERP随身携带,随时掌握企业状况。另外在软件方面,未来电子商务与ERP都可以借助当前迅猛发展起来的微博和微信功能,在某个群体范围内对企业的状况做分享和交流,使电子商务与ERP变成一个活着的企业运营和交流平台。

4.5 大数据对电子商务各组成部分的影响

数据化是信息社会的重要标志。人类经过农业社会、工业社会,现在已经进入了信息社会。信息社会一定是高度信息化的社会,也一定是高度数据化的社会。尤其是大数据技术的出现,使过去很多不可计量、存储、分析和共享的东西都被数据化了,这标志人类在寻求量化世界的道路上前进了一大步,人们认识世界的能力有了空前提高。就像我们现已熟知的定式、公理、公式,客观上早就存在,一经被人发现就变得非常有价值,成为我们行动的利器。数据也是这样,过去我们没有技术和手段,不能大量发现和捕捉到它,现在我们有了大数据技术,就离发现事物的本质及其变化规律更近了。所以说,有了大数据,所有可以数据化的信息都被数据化了,人类认识和改变世界的能力也就大大提升了。

4.5.1 大数据处理的基本概论

1. 大数据处理的基本概述

社会的不断进步和发展推动了互联网的繁荣发展,在网络平台中,数据信息的检索更是不计其数,这样数量较大的数据即是我们所说的大数据。大数据主要在20世纪90年代末出现,并在21世纪的发展中趋向于爆发式的增长,有着较为广泛的涵盖范围,在社会的各个领域中,更是普遍地被应用于各个行业。

大数据在实际的处理过程中,主要是对合适的数据进行合理的投入和使用,并对更大的价值空间进行创造。数据处理过程中,更是要保证大数据有着一定的处理技术,通过对处理技术进行全面的升级,进而对价值进行增创。

2. 大数据处理的基本特点

在大数据处理的过程中,往往也有着一定的特点。一方面有着较大的数据量,这种数据在实际的分析过程中,基于信息时代的特点,有着较多的网络使用者;另一方面,对数据的途径加以获取,并将传统的数据收集方式打破。这种大数据处理的过程中同样也有着较多的类型,将原始数据单一化打破,并有着较广的领域和较大的规模,但是和原始数据进行比较,处理过程中增添了一些难度。一方面大数据在实际的处理中往往有着较为快速的过程等,这个特点明显优于传统的模式,并在数据的采集和收集中,更是合理使用全部的数据,有着相对较高的处理效果;另一方面大数据的价值密度相对较低,在非结构化数据中,往往缺乏程序性的处理,以至于在对原始数据保持的过程中,更是夹杂着一些有用的信息和无用的信息。

3. 大数据带来的变革

被誉为"大数据时代的预言家"的维克托·迈尔—舍恩伯格在他的《大数据时代》一书中举了很多的例子都是为了证明,大数据是如何给人类的生活、工作与思维带来了大变革。维克托·迈尔—舍恩伯格在其书中指出,大数据分析,是通过一种从来没有过的方式,采用对海量数据的分析,获取有很大价值的产品和服务,或者是深刻的见解。维克托·迈尔—舍恩伯格在他的书里面,对于谷歌公司是怎么样通过利用人们的搜索记录,去发现数据二次利用的价值是提到最多的。2009 年,甲型 H1N1 流感袭来之时,谷歌与习惯性滞后的官方数据相比较,成为了一个更加有效、更加及时的指示标;Farecast 公司帮助消费者抓住最佳购买时机,是如何通过预测机票价格的走势以及增降幅度来完成的;Facebook 公司对于用户的喜好,是通过很多的数据线索来挖掘的;对冲基金预测股市的表现等,是通过对社交网络 Twitter 上的数据剖析得来的。以前从来没有意识到的联系的存在,我们通过数据就会注意到。

著名的亚马逊公司通过对客户身上捕获的大量数据研发了个性化推荐系统,这个系统会根据客户个人以前的购物喜好,为其推荐具体的书籍、产品以及感兴趣的内容。现如今,亚马逊销售额的三分之一,据说都是通过它的个性化推荐系统而得来的。很多大型书店和音乐音像店关门倒闭,都是因为亚马逊有了这个"个性化推荐系统"而造成的,而且在当地一些有着自己风格感觉的书商的被迫转型,也是因为它的存在。

大数据的核心,是建立在相关关系分析法基础上的预测。以美国折扣零售商塔吉特(Target)为例,它就是通过对于一个人可以收集到的所有数据的收集,然后通过相关关系分析法得出事情的真实情况。他们将所有来店购买产品的用户的购买记录作为数据来源,通过找出 20 多种关联物,这些相关关系关联物甚至使得零售商能够比较准确的预测到用户的预产期,这样塔吉特公司就能在每个用户的孕期送去相应的产品优惠券,这样就能达到他们的目的了。以此类推,在生活中我们也可以通过对数据的二次利用来使生活更加便利。比如，现今道路交通拥堵问题是都市人头疼的一大难题，我们可以通过每部车的司机手机进行 GPS 定位，从这些数据就可以分析出目前哪些路段是正在堵车的，哪些是畅通的，给出行减少了许多麻烦。

2015 年 6 月 9 日，"中国工业大数据创新发展联盟"正式揭牌成立。随着技术的进步和产业的变革，我国工业产业进入高速发展的时期。以云计算、大数据、互联网为代表的新一代信息技术在推动产业创新、融合发展、支撑工业转型升级中发挥着愈加重要的作用，其革命性创新效应正在重塑全球产业格局，新的产业生态体系正在形成。工业互联网已成为两化融合发展的新引擎，工业大数据的应用成为提升工业生产力、竞争力、创新力的关键要素。

就像互联网可以改变世界，是通过计算机添加了通信功能一样。大数据也将可以改变在我们生活中最重要的地方，这是因为大数据可以为我们的生活创造出从来没有过的可量化的维度。维克托·迈尔—舍恩伯格在他的《大数据时代》中提到，大数据的核心是预测。当下看来，不少的企业商家的盈利和声誉，是基于大数据形成的分析和决策模式带来的。

4.5.2 电子商务物流与大数据处理

1. 电子商务物流大数据处理的重要意义

电子商务物流行业发展的过程中，要做好大数据的合理处理，就其实质性而言，电子商务物流大数据处理往往有着一定的重要意义，主要体现在以下两点：

(1) 保证了电子商务市场的便利性营销。

电子商务物流大数据处理的过程中，通过结合电子商务物流的市场需求，在迎合市场的过程中，不仅仅将成本降低，同时也保证有着最高化的效率，进而实现市场营销的主要目的。即借助于的大数据的主要处理，实现对市场的科学分析，并对营销中利润点的市场潜在价值加以找寻，进而获得一定的利润。

(2) 保证了大数据的个性化处理。

随着时代经济的飞速发展，当前人们生活水平不断提高，同时人们的生活逐渐处于一种富有的状态，对于物质有着越来越高的追求。在当前传统商业模式的发展中，电子商务物流更加注重用户的实质性需求，通过对用户习惯性的需求以及潜在形式上的需求进行探索，并保证电子商务物流有着更加合理性的处理。

总而言之，电子商务物流大数据处理的过程中，不仅仅对于电子商务市场便利性的营销有着一定的基础保证作用，同时对于大数据的个性化处理也有着一定的保证性作用。

2. 电子商务物流大数据处理的主要影响

电子商务物流大数据处理的过程中，对于电子商务同样也带来了一系列的影响，并推动了我国电子商务物流大数据的全面和谐健康发展。

一是大数据处理过程中，保证电子商务物流的运营中有一定的数据化，打破了传统的运营模式，采取数据方式作为主要的运营形式，进而将企业运营汇总的采购营销和财务管理贯穿。这种大数据处理的过程中结合数据对顾客的需求进行综合性的分析，并做好一定的预测，保证有着最小化的成本，进而保证其有着最大化的利润。

二是大数据处理的过程中，将电子商务物流产品投入和产出的比例显著提高，并将供应商和经销商之间的价值链连接整合程度全面提高，做好二者之间的垂直整合，使得企业和用户有着越来越紧密的联系，并将更多制胜的机会加以获取。

三是大数据处理的过程中保证了电子商务数据有着一定的资产化，在当前信息时代的发展中，更是结合大数据的相关资产信息，将数据化的竞争全面提高，保证企业有着一定的制胜基础。做好对数据的一种衡量和掌握，重视数据的过程中，更加注重数据的合理分析，并将可视化的业务全面实现，进而创造更多的经济利益。

总而言之，电子商务物流大数据处理过程中，通过以电子商务物流发展为目的，进而做好大数据的综合性处理，在数据化竞争日益激烈的今天，加强商业之间的竞争，为电子商务物流企业的发展带来极大的经济效益和社会效益。

电子商务物流大数据处理的过程中，最主要的目的是将电子商务物流大数据的计算处理效率显著提高。在对大数据处理特点分析中得知，大数据处理的过程不仅复杂，同时也有着相对庞大的数据。在当前的电子商务大数据处理中，保证电子商务物流行业科学规范化的运营，不仅对电子商务市场便利性的营销有一定的基础保证作用，同时对于大数据的个性化处理也有一定的作用。在数据化竞争日益激烈的今天，加强商业之间的竞争，需以电子商务物流发展为目的，做好大数据的综合性处理。

4.5.3 大数据营销应用

在21世纪最初几年，研究限于数据挖掘技术在营销领域的应用，由于信息时代的发展进步，当时的技术有的已无法适应现今生活，这从大数据的主流概念中也可窥见一斑。目前，在关于大数据的应用中，从学术研究、企业报告到政府规划，都发现了大数据营销的发展迹象，其中学术研究较少，企业文章或报告多从实务角度对大数据营销进行阐述，而政府规划则从整体宏观环境及政策角度出发研究大数据营销。可以说，目前已经逐步进入大数据营销时代。

1. 大数据营销的应用价值

（1）大数据营销促进企业提高营销效率。

首先，大数据营销帮助企业实现渠道优化。消费者通过社会化、移动化的渠道获取商品服务的信息，这些信息数据被网络记载，企业可根据消费者的使用情况进行渠道营销优化，判断各营销渠道的投入配比，各类型用户的营销手段等，从而实现渠道优化。

其次，大数据营销促进企业营销信息推送的精准化。消费者线上的浏览、搜索记录被记录，客户信息通过各大电商平台被记载，线下的购买行为也被门店的POS机、会员信息记录，消费者通过各种渠道重现在商家面前，其需求被商家搜罗。企业利用大数据技术对消费者进行分类，挖掘目标消费者，再根据其不同特性向其推送相关营销信息。传统营销以产品为主导，忽略用户的真实欲望，然而大数据营销则是营销在主动性以及精准性方面都有了进一步提升。

最后，大数据营销有利于企业做出正确的企业决策。与传统营销相比，大数据营销建立在更加广泛的数据层面上，其分析效果要比传统的问卷调查精确得多，因此，在更加精准的研究结果下，企业决策的效果得以保证。例如，金融机构在推出金融产品时，需要对目标客户群信息、金融产品的预期营销效果等进行准确的衡量，因此需要有很强大的客户基础以供金融机构分析。作为电商企业，阿里巴巴集团开始涉足金融领域则是建立在其已取得的大量用户信息的基础上，阿里巴巴汇聚了海量中小企业的日常资金与货品往来，通过对这些往来数据的汇总与分析，阿里巴巴能发现单个企业的资金流与收入情况，分析其信用，决定其能否房贷及其贷款金额，以控制信贷风险，有效提升决策的准确性，促进其阿里金融事业部的发展。

（2）大数据营销促进客户提升客户体验。

大数据营销不仅给企业带来便利，同时也提高了产品使用者的用户体验。这其中包括潜在用户的准确业务推送、用户需求的精准定位以及用户反馈的有效传达等。

首先，用户的需求得到准确提供。工业化大生产使得产品产量爆发式增长，加上产品的多元化设计，消费者在欲购买某种产品时，总是要做出许多选择，如产品的品牌、价格、功效、优惠等，而在电商平台上，还需要思考哪个商家信誉更好，商品伪劣情况等。多样化、多层次的不同选择让消费者望而却步，迟迟不能做出最后决定。然而，大数据营销可以使消费者在企业的精准分析下受益，解决这一困境。根据企业的大数据分析，企业可以将特定用户准确划分，从而为该潜在用户送达其真正需要的企业产品信息，真正做到以客户为中心。对于客户本身来讲，获得的则是比传统营销更有价值的信息介绍。

其次，用户的反馈得到有效传达。在大数据营销中，企业不仅需要收集用户使用产品之前的信息，更要收集使用之后的信息，了解用户体验，从而对产品进行改进。在传统营销中，企业以利润为导向，忽略客户中心（信息），客户的使用体验不能得到有效传达，因此，产品的质量、性能并不能按照消费者的意愿进行改变。

最后，作为大数据营销重要的基础部分，消费者的反馈信息得到前所未有的重视，只有将消费者的反馈信息进行合理分析和利用，才能使企业真正发挥大数据营销的魅力。大数据营销时代，用户的每一项体验都能够真切地体现到产品的改进中。

（3）大数据营销促进营销平台互通互联。

消费者以生活化的形式存在于互联网之上，要想精准掌握消费者的需求，就要知道其生活的每一个关键时刻。人们已经充分将日常生活与互联网平台互联，如在社交网站与亲朋好友互动，在电商平台进行商品消费，在贴吧社区进行活动策划，在论坛博客发表个性观点，甚至可以在某些平台进行知识科普。大数据营销需要的是将消费者在网络中碎片化的消费者信息重聚，得到消费者整体画像，从而进行个性化营销。因此，大数据营销应用的发展促进了各大互联网平台的相互融合。在线上平台相互打通的同时，大数据营销也促进了线上线下营销平台的互联。媒体通过跨界融合的方式使报纸、电视、互联网进行有效结合，资源共享，获得大量消费者信息，进行集中处理，衍生出形式多样的营销信息，再通过不同平台进行传播，提升营销效果。

4.5.4 大数据与电子商务个性化服务

电子商务个性化信息服务是指能满足不同用户特定信息需求的服务模式，即根据不同用户的不同需要向其提供相应的个性化信息，或者电商平台主动地根据用户上网习惯的差异向其提供信息服务，为用户创造一个良好的信息环境。个性化信息推荐服务是以用户对信息的使用偏好为基础，为用户提供符合其个性化信息需求的服务。研究用户的信息使用习惯能够更好地为用户提供符合要求的信息资源，有利于个性化信息服务的发展。

1. 个性化的服务内容

对于个性化信息的服务用户并不是单纯地接受，每个用户对信息和服务的需求根据其不同的个体条件而变化。电商网站能够为用户提供广泛的选择，更重要的是能够根据用户的需求推荐符合其购买习惯的商品信息，以此来缩短用户在搜索符合其要求的商品时所花费的时间。不仅如此，网站能够利用用户在网购过程中留下的数据，将其应用到商品推广过程中，更好的满足用户的个性化需求。

2. 个性化的服务方式

目前，使用最广泛的信息服务方式是"PULL"服务模式，即信息提供方直接将信息发布到网上，用户可以根据自己的需求在网上查找相应的信息。这种服务模式将会在各个网页间的转换上花费大量的时间和精力。与"PULL"模式相对应的是"PUSH"模式，在"PUSH"模式下，信息提供方将最近更新信息以摘要的形式发送给用户，用户可以根据自己的需求对推送的信息进行筛选。"PUSH"模式的优点是能够大量的节省用户的时间，以免用户在查找过程中浪费过多的精力。

课内思考题

1. 简述电子商务与企业信息化的关系。
2. 简述电子商务的发展如何影响企业 ERP 的实施。
3. 结合实例简述大数据对电子商务各组成部分的影响。

第5章　网上支付与结算

※**课程导入**

网上支付是电子支付的高级方式，它是基于电子支付发展起来的，是电子支付发展的一个新阶段。网上支付是以电子商务为基础，以商业银行为主体，使用安全的、基于Internet的运作平台，通过网络进行的，为交易的客户间提供货币支付或资金流转的现代化支付手段。电子商务高水平的发展需求直接促成网上支付的兴起。为适应电子商务的发展，西方一些发达国家的网上支付的研发与应用日趋成熟。网上支付在中国的应用也日趋广泛。经过多年的努力，中国国家的现代化支付系统建设也取得了很大进展，国有商业银行也建设了各自的信用卡网上支付体系。中国人民银行电子联行系统、同城清算系统已在全国大中城市得到普及，全国银行卡信息交换网络建设已经初具规模，信用卡开始普及使用。这些由银行支持的网上支付工具的建设为网上支付的发展奠定了坚实的基础。

※**学习目标**

➢ 了解电子商务与金融业的关系，了解支付方式与支付系统的演变过程，理解网上支付与电子商务发展的关联以及我国网上支付结算存在的问题。

※**相关知识**

掌握中国目前支付系统及网上支付的基本方式。

通过学习电子金融服务内容，具备利用互联网实现网上支付的能力。

电子商务的实现过程包括信息流、资金流和物流的传递,作为中间环节的资金流越来越成为制约电子商务发展的瓶颈。网上支付的发展,疏通了电子商务交易过程中的资金流问题,打通了制约电子商务发展的支付瓶颈。

5.1 电子支付与网上支付

5.1.1 电子支付

1. 电子支付的概念

中国人民银行公告〔2005〕第 23 号《电子支付指引(第一号)》中对电子支付做了定义,指出电子支付是指单位、个人(以下简称客户)直接或授权他人通过电子终端发出支付指令,实现货币支付与资金转移的行为。

随着电子支付模式不断创新,作为被广泛传播的电子支付概念,《电子支付指引(第一号)》的电子支付概念已不能涵盖所有的电子支付模式。比如代收付也是电子支付的一个模式,是客户经过与支付机构签订协议授权支付机构从后台发出支付指令实现借记或贷记客户账户实现支付,如商业银行信用卡绑定借记卡自动还款、签约银行指定借记卡代扣缴纳水电煤公共事业费用。代收付并未通过电子终端发出支付指令,而是系统后台定期自动发起。百度百科的定义相对来说能涵盖各类电子支付模式,但如果将"通过网络进行的货币支付或资金流转"改为"通过网络实现的货币支付或资金转移"就更为准确。比如商业银行的代收付业务也可认为是通过网络实现的货币支付或资金转移,即商业银行的中间业务平台向卡账户系统发出支付指令实现借记或者贷记银行卡账户。

因此,从更规范的表述来说,电子支付是指客户直接或授权他人通过电子方式传输支付指令并实现货币支付与资金转移的行为。

2. 电子支付的一般模型

(1)电子支付的主要参与方。

本质上来说,电子支付实现的就是资金转移,即通过电子方式将资金从一个账户转移到另一个账户,当然资金转移的交易指令确认和资金所有权交割确认尚未同步实现实时化。因此,电子支付的核心参与方就是付款账户所有人和收款账户所有人。为收付双方提供这种电子支付服务的,应该均称之为电子支付服务商,包括商业银行类支付服务商、非银行金融机构的支付服务商以及非金融机构的支付服务商。总体来说,电子支付的主要参与方就是付款账户所有人、收款账户所有人和支付服务机构。

(2)支付工具。

支付工具,可以认为是电子支付付款人用于付款的工具,可以认为是付款账户的载体或外在形式,更为广义的分析来看其实是客户身份外在形式。最典型的支付工具包括有形的信用卡、借记卡、预付卡、交通卡,无形的包括信用卡卡号、借记卡卡号、预付卡卡号、支付宝账号、微信支付账号、积分账号,以及虚拟形式的条码、生物形式的指纹、虹膜和面相等。

(3)支付受理方式。

支付工具需要通过某种电子受理方式识别出支付工具并将支付工具信息和支付交易请求指令加密发给支付服务机构的支付平台,支付平台再会同付款账户机构完成扣款授权和交易指令确认。因此,电子受理方式有两大关键功能点,一是能够识别出支付工具的信息,二是能够将支付指令通过网络加密上传至支付平台。常见的电子支付受理方式有 POS 机、手机刷卡器、互联网支付终端等有形受理终端,也有 IVR 语音、互联网页面和各类客户端软件等虚拟形式。

(4)服务功能。

电子支付起源于消费支付,也就是银行卡行业定义的消费功能。消费交易是实现消费者资金向商家的转移,也是一种转账交易。在消费交易之外,电子支付的功能已经扩展到转账、预授权、代收付、缴费、还款等。转账交易的应用场景是只反映资金所有权转移,不体现商品或服务的交易。

综上,电子支付的一般模型可以概括为下图所示模型。

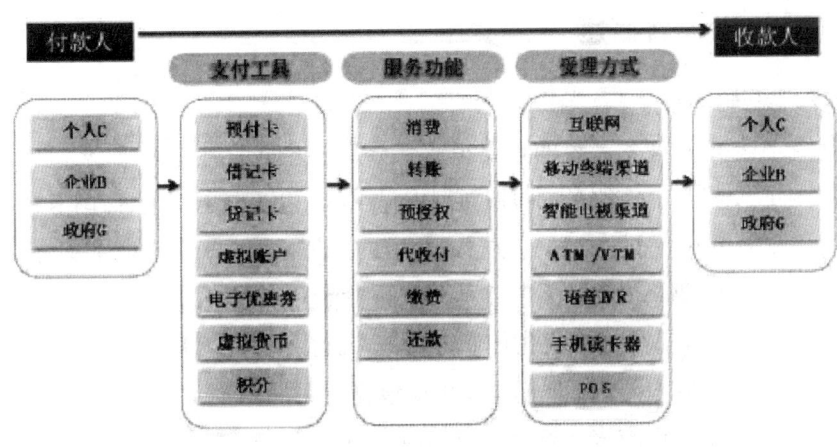

图 5-1 电子支付的一般模型

3. 电子支付形式

电子支付形式目前主要包括四种形式:

(1)网上支付。

网上支付是电子支付的一种形式。广义地讲,网上支付是以互联网为基础,利用银行所支持的某种数字金融工具,发生在购买者和销售者之间的金融交换,而实现从买者到金融机构、商家之间的在线货币支付、现金流转、资金清算、查询统计等过程,由此为电子商务服务和其他服务提供金融支持。

(2)电话支付。

电话支付是电子支付的一种线下实现形式，是指消费者使用电话（固定电话、手机、小灵通）或其他类似电话的终端设备，通过电话银行系统从个人银行账户里直接完成付款的方式。它具有低门槛和庞大的潜在用户基数的优势，但输入键盘没有经过任何加密处理，在安全性上远远落后于网上支付。同时，它还受限于提供电话银行支付功能的银行和开通电话银行业务的个人。

（3）移动支付。

移动支付是使用移动设备通过短信计费或GPRS计费等无线方式完成支付行为的一种新型的支付方式。移动支付所使用的移动终端可以是手机、PDA等。

（4）虚拟账户支付。

各类与现金以一定比例等值的在线货币账号、数字货币、电子钱包和各类有面值的电话卡等虚拟账户的支付，包括电话卡支付、游戏卡账户支付和各类网站的虚拟账户支付（如腾讯的Q币）等。虚拟账户的支付无须身份验证，不关联银行卡，无须担心银行卡信息泄露，不再害怕网络木马病毒的侵害，同时也满足了一些用户怕个人真实信息泄露的顾虑。

可以看出，网上支付是电子支付的一种形式，它的概念要小于电子支付的概念。在线支付与网上支付的概念基本相同。

5.1.2 网上支付系统概述

1. 网上支付系统定义

网上支付系统是电子商务系统的重要组成部分，它指的是消费者、商家和金融机构之间使用安全电子手段交换商品或服务，即把新型支付手段（包括电子现金、信用卡、借记卡、智能卡等）的支付信息通过网络安全传送到银行或相应的处理机构，来实现电子支付。

一套数字支付系统要获得成功，它必须符合下列要求：

可接受性——为了获得成功，支付体制必须被广泛接受；

匿名操作——如果客户要求，他们的身份应该受到保护；

可兑换性——数字货币应该能够兑换成其他类型的货币；

有效性——每笔交易的费用应该接近于零；

灵活性——应该支持几种不同的支付方案；

综合性——为了支持现有的应用程序，应该开发接口与应用程序综合使用；

可靠性——支付系统应该具有高度可用性，避免任何小小的失误；

可升级性——允许新客户和经营者的加入，不应当破坏系统结构；

安全性——允许在开放网络上，比如因特网上，进行财务交易；

易用性——支付过程应该像现实世界中那样方便。

2. 网上支付系统的功能

虽然货币的不同形式会导致不同的支付方式，但安全、有效、便捷是各种支付方式追求的

目标。对于一个支付系统而言(可能专门针对一种支付方式,也可能兼容几种支付方式),应有以下的功能:

(1) 使用数字签名和数字证书实现对各方的认证。

为实现协议的安全性,对参与贸易的各方身份的有效性进行认证,通过认证机构和注册机构向参与各方发放 X.509 证书,以证实身份的合法。

(2) 使用加密技术对业务进行加密。

可以采用对称体制和非对称体制来进行消息加密,并采用数字信封、数字签名等技术来加强数据传输的保密性,以防止未被授权的非法第三者获取消息的真正含义。

(3) 使用消息摘要算法以确认业务的完整性。

为保护数据不被未授权者建立、嵌入、删除、篡改、重放,而完整无缺地到达接收者,可以采用数据变换技术。通过对原文的变换生成消息摘要一并传送到接收者,接收者就可以通过摘要来判断所接收的消息是否完整,否则,要求发送端重发以保证其完整性。

(4) 当交易双方出现异议、纠纷时,保证对业务的不可否认性。

用于保护通信用户对付来自其他合法用户的威胁,如发送用户对他所发消息的否认,接收者对他已接收消息的否认等。支付系统必须在交易的进程中生成或提供足够充分的证据来迅速辨别纠纷中的是非。可以采用仲裁名、不可否认签名等技术来实现。

(5) 能够处理贸易业务的多边支付问题。

由于网上贸易的支付要牵涉到客户、商家和银行等多方,其中传送的购货信息与支付信息必须连接在一起,因此商家只有确认了支付用户后才会继续交易,银行业只有确认了购付信息后才会提供支付。但同时,商家不能读取客户的支付信息,银行不能读取商家的订单信息,这种多边支付的关系就可以通过双联签字等技术来实现。

3. 网上支付系统的类型

(1) 根据在线传输数据的种类(加密、分发类型),粗略可以被分为三类。

第一类是使用"信任的第三方"(trusted third party)。客户和商家的信息比如银行账号、信用卡号都被信任的第三方托管和维护。当要实施一个交易的时候,网络上只传送订单信息和支付确认、清除信息,而没有任何敏感信息。实际上通过这样的支付系统没有任何实际的金融交易是在线(on-line)实施的。First Virtual 是典型的信任第三方系统。在这种系统中,网络上的传送信息甚至可以不加密,因为真正金融交易是离线实施的。

第二类是传统银行转账结算的扩充。在利用信用卡和支票交易中,敏感信息被交换。例如,如果客户要从商家购买产品,客户可以通过电话告知信用卡号以及接收确认信息;银行同时也接收同样的信息,并且响应地校对用户和商家的账号。如果这样的信息在线传送,必须经过加密处理。著名的 CyberCash 和 VISA/Mastercard 的 SET 就是基于数字信用卡(Digital Credit Cards)的典型支付系统。这种支付系统,对于 B2C 在线交易是主流,因为现在大部分人,更习惯于传统的交易方式。通过合适的加密和认证处理,这种交易形式,应该比传统的电话交易更安全可靠，因为电话交易缺少必要的认证和信息加密处理。

第三类是包括各种数字现金（Digital Cash）、电子货币（Electronic Money and Electronic Coins）的支付系统。和前面的系统不一样，这种支付形式传送的是真正的"价值"和"金钱"本身。前面两种交易中，信息的丢失往往是信用卡号码。被伪造的信息，也只是信用卡号码等。而这种交易中被偷窃信息，不仅仅是信息丢失，往往也是财产的真正丢失。

（2）根据支付体系结构的不同分类，可分为：

银行卡非SET电子商务支付系统（SSL），此类型是国内网上支付普遍采用的网上支付方法。

银行直接参与的非SET电子商务支付系统（类SSL），该系统支付信息不经商家，直接到银行站点支付，该系统风险较小。

SET电子商务支付系统，SET是实现在开放的网络（Internet或公众多媒体网）上使用付款卡（信用卡、借记卡和取款卡等）支付的安全事务处理协议。目前中国银行的网上银行中的支付方式是基于SET。

目前中国各商业银行推出的网上支付都可归类到以上三种支付系统。

（3）根据支付时间的不同分类，可分为：

预支付系统、即时支付系统、后支付系统（这将在下一节中进一步阐述）。

（4）根据支付工具的类型来划分。

通过支付工具又可以分为电子信用卡支付、电子货币支付、电子支票支付等。

4. 网络支付体系构成

（1）网上交易主体。

网上支付系统的主体首先应该包括买（消费者或用户）卖（商家或企业）双方。

（2）安全协议。

网络支付系统应有安全电子交易协议或安全套接层协议等安全控制协议，这些涉及安全的协议构成了网上交易可靠的技术支撑环境。

（3）金融机构。

包括网络金融服务机构（含第三方支付）、商家银行和用户银行。

（4）认证体系。

公开安全的第三方认证体系可以在商家和用户进行网上交易时为他们颁发电子证书，在交易行为发生时对数字证书和数字签名进行验证。

（5）网络基础设施。

电子支付建立在网络平台之上，包括因特网、企业内联网，要求运行可靠，接入速度快、安全等。

（6）法律和诚信体系。

属于网上支付与结算的外部环境，是由国家及国际相关法律法规的支撑实现的。另外，还要依赖于完善的社会诚信体系。

(7)电子商务平台。

可靠的电子商务网站以及网上支付工具(电子货币,如数字现金、电子支票、信用卡、电子现金)等。

5.2 我国网上支付的现状

iReasearch 咨询在行业访谈和调研基础上对网上支付行业进行深入研究,研究结果显示,第三方支付市场的集中度很高。2007 年第三季度,支付宝、财付通、银联电子支付等前三家支付企业的交易份额高达 78.4%,支付宝、财付通、银联电子支付分别依托各自的资源和实力,在市场中占据优势地位。第三季度正值暑假,是网络购物的消费高峰期之一。各支付企业充分利用这段时间,推出了很多的联合促销活动。艾瑞(艾瑞网)研究发现,第三季度网上支付市场的发展不乏亮点,在激烈的商户及用户市场争夺的同时,品牌建设、诚信建设等更深层次的竞争也在各支付企业之间逐步加强。

在传统行业方面,艾瑞研究发现,第三季度支付企业在继续加大与网络游戏、网络购物等商户合作的同时,对航空客票、公共缴费等传统行业的支付服务渗透也在逐步加深。包括违章缴费支付、电信费用缴纳等和用户生活息息相关的领域都开通了网上支付通道。这既方便了用户的生活,也为网上支付开拓了传统行业更大的支付市场。

在拓宽渠道合作方面,第三季度支付企业不仅大力拓展互联网及传统行业中的终端商户,对渠道型客户的合作也在逐步加强,如财付通与动网论坛合作,为社区电子商务提供支付服务。艾瑞认为,支付企业通过拓宽渠道合作,可以争取更多终端商户及用户,以社区为例,社区电子商务的潜力正受到市场的关注和重视,通过与社区软件的结合,为社区交易提供更方便快捷的支付服务,也将获得更多社区用户的青睐。

在开拓海外市场方面,支付宝联合银行高调拓展海外业务是第三季度业内比较关注的事件,在此之前,上海环迅 IPS 也较早开拓了海外市场,第三季度仍积极筹备与海外旅游商户的合作。艾瑞认为,海外市场的拓展既可以方便中国用户购买海外商品,也有助于帮助海外商家拓展中国市场,未来竞争将会加剧。

在加大诚信建设方面,诚信问题始终是制约网上支付发展的关键问题之一,网上支付市场份额最大的企业支付宝 2007 年 8 月份联合多家商户和用户启动"互联网信任计划",对推动行业诚信环境建设具有积极的意义。艾瑞认为,诚信问题是可以量化的,支付企业对企业信用资料的记录可以作为企业融资的依据,而诚信环境的改善也将加速电子商务及支付的快速发展。

在开展品牌推广方面,第三季度网上支付行业的各种宣传推广和促销活动始终不断,品牌建设相关推广活动也在加强。品牌推广既包括大规模品牌广告投放活动(如快钱),也包括一些慈善捐款等公益事业的参与(如易宝、上海环迅 IPS)。艾瑞认为,当前网上支付各企业无论在用户及商户资源的争夺,还是在品牌推广方面都展开激烈的角逐,市场竞争十分激烈。

网上支付在国内属于朝阳产业,发展空间和潜力都很大,但与我国互联网以及电子商务对支付的需求相比,与国外电子支付市场相比,国内的电子支付市场只能算是刚刚起步,还存在着诸多问题,大部分银行无法提供全国联网的网上支付服务;在实现传统支付系统到网上支付系统的改造过程中,银行间缺乏合作,各自为政,未形成大型的支付网关,网上支付结算体系覆盖面较小;网上支付业务的标准性差,数据传输和处理标准不统一;网上银行法律框架亟待健全、完善,等。而总体来看,现阶段我国网上支付业务发展具有以下特点:一是网上支付业务初具规模,二是网上支付市场潜力巨大,三是技术设备和支付工具等基础设施不断完善。

5.2.1 制约我国网上支付发展的因素

在国内电子商务快速发展的过程中,网上支付存在的诸多问题已成为制约电子商务发展的主要瓶颈。深层次挖掘和分析影响网上支付发展的原因,促进信息流、物流和资金流真正整合的电子商务模式的完善已成为当务之急。

1. 网络基础设施落后

信息基础设施的规模和水平、信息设备终端和信息技术的普及程度是电子商务与网上支付发展的物质基础。但是目前,我国存在着信息基础设施规模小、终端设备普及程度失衡、客户群体缺乏规模、现代支付体系信用不完善、评价机制不健全、认证中心体系尚未建成等一系列问题。从宏观上看,尽管近年来我国网络发展速度很快,但发展不均衡,与西方发达国家先进水平以及国内网络应用需求相比仍有较大的差距和空间。从企业信息化的角度来看,国内大部分企业计算机应用水平落后,网络意识淡薄,信息加工和处理手段落后,信息处理能力低下。从承担网上支付核心业务的银行来看,我国网络银行业务纵深和宽度都还有限,网络建设缺乏整体规划,使用的软、硬件缺乏统一的规范标准,未建立综合的网上信息应用系统。国内信用卡业务也十分落后,仍局限于一种结算工具,严重地阻碍了网上银行电子商务的发展。虽然国内主要商业银行都建立起了自己的网站,但在网站的构架和服务内容上,仍然离电子商务和网上支付的要求有很大的距离。由于在资金、技术和人力资源等方面的投入严重不足,导致网上支付技术水平低,市场规模小,造成大部分客户在网上交易时仍不得不采用"网上订购,网下支付"的办法。

2. 信用机制不健全,网上支付缺乏应有的信用环境

信用制度是市场经济赖以生存和发展的基础,也是电子商务和网上支付的前提和基础。进入了电子商务时代,健全的社会信用体系就显得更为重要,缺乏基本的商业信用,将严重

阻碍电子商务支付系统的发展。电子商务是一种无形交易，如果交易双方之间缺乏足够的相互信任，网上支付就不可能发生，即使存在着一个较完善的网上支付系统。网上支付是基于 Internet 的一种结算方式，不同于传统"一手交钱，一手交货"的物品交易，由于网上交易的双方互不见面，交易的真实性不容易考察和验证。信用问题成为网上交易中最为突出的问题之一，也是产生其他一系列问题的主要根源，因此从某种程度上可以说信用问题决定着网上支付的发展。个人信用联合征信制度在西方国家已有 150 年的历史，而我国从 1999 年才在上海进行试点。2005 年 9 月 14 日，经国家发改委和民政部批准，中国信息协会信用信息服务专业委员会在北京成立。截至 2005 年年底，央行的全国个人征信系统已联网运行。在 2006 年 3 月份，中国电子商务协会颁布了《中国企业电子商务诚信基本规范》。虽然这类信用体系的出现，对于加强我国整体的信用建设是有建设性的作用。但总体来说，目前我国的信用体系发育程度还较低，社会化信用体系尚不健全，信用心理不健康，或者出于法制不健全，或者出于体制弊端，企业和企业之间、企业和银行之间拖欠贷款。银行发行的信用卡，不仅使用者数量很小，而且实际上就是存款卡，因为恶意透支的人太多，银行只好严加防范。毫无疑问，在中国目前这种恶劣的信用环境下发展网上支付将遇到很大阻力。

3. 网上支付的安全问题尤其突出

电子商务在国内近十年的发展过程中始终处于一个重大的瓶颈，就是网上支付安全问题，这个瓶颈严重制约我国电子商务的发展。随着黑客行为的日益泛滥，针对网上支付的网络攻击犯罪事件屡见不鲜，特别是近期的网银病毒、假冒银行网站和信用卡泄密等事件的出现，使得安全性成为人们选择网上支付时的首要考虑。据 CNNIC 的调查报告显示，八成的用户在网上购物时选择传统的货到付款和汇款等方式，往往在权衡网上购物方便性和安全性以后，最终选择了放弃。安全的担忧是消费者和商家不使用网上支付的主要因素之一。造成影响网上支付发展的安全风险主要有三个方面：一是数据传输过程中遭到攻击，可能会威胁到用户资金安全。二是网上支付应用系统本身存在的安全设计上的缺陷可能被黑客利用，危害整个系统的安全，造成重大损失。三是计算机病毒可能突破网络防范，入侵网上支付的主机系统，造成数据丢失等严重后果。而带来这些隐患的原因主要是：国内企业和消费者信息安全意识差，投入少，不管是消费者使用的 PC，还是企业的网站，很多都缺乏必要的软硬件防范攻击的设施，系统本身就存在着很多安全隐患。因此，发展网上支付体系首先应该把安全摆在重要的位置上，没有安全的保证，一切都无从谈起。

4. 法律法规的制定相对滞后

电子商务的发展对于网上支付提出了强烈的市场需求，网上支付业务的持续、规范、健康发展需要有一个科学合理的法律制度环境，以确保参与各方的合法权益规范和促进其健康发展。网上支付作为一项近几年迅速发展的新兴产业，相应的政策与法规的出台明显滞后于市场的发展，这成为企业进入该领域的最大风险。尽管在 2005 年我国加强相关的法律法规的制订工作，相继出台了《中华人民共和国电子签名法》《电子认证服务管理办法》《电子支付指引(第一号)》《电子银行业务管理办法》和《电子银行安全评估指引》等法律法规,但是对交易各方的法律权利和义务的确定还在不断地完善之中。2007年4月1日,《电子签名法》正式实行,说明国家为了促进电子商务的发展不遗余力,让人看到了中国电子商务的一线曙光。

5.2.2 促进我国网上支付发展的对策

网上支付作为电子交易过程中的重要环节,其安全性等因素是影响电子商务快速发展的重要问题。只有充分的确保网上支付的诸多影响因素的顺利解决才能促进电子商务的健康快速发展。本节就通过当今网上支付过程中出现的问题进行分析,提出相关的解决对策。

1. 推动网上支付基础设施建设

完善内部增值网建设是网上支付建设的基础。银行的电子化和信息化是银行参与电子商务,提供网上银行服务的基础和先决条件。电子商务与网上银行的发展空间取决于信息基础设施的规模、信息终端以及信息知识的普及程度。不仅要建成全国统一的支付网关和安全认证中心,而且要统一制定一套网上银行业务结算、电子设备使用的规范标准,确保硬件和软件、客户应用技术和系统以及网络通讯协议的兼容性,以保证今后网络建设和扩展能与国际接轨。通过教育、培训等方式提高国民素质,更新理财观念,大力发展互联网业务,提高银行体系网络化水平,这是推动网上支付发展的前提,也是当务之急。

2. 建立富有效率的社会信用体系

网上交易、支付双方不见面,交易真实性不容易考察和验证,电子商务活动最后是否完成在很大程度上取决于参与买卖双方,取决于金融机构和第三方支付平台的诚信程度。我国信用体制不够健全,市场体系也不是很完善,应该说这是制约电子商务发展非常重要的一个因素。因此,目前,银行应尽快完善数据库的建设,建立健全个人资信档案,不仅包括个人的银行信用信息,还应包括个人支付电话、水、电、燃气等公用事业费用的信息,以及法院民事判决、欠税等公共信息,使其得以全面反映一个人的信用状况;建立与整合各个省份的企业征信系统,并将企业征信系统进行全国联网,相关的企事业单位与个人都可以共享这些信息;实施资信评估制度,发展一批具备相应执业能力和职业道德的第三方信用中介机构,能方便网上交易的当事人了解交易相对人的信用状况,增强社会信用力量,为社会提供高质量的信用服务;建立惩罚制度,通过立法来警示、阻吓一些信用缺失行为。

3. 提高安全性,增强支付安全保障

要保证网上支付的安全性,建立统一的安全认证体系已成当务之急。资金在网上划拨,安全性是最大问题,发展网上银行业务,大量经济信息在网上传递。而在以网上支付为核心的网络银行,电子商务最核心的部分包括 CB 认证在内的电子支付流程。只有真正建立起国家金融权威认证中心系统,才能为网上支付提供法律保障。从技术上、支付工具上,从风险措施上、防范措施,全方位多层次提供安全的保障手段。银行必须提高风险防范能力,进一步研究开发新型有效的网络安全措施。银行应该根据自身的实际情况建立安全制度和安全组织。成立计算机安全管理小组,建立密码管理制度、工作记录制度硬件设备和数据管理制度等。随着网上银行业务发展必然出现很多金融业务创新,也必将涉及现行金融管理体制和政策的空白点或禁区。因此,银行应尽快建立计算机网络的安全体系,不仅包括防范计算机犯罪防病毒防黑客,还应包括各类电脑识别系统的防护系统。以及防止自然灾害恶意侵入,人为破坏金融诈骗等各类因素。

4. 加快相关法律的完善,以促进网上支付的健康运行

要及时立法,建立现代化的金融法制体系,确定网上银行的资格认定,规定网上交易的权利和义务,并严厉打击黑客犯罪行为,将网上支付纳入到安全的、可预测的法律框架之内。在网上支付工具方面,立法的重点应明确利用网上支付工具进行违法交易所要承担的法律责任,明确法定的电子货币发行人、合理的货币识别制度以及电子货币使用中各方隐私权保护制度等法律问题,如电子签名法加密法、电子证据法等。而作为金融监管机构的中央银行则要结合我国国情并借鉴国外发展经验,严格技术标准,强化业务监管。同时,针对在网上支付过程中出现的新事物与新情况,及时调整不能够适应电子商务发展的其他现行法规。

5.2.3 我国网上支付的发展趋势

作为网上支付业务载体的网上支付工具,是网上支付的主要组成部分,也是实现网上支付的必要条件。在传统的银行支付结算中,具有各种多样的支付结算工具如支票、汇票、本票、汇兑、委托收款、托收承付、银行卡等,可以根据不同情况选择不同的支付方式,互联网上的支付系统应是对现有支付手段的模仿。按照我国目前的信用状况,可在网上推行电子保付支票、电子商业汇票等,将商业信用和银行信用结合起来。同时随着中国网民的增多,网民个性化需求增强,网上支付已经不能满足用户的需求,在网上支付的基础上发展电话支付、移动支付、手机钱包等。在我国金融体系发展成熟后,再推出如电子现金、电子支票以及其他形式的网上支付工具,方便网上交易,促进电子商务的发展。

同时,第三方支付平台将得到推广及应用。商户享用第三方支付平台和网上银行支付需求的同时,更多的是关注支付平台和银行能否为他们带来增值化服务,比如商户享用支付平台的同时,支付平台能否给品牌推广、业务推广带来价值和影响。

第三方支付平台也将通过构建中心城市支付体系拓展其业务。网上支付将不仅仅局限网络游戏和网络购物的行业,还逐渐向传统行业渗透,比如教育、旅游、出版行业。每个城市往往都有巨大的小额支付方面的需求,而网上支付体系的逐步建立和完善,将使建立中心城市支付体系成为可能。

总之,电子商务在我国经济发展中的地位将越发重要,而解决好网上支付这个瓶颈迫在眉睫。对于我国现阶段电子商务支付方式在信用、技术、法律等方面存在的问题,唯有我国的信用制度、安全技术、法律法规和管理机制得到了本质上的改善,才能随之解决。

5.3 电子支付工具

5.3.1 电子货币的产生

从货币的发展历史来看,货币形式的变革主要经历了以下几个阶段:第一个阶段是商品货币阶段。商品货币以牛、羊、贝壳等形式存在,大多是在局部地区和较短的时期内充当货币,具有难保存、易损耗、不易分割、不便携带和流通等缺点。第二个阶段是金属货币阶段。金属货币包括金、银等贵金属货币以及后来出现的铸币,铸币在交易过程中不可避免地会发生磨损,成为不足值的货币,但不足值的货币依然可以完成足值货币的交易功能,此时货币开始具有信用货币的一些特质。第三个阶段是信用货币阶段,信用货币本身并不具有价值,是靠国家强制力或一定的信用担保发行的,如纸币、银行创造的存款货币、流动性较强的证券和债券等。信用货币是一种优秀的货币形式,非常利于交易成本的降低。

随着商品经济的深化,现有的信用货币在流通过程中表现出一些缺点,如现金交易在时间和范围上的局限、在安全性和流通携带中的局限、传统的转账支付在交易中的时间滞后等。尤其是在人类迈向网络经济的今天,传统的货币体系已经越来越不能满足人们的需要。因此,随着计算机介入货币流通领域,出现了一种新的、更便捷、更安全的货币形式——电子货币。

电子货币使有形的货币凭证变成了无形的电子数据,存储在物理介质或计算机系统中。一方面,使用户携带和使用起来更加的方便,用户只需要携带一张卡或者待在家里利用计算机网络就可以轻松地完成支付;另一方面,随着网络应用越来越普及,电子货币在网络中发挥了传统货币不可比拟的作用,它可以通过网络直接传递电子支付指令甚至直接传递电子货币,使货币支付打破了时间和地域的局限,有利于提高支付效率、降低支付费用,并大大促进了电子商务的发展。此外,电子货币的使用也对金融电子化和安全认证技术提出了更高的要求,因为如果没有完善的支付与结算体系作支撑和先进的安全技术作保障,电子货币的应用必然会受到限制。

5.3.2 电子货币分类

电子货币是一个整体,根据不同的标准可以进行不同的类型划分,不同类型的电子货币具有不同的特征,充分认识这些特征是正确认识电子货币的前提。按照电子货币价值的存储媒介,可以将其分为卡基型电子货币与网基型电子货币;按照在流通和支付过程中,是否需要同中央数据库联系进行联机授权,可以将其分为联机型电子货币与脱机型电子货币;按照电子货币与银行账户的关系,可以将其分为存款型电子货币与现钞型电子货币;按照电子货币的发行人的行业性质,可以将其分为金融型电子货币与商业型电子货币;按照电子货币的使用范围，可以将其分为单一型电子货币与复合型电子货币。

1. 卡基型电子货币与网基型电子货币

卡基型电子货币，是指以各种类型的含有计算机芯片的塑料卡为货币价值的存储媒介的电子货币。它将集成电路芯片嵌入塑料卡中，将货币价值预先存入芯片，利用芯片的计算、存储等功能来实现货币价值的转移。

网基型电子货币，是指以计算机为基础的电子货币。它是将特殊的软件装在用户的计算机上，将计算机网络同银行和商户相连，通过计算机网络传输货币的一种支付手段。国内网基电子货币发展较快。据估计，国内互联网已具备每年几十亿元的虚拟货币市场规模，并以年均15%～20%的速度成长。概括起来，国内网基电子货币主要有两种形式，一是第三方支付平台中的电子货币，二是各大网络服务提供商发行的电子货币。

2. 联机型电子货币与脱机型电子货币

电子货币按照其在交易支付时，是否需要同中央数据库联系进行联机授权，可以分为联机型电子货币与脱机型电子货币。联机型电子货币通常存在一个中央数据库中。这个数据库可以是由电子货币的发行人设立的，也可以委托第三方设立，它的主要作用是对电子货币使用者的电子货币进行确认。在使用者使用电子货币进行交易时，特约商户需要通过其终端将电子货币使用者传来的电子货币传送给中央数据库，由中央数据库进行确认。如果中央数据库确认该电子货币是真实的，就向特约商户发出接受该电子货币的指令。

脱机型电子货币是指在使用电子货币进行交易时不需要提前联机授权。在这种电子货币系统中没有中央数据库，鉴别电子货币的真伪主要依靠货币卡、交易终端本身的技术措施，即主要是利用加密技术和数字签名技术来保证电子货币的真实性。许多电子货币都允许使用者与使用者之间、商户与商户之间进行直接的货币价值转移，在此过程中不需要向发行人进行联机授权，只要这种转移符合加密技术和数字签名的要求，则这种转移发行就被承认并具有转让效力。

3. 存款型电子货币与现钞型电子货币

存款型电子货币是指以特定账户为载体，只能在不同账户中流动的电子货币。这种电子货币不能脱离账户而独立存在，只能在账户之间实现货币价值的转移；不能像现钞货币一样由其拥有主体直接掌握和支配，并完全独立地进行各种直接的支付，只能在账户管理者的协助下进行转账结算。在实践中，存款型电子货币的账户管理主体通常是银行，现在也出现了一些专门进行这类账户管理的公司。它们主要为存款型电子货币的使用者提供电子货币支付结算服务。

现钞型电子货币是指具有电子货币的独立载体，并且该载体可以直接由电子货币拥有主体控制和支配的电子货币。它不像存款型电子货币那样必须依赖于账户管理主体的账户而存在，而是像现钞货币一样由使用者直接持有，在实际使用中也可以像现钞货币一样直接用于支付，其货币流通和支付行为可以在交易双方之间直接完成，而不需要委托第三方代理其支付活动。

存款型电子货币的实质是账户管理主体的账户存款,这同传统的银行存款并没有本质的区别,只是其流通和支付方式发生了变化,是以电子信息传输的形式将货币从某主体的存款账户转移到另一主体的存款账户,变化的主要是流通和支付方式而不是货币本身。现钞型电子货币则是货币的载体发生了变化,货币价值不是记载于纸质的货币证券中,而是记载于电子信息存储工具中。同时,它也使货币的性质发生了变化,记载于电子信息存储工具中的信息不是法定货币信息而是电子货币信息。

4. 金融型电子货币与商业型电子货币

传统意义上的货币都是由金融机构发行和回笼的,代表的是金融机构的信用。然而,电子货币的发行主体并不完全限制于金融机构,它既可以由金融机构发行也可以由非金融机构发行。按照发行主体的性质,可以将其分为金融型电子货币与商业型电子货币。其中,金融型电子货币是指以金融机构为发行主体而发行的电子货币,商业型电子货币是指以非金融机构为发行主体而发行的电子货币。在信用货币本位制度条件下,任何形式货币的发行都是以发行主体的信用为基础的,除法定货币外,货币发行本身是以发行主体的财产作担保的,发行主体的信用是保证货币财产价值,以及货币能够作为货币而被社会所接受的前提。因此,金融型电子货币与商业型电子货币在担保能力和信用程度上是有区别的,金融型电子货币代表的是金融信用,商业型电子货币代表的是商业信用。

在当代社会,金融信用是有比较完善的法律保障和现实保障的,金融机构作为社会法律体系中的特殊主体,要受到法律的严格规范和监管,并且有非常严格的设立制度、经营制度、挽救制度和破产保护制度。这些制度保证了金融机构,特别是其中的银行具有最高限度的社会信誉,这样基本上保证了在正常条件下,不会出现客户的财产权利经常受到威胁的情况。即使在出现客户财产权利受到威胁的情况下,也能够通过相应的保护制度得到基本的保护。但是商业组织的信用就没有这样的法律和现实保障,商业组织作为社会法律体系中的普通主体,其设立制度、经营制度和破产制度都是一般性的,这就使其在法律上和实际上都难以达到金融机构的信用水平,从而使其发行的电子货币难以像金融机构发行的电子货币一样,具有比较完善的法律体系保护。因此,对不同信用性质的电子货币也必须予以区别。

5. 单一型电子货币与复合型电子货币

按照电子货币的流通与支付领域的数量不同,可以将其分为单一型电子货币与复合型电子货币。单一型电子货币是指只能用于某一特定领域或特定类型的流通与支付的电子货币。复合型电子货币是指可以用于两个以上特定领域或特定类型的流通与支付的电子货币。通常,单一型电子货币只能有某种类型货币卡的功能,复合型电子货币则是将许多种货币卡功能集中于一个载体,优胜者可以根据其需要选择其中最满意的方式,从而可实现卡内电子货币的流通与支付。

5.3.3 支付工具概述

支付工具就是实现经济活动的一种交易方式,它是随着商品赊账买卖的产生而出现的。在赊销赊购中,最初是用货币来支付债务。后来,它又被用来支付地租、利息、税款、工资等。最初的支付工具是货币。支付工具是用于资金清算和结算过程中的一种载体,可以是记录和授权传递支付指令和信息发起者的合法金融机构账户证件,也可以是支付发起者合法签署的可用于清算和结算的金融机构认可的资金凭证。它是加快资金周转、提高资金使用效率的保障。

为了方便不同类型的经济交往活动,必须有与之相适应的不同使用方式的支付工具,以便客户能够灵活地选择成本低、安全高并适应其支付特点的支付工具。

随着全球经济的高速发展,支付工具也越来越多,开始逐渐产生一批虚拟支付工具,开始向电子化支付工具转变。现在流行的网上银行、支付宝、财付通、百付宝、手机支付、快钱、手机充值卡等都是最新的虚拟支付工具。

广义的电子支付工具包括卡基支付工具、网上支付和移动支付(手机支付)等。随着电子银行的兴起和微电子技术的发展,电子支付技术日趋成熟,电子支付工具品种不断丰富。电子支付工具从其基本形态上看是电子数据,它以金融电子化网络为基础,通过计算机网络系统以传输电子信息的方式实现支付功能,利用电子支付工具可以方便地实现现金存取、汇兑、直接消费和贷款等功能。

网上支付通常情况下仍然需要银行作为中介。在典型的网上支付模式中,银行建立支付网关和网上支付系统,为客户提供网上支付服务。网上支付指令在银行后台进行处理,并通过传统支付系统完成跨行交易的清算和结算。在传统的支付系统中,银行是系统的参与者,客户很少主动地参与到系统中;而对于网上支付系统来说,客户成为系统的主动参与者,这从根本上改变了支付系统的结构。常见的网上支付模式有网银模式、银行支付网关模式、共建支付网关模式和IT公司支付模式。

移动支付是指利用移动电话采取编发短信息和拨打某个号码的方式实现支付。手机支付系统主要涉及三方:消费者、商家及无线运营商,所以手机支付系统大致可分三个部分,即消费者前端消费系统、商家管理系统和无线运营商综合管理系统。消费者前端消费系统即保证消费者顺利地购买到所需的产品和服务,并可随时观察消费明细、余额等信息。商家管理系统可以随时查看销售数据以及利润分成情况。无线运营商综合管理系统是手机支付系统中最复杂的部分,包括两个重要子系统:鉴权系统和计费系统。它既要对消费者的权限、账户进行审核,又要对商家提供的服务和产品进行监督,看是否符合所在国家的法律规定,此外最重要的是,它为利润分成的最终实现提供了技术保证。随着信息技术的飞速发展,电子支付工具具有广阔的发展前景。

5.4 电子商务与网上银行

在信息技术日益发展的今天,电子商务,这种利用先进的信息技术在互联网上从事商业活动的经营方式,正对人类经济和社会生活产生越来越重要的影响。电子商务正在渗透传统商务活动的各个领域,如何利用数字信息的思维方式,挖掘新兴的利润空间,是电子商务的根本意义。随着Internet的普及,银行应用电子商务技术,使很多柜面服务搬到网上变成了现实,从应用角度来说,网上银行大大减轻了银行柜面的压力,给广大顾客也提供了实实在在的方便。研究实现网上银行需要的技术和风险防范有很大的现实意义。网上银行的电子商务支付技术,作为一种新型的技术,成为了一种重要支付手段。

目前,随着B2C和C2C电子商务网站业务的扩大,电子商务网上支付的金额每年将会以两位数的速度增长,会逐步成为网上银行交易的主流。利用网上银行电子商务支付技术为在线商务活动提供服务,促进在线商务业务的发展,是目前需要研究的一个课题。

电子商务是网上银行产生的商业基础,可以说没有电子商务的发展,就不会有网上银行的兴起,电子商务是一种伴随因特网的普及而产生的新型贸易方式,它是当代信息技术和网络技术在商务领域广泛应用的结果。电子商务技术的发展催生了网上银行。通常说,电子商务对银行的要求有两方面:一是要求银行为之提供相互配套网上的支付系统,二是要求银行提供与之相适应的虚拟金融服务。电子商务是一种网上交易方式,所有的网上交易都由两个环节组成的,一是交易环节,二是支付环节,前者是在客户与销售之间完成,后者需要通过银行网络完成。

网上支付系统的建立是电子商务正常开展的必要条件,否则网上交易无法进行。要发展电子商务必须依托先进的网上银行,网上银行为电子商务的发展提供了一个安全、平稳、高效的网上支付系统,从而有力地支持了电子商务的正常开展。

5.5 第三方支付

提及"第三方支付",首先需要我们明白,确定的"第三方"是指在"交易买卖双方"这双方以外的"第三方",而"支付"是资金划拨、支付款项等金融活动。第三方支付业务主要是指借助于互联网或其他通信网络,完成收付双方之间的资金交易,从业务形式上可以划分为:网络资金支付、电话支付、电视支付和货币支付等多种形式。

第三方支付机构是完成整个支付的重要中介,它们主要是一些具备一定经济规模和社会良好信誉的企业,通过与国内外银行签订资金交易平台协议,借助银行金融服务业务向用户提供资金支付服务。第三方支付业务的主要形式,是在买卖双方创立的资金支付平台,买方从第三方支付平台完成资金转账，第三方支付平台可以将付款方的付款情况及时通知到卖方，从而达成商品交易过程。

5.5.1 我国第三方支付的发展现状

国内第三方支付市场的发展历程主要分为两个阶段，第一阶段是2010年之前，应电子支付的需要，我国诞生了第一家第三方支付公司——首信易支付。但由于种种原因，其并未取得像支付宝那样的成功。第三方支付业务兴起，多家第三方支付公司利用电子商务不断发展的良好时机，积极拓展业务范围，国内第三方支付市场形成初步规模。第二阶段是2010年之后，我国在线支付业务管理办法施行也极大地促进了第三方支付业务的繁荣，第三方支付机构开始广泛地介入细分支付市场，第三方支付的业务领域深入到人们生活的方方面面，已经涵盖了水电费缴纳等多种生活服务领域。

5.5.2 第三方支付的特点及各业务模式之间的比较

第三方支付平台往往都是以雄厚的财力作为支撑的，能够构建优秀的安全支付平台。第三方支付平台所采用的研发技术都是当前最为成熟的相关技术，而且和各大银行的支付网关是相互连接的。在提供支付等服务时表现出了诸多优势，并形成了多种类型的业务模式。

1. 第三方支付的特点

（1）方便、快捷。

作为一种综合性支付平台中介，提供了更为方便、快捷的服务。为了使得付款方和收款方避免直接资金交易的风险性，可以通过第三方支付平台在交易方之间进行划拨，第三方支付可以将多家银行的金融支付服务在同一个操作界面进行交易管理，使得付款方和收款方可以在线完成交易过程。

（2）成本较低。

由于有了第三方支付，消费客户和网络商户再也不需要去每家银行各自开设账户，所有交易只要通过第三方支付就可以实现。这样可以降低消费客户网络支付成本，同时也可以有效提升网络运营商的利润，第三方交易业务也为银行带来了可观的经济收入。

（3）操作简单、容易接纳。

以往的 SSL、SET 等支付方式虽然安全，但手续繁杂，实现的成本不仅高而且速度太慢，无法满足客户需要，现在有了第三方支付，商家和客户之间的交易通过第三方交易平台进行，可以为用户提供方便、快捷的交易流程。

（4）信用保证。

现今的第三方支付机构，由于管理规范，不会向个人或者一些非法网站提供支付服务，只会向合法的企业提供支付服务，这样就让消费者使用网上支付更加有信心，也在很大程度上避免了交易欺诈的发生。第三方支付平台的另一大优势在于不干涉商品买卖流程，同时还能很好地维护买卖双方的利益。

2. 第三方支付的业务模式及其比较

第三方支付业务的本质就是银行通过网络平台与用户建立的交易方式。随着电子商务行业的快速发展，网络资金交易的风险问题日益突出，为了降低网络支付的风险性，有效保障商家与买家的利益，就需要建立信用担保制度，C2C 模式就是为提升网络交易过程的安全性推出的信用担保办法。

(1) 一般模式。

首先，买家可以在购物网站中选择商品，确定购买后生成购物订单，在第三方支付平台中选择网上银行付款，网站会自动转到相关网上银行付款界面，买家可以选择转账银行卡，第三方支付平台会根据买家提供的支付方式将相关信息传送到商业银行；买家通过商业银行网上支付平台，在界面填写付款银行卡卡号与支付密码等信息，银行在确认信息后根据订单金额进行付款，并将付款结果通知第三方支付平台；第三方支付平台将商品订单和支付信息发送给买家，买家在确认信息后，卖家就可以根据订单要求进行发货配送；如果买家确认收货后，第三方支付平台根据系统预设在线支付交易手续费额度，将扣除手续费的资金转入卖家账号，并与银行完成资金对账等流程。

(2) 提供担保的 C2C 模式。

为了提升网络在线支付的安全性，传统网上支付平台中采用了 C2C 模式，这种模式可以提供信用担保功能。支付宝作为我国业务范围最广的在线支付平台就是通过建立 C2C 信用模式，买家支付的资金首先转入支付宝提供的第三方账户，在交易成功后，第三方账户再将资金转入卖家账号。这样做的目的是为了保证在买家付款后卖家没有发货的情况下，或者是买家收到的商品存在质量问题时，支付宝将按照货品价值相等的赔付额支付给买家。这种双向担保模式有效降低了支付交易过程中的违约情况，并使得买家和卖家双方的利益得到了保障，成为了网络电商和买家最放心的资金支付形式。

(3) 基于虚拟账户的 B2C 模式。

B2C 模式通过建立虚拟账户来完成网上支付操作。首先，用户需要根据第三方支付平台提供的要求完成会员注册，第三方支付平台为用户建立一个虚拟账户。主要功能是：一是提供用户信息认证服务，用户可以选择多种认证方式提升账户的安全性；二是支持在线转账和取现功能；三是支持网上交易资金支付功能。

(4) 各模式之间的差异。

以上介绍的三种模式，C2C 和 B2C 两种模式是在传统在线支付技术的基础上可以实现有效信用保障的支付模式。在支付流程上与传统支付模式并无差别，都是通过第三方支付中介来实现买卖双方公平交易，主要区别在于 C2C 和 B2C 模式通过建立第三方虚拟账户，不仅有效提升了信用担保性，并且提供了一些不同的附加功能。这些支付模式的实际应用对人们生活的各个方面都产生了不同的影响。

5.5.3 第三方支付的发展对商业银行的影响和挑战

1. 对商业银行资产业务的影响

在贷款方面,第三方支付机构在大数据的条件下,对市场和用户信息全面了解,开始为中小企业和个人建立融资平台,开始与商业银行的借贷业务竞争。出现了诸如借贷宝之类的小额贷款平台,阿里巴巴借助支付宝平台也开始出现贷款业务,比如信用贷款和订单贷款,具有一定的融资能力,这势必会与商业银行贷款业务产生一定的竞争。

2. 对商业银行负债业务的影响

第三方支付发展至今,用户已经不需要依赖于商业银行网银进行账户充值,还可通过邮局,手机充值卡等其他渠道进行充值,这表明第三方支付平台能离开商业银行获得资本。并且,第三方支付平台拥有存款、支付、汇总和结算等基本职能,其虚拟账户让用户可以存储资金和支付结算,这就分流了商业银行的一部分活期存款,分化了商业银行的市场交易功能。并且随着第三方支付向基金、保险等金融领域发展,有可能会对商业银行的定期存款以及其他投资职能产生一定的影响。

3. 对商业银行中间业务的影响

随着利率的市场化,商业银行的业务改革,特别是对中间业务的改革迫在眉睫。但是第三方支付的快速发展却为商业银行中间业务改革与发展带来了挑战。商业银行的中间业务包括咨询、担保、代销以及支付等,其中支付是较为关键的内容。但是,第三方支付凭借其方便快捷的优势,抢占了大量的市场份额,大有替代商业银行的中间业务的趋势。并且,一些第三方支付机构开始进行基金代销等理财业务,构建了单独的跨行结算机制,占据了商业银行的代理、结算以及电子银行等业务,在某种程度上替代了商业银行的中间业务。

4. 对商业银行网上业务的影响

第三方支付的迅速发展不仅挤占了网上银行的发展空间,对中间业务发展带来挑战,并且随着第三方支付涵盖领域不断扩大,在第三方支付平台上能实现大部分网上银行的职能。因此,部分用户在注册第三方支付以后不再注册网上银行,从而在一定程度上形成了替代。此外,第三方支付方便、快捷并且人性化,注重客户需求,这使得用户的要求不断提高,从而把银行不注重用户体验的缺点不断放大。

5. 对商业银行客户维护的影响

从前面的优势分析中提到第三方支付具有较强的客户黏性,第三方支付借助大数据的优势,能积累大量的客户信息,这是商业银行所欠缺的。以前,商业银行可以凭借各网点得到大量的顾客,但现在第三方支付使得很多交易不必通过商业银行就可以实现,这严重影响了商业银行客户信息的管理与维护。据统计,第三方支付机构的注册用户已远远超过了商业银行的个体用户,庞大的客户群,为第三方支付与商业银行的竞争带来了可能。

商业银行与第三方支付机构的发展是密切相关的。一方面,第三方支付的发展离不开商业银行,作为经济主体的商业银行,在支付领域是无可替代的,对推动网络支付及快捷支付等第三方支付业务有重要影响。因此,在第三方支付业务发展之初,两者是相互合作的,第三方支付机构利用商业银行发展自身业务,获取利润并且实现行业内的优胜劣汰,而商业银行则借助第三方支付机构进入第三方支付业务中,减少准入成本。另一方面,随着第三方支付业务范围的不断扩大,与商业银行业务出现交叉,从而不可避免地形成竞争与替代,第三方支付对商业银行的各经营业务、销售渠道、客户维护、价格体系以及风险控制都有一定的影响。

 课内思考题

1. 基于历史观,简述支付工具的变化与社会经济发展之间的关系。
2. 简述制约我国网上支付发展的因素,对用户信用这一影响因素做深入分析。
3. 对比欧美国家,简述我国第三方支付快速发展的原因。
4. 简述我国第三方支付企业与传统商业银行之间的关系。

第6章　数据营销

※课程导入

大数据既是企业营销环境变量，也是企业营销的重要资源。在互联网日益普及的今天，移动网、物联网以及云计算的应用，网民的网络痕迹能够被追踪、分析，企业或第三方服务机构可借助这些数据为企业的营销提供市场咨询、策略设计、资源投放等服务。和大数据一样，大数据营销应用也是随着云计算、云端应用、各种移动设备的普及，加之Facebook和Twitter等社会化媒体的兴起，Google和亚马逊等数据营销体系的日臻完善，受到越来越多的关注并且逐渐成为企业的营销新选择。

※学习目标

➢掌握大数据的含义

➢认识大数据与大数据营销的关系

➢掌握大数据营销的特点

※相关知识

大数据营销是通过收集、分析、执行从大数据所获得的洞察结果，并以此鼓励客户参与、优化营销效果和评估内部责任的过程。借助大数据与公司内部数据有机结合可以为企业的营销提供各种咨询、策略、投放等营销服务，从而帮助营销部门以及整个公司实现高利润增长。与传统营销相比，大数据营销显现出新的营销特征。

6.1 大数据营销的特点

6.1.1 大数据背景下消费行为变化

1. 购物移动化

近年来移动设备及移动互联网的发展迅猛。智能手机将成为全球移动设备中的霸主，2014年，智能手机、平板电脑以及智能手表等智能设备产生的数据流量是非智能设备数据流量的22倍。到2019年，其在移动设备中所占比例将达40%。但是由于"物联网"的迅猛发展，机器到机器（M2M）设备也将可互相连通。未来5年中，移动网络用户将增加10亿人，从2014年的43亿人增加到52亿人，移动设备将超过100亿部。移动网络用户和移动设备将促使移动数据流量增长10倍。我们在移动设备上花费的时间将更多。以视频为例，2014年用户每月平均看3小时视频，而到2019年可达到36小时，每月平均移动数据流量将超过4GB。另有研究表明，消费者在使用Android和iPhone进行网页搜索时所提供的关键词长度是使用桌面搜索时的两倍，这表明消费者在使用移动设备时有更强的购买欲。

随着4G网络普及速度加快，我国移动终端尤其是智能手机的出货量增长迅猛，移动购物正在潜移默化地侵蚀传统商家和传统电子商务卖家的市场。

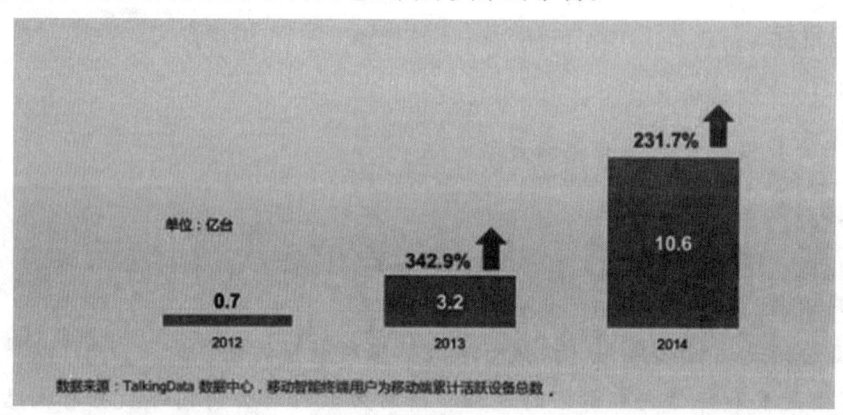

图6-1 2012-2014年中国移动智能终端用户规模

2. 购物社交化

购物社交化是基于社交网络或源于某种社交活动所导致的购物或交易。购物社交化的基础是社交即人与人的交往关系。这种关系的主体或是亲戚、朋友、同事、同学，或是有过业务联系的商业伙伴，或是有类似经历、相同兴趣的人，或者是有一定信任感的意见领袖。由于这些关系主体有了某种关联，积累了信任，为诱发和推动将来的某项购物决策埋下了伏笔。

购物社交化其实早已有之，个人在购物前都希望能得到自己信赖的人一些购买建议、推荐和评价。小到针头线脑，大到汽车房子，都希望听听别人的意见，以旁证自己的购物决策的正确性。但信息时代的购物社交化是在互联网产生后尤其是在大数据出现后才产生了质的飞跃。主要原因有三点:一是网络大幅缩小了时空带来的人际隔膜,基于互联网的技术工具使得人际交往能够随时随地并能大容量表达、传播和储存信息;二是社交网络强化了个人影响,从众心理放大和凸显了个人的某些能力,让有专业知识、有表达能力、敢于发表真知灼见的意见领袖增大个人影响力;三是基于大数据的数据挖掘、分析、决策支持等技术的快速发展也使得企业可以通过社交网络和应用软件了解和满足顾客的需求。

现代城市密集的楼宇阻隔了人际交往,虚拟的网上交往比现实的面对面交往更为频繁,人们更愿意在网络空间分享购物、传播购物体验、咨询和建议。艾瑞咨询的调研表明,84.7%的用户愿意使用社交化购物网站,其中72.9%的用户会逐渐增加对该类网站功能的使用。"美丽说""爱物网""蘑菇街"等一批社区化分享购物网站的红火佐证了消费者购物社交化的行为特征。

3. 购物主动化

购物主动化源于人类在社会不确定性增加的情况下追求心理稳定和平衡的欲望。现代消费者对购物的风险感会随着选择的多样化而上升,对单向的"填鸭式"的营销沟通不信任、厌烦。消费者会主动搜索与商品有关的信息并反复分析比较,以减轻风险感和购后悔感,争取心理上的满足和平衡。

大数据为消费者挑选商品提供了广阔的选择空间,在这个空间里,消费者不必面对现实嘈杂的营销环境以及各种影响和诱惑,主动、理性决定自己的消费行为。消费者的主动行为主要表现在三个方面。一是大范围地搜索,大数据技术为消费者在极短时间内最大限度浏览网上商场、了解商品特性提供了便利,为消费者挑选商品提供了空前规模的选择余地;二是理性的价格决策,大数据为消费者提供了各种科学的定量化的分析模型,他们可以迅速算出商品的成本价,然后再进行横向比较,做出理性的购买决策;三是主动表达对产品或服务的欲望,消费者不再总是被动接受厂家或商家提供的产品或服务,而是根据自己的需要主动寻找合适的产品。如果找不到,消费者会通过网络系统向企业主动表达对某种产品的欲望,这将直接影响企业的营销管理。

4. 消费个性化

我国经济市场化以来,工业化和标准化生产方式得到极大发展,消费者的个性需求被淹没在大量低成本、单一化的产品洪流之中。随着经济的发展和社会的进步,人们的消费观念有了很大改变,消费心理日趋成熟,消费行为日趋理性。人们不再盲目地追潮流、赶时髦,而是善于根据时间、场合、身份、气质、个人爱好和经济承受能力等方面综合考虑,选择需要的商品,力求避免消费大众化,实现消费的个性化。

个性化是人类普遍消费心理,个性化诉求也早已有之,但在传统营销时代大部分商家无意愿、无能力满足消费者个性化需求,消费者只能被动接受大众化需求的满足。就算有些企业想为消费者提供满足其个性化需求的产品和服务,也因传统媒体的单向传播性,在一定程度上阻碍了消费者与企业的双向沟通，企业无法快速了解消费者需求，消费者也很难买到符合个性化需求的定制产品。

个性化推荐是根据用户的身份、购买历史、购买习惯等各种与具体用户息息相关的指标向用户推荐商品，是满足个性化需求的方式之一。"百分点"是国内一家推荐引擎技术的服务商，在推荐引擎和个性化技术领域耕耘3年，其推荐引擎一经推出，就已成功应用于"凡客诚品""库巴网""唯品会""麦包包""红孩子""走秀网"等国内外550家电商和资讯类网站，这充分显示了个性化消费的旺盛购买力。

图6-2 百分点——企业级大数据技术与应用的践行者

6.1.2 企业营销战略再分析

大数据的出现和大数据技术的应用触发了消费心理和行为的变化，消费心理和行为的变化又对企业营销产生复杂而深刻的影响。企业必须适应现代信息技术的变化，深入分析大数据背景下需求特点，创新企业营销内涵和营销模式。

1. 探查

探查即市场调研，通过调研了解市场是一切营销战略和策略制订的基础性、先导性工作。

传统的市场调研通常是用抽样的方法来研究消费者，即按照随机或者配额的原则来抽取样本，并通过对样本的调查获取数据，再通过对数据的解读来做出营销决策。抽样的科学性在于"随机"，不过在统计实践中很难做到这一点，因为真正的随机抽样成本不菲。而且还有一个无法回避的弊端：很难确定被访者答案的真实性或者真实行为倾向。

大数据是全样本数据，海量而真实的数据。首先，它不是抽样而是普查，这使得还原消费者的每个细微需求成为可能。其次，它不是在让被访者回答问题，而是真诚地去获取用户的"行为数据"。"客户声称对某个产品有兴趣"和"客户是否购买了产品"两者相较，显然后者更能说明问题。最重要的一点，大数据调查和抽样调查的核心区别在于：前者是动态的，后者是静态的。由于成本问题，随机抽样调查很难频繁使用。于是，一个随机抽样调查所形成的结论，其实是静态的，只能说明彼时的一些相关性。当有新的客户（样本）加入时，很难说明过去的相关性是否还能成立，除非能找到真正的排除了各种隐形变量后的因果关系。

大数据调查法还改变了传统的统计调查方式。对于统计学中的异常点，过去的处理方式往往是丢弃，或者是平滑，但在大数据时代，由于样本众多，异常点反而成为宝贵的资源和重点研究对象。传统的统计数据是经过加工的结构化的数据，而在大数据时代，人们更为看重原始数据和非结构化数据，因为经过统计加工的数据是二手数据。

2. 分割

分割即市场细分，是根据客户有关特征的相似程度把客户分成若干个群体，每个群体内部特征非常相似。只有区分出了不同的客户群体，企业才可能有针对性地对不同客户群展开有效的管理及采取差异化的营销手段，提供满足特定需求的产品或服务。

众所周知，在市场竞争异常激烈的今天，企业面对的一个共同问题是如何找到属于自己的消费者。在信息高度碎片化、信息渠道高度碎片化、消费者对外部事物兴趣高度碎片化的数字世界，对于领略"虚拟"和"真实"感受的茫茫人海而言，了解他们的需求是多么不易。在过去市场细分的实际操作中，往往基于传统的人口因素、地理因素、心理因素等细分变量去描述消费群体。这种划分法往往"情景"十分模糊，很难确定各类消费群的清晰边界。在大数据背景下，基于 Hadoop 搭建的云计算平台及大数据挖掘技术能够在海量的、庞杂的、没有规律的客户资料中筛选出对公司有价值的信息。利用数据挖掘的精准细分技术对客户行为模式与客户价值进行准确分析与判断，是市场细分的有效方法。

大数据帮助细分市场更"细"。大数据时代的更多数据、更先进的分析工具，使企业能够从多种不同的维度对消费者进行细分，不仅仅是简单的群体划分，而是真正的个性化细分。如在原有的传统市场调研数据和购物历史数据基础之上，企业可追踪和利用更多数据如网络点击量、浏览记录来更好地细分消费者。

3. 优先

优先是目标市场选择。目标市场选择是指企业评估每个细分市场后，选择一个或多个细分市场。选择目标市场，明确企业要为哪一类用户服务，要满足他们哪一些需求，是企业营销活动的一项重要战略举措。

为什么要选择目标市场？因为并不是所有的细分市场都对企业有吸引力，还因为任何企业都没有足够的资源和能力满足整个市场，所以，企业只能扬长避短，找到有利于本企业内部资源优势发挥的目标市场，不至于在庞大的市场上误打误撞。

传统目标市场选择的一个重要依据是细分市场结构的吸引力。在分析结构吸引力时，业界基本采用波特的五力分析模型：同行业竞争者、潜在进入者、替代产品、购买者和供应商的相互博弈。然而，这种分析方法只是提供了一个定性分析框架，无法准确揭示"五力"的权重配比和内在关联性，以此来阐述市场结构吸引力缺乏足够说服力。

大数据的到来，有可能让我们完全抛弃传统五力模型在目标市场选择上的应用。对未来的预测功能是大数据最重要的价值之一。大数据的特征之一是"寻找看似不相关联的东西之下隐含的相关联的相互关系，而非因果关系"，而这种关系能精准反映出行业的结构状况。另外，大数据的分析着重于"是什么"而不是"为什么"。比如人们可以通过各种相关数据来判断未来将会发生什么，而不去探究这些事情发生的原因。很多时候，我们并不需要知道原因，只要知道会发生什么就足够了。比如我们只要知道业绩增长的趋势就可以了，而不必知道为什么会有这样的趋势。这就是大数据的核心，有足够多的数据，允许数据中存在有误差的数据和不去探寻事件发生的原因而是探寻"会发生什么"。这也为目标市场选择提供了最直接的工具。另外，在目标市场战略选择上，大数据背景下企业只能选择差异性营销战略或者集中性营销战略，而不能选择传统市场环境下的无差异性营销战略。原因在于，在大数据背景下，无差异化营销的同质化市场基础几乎丧失殆尽。

4. 定位

定位就是让品牌在顾客的心智阶段中占据最有利位置，使品牌成为某个类别或某种特性的代表品牌。这样，当顾客产生相关需求时，便会将该品牌作为首选。特劳特认为，在信息爆炸、竞争加剧市场环境中，拥挤的顾客心智中只能为两个品牌留下立足空间。因此，企业只有通过有组织的行为，才有可能有效地去抢占并维护这极其稀缺的生存宝地。如果是无意识定位，即使一时拥有其中一块宝地，也难保不会被其他有意识的竞争者挤出去。并且他认为，要在顾客心智中圈地立足，手段只有一个，就是盯紧竞争对手，捕捉或创造空白区域"我们不能自由选择做什么，必须看竞争对手留下多少空间供我们发挥。"因此，在这个圈地战中，企业制定的策略不再是针对顾客需求，而是针对竞争对手在顾客心智中占有何种定位，拥有何种心智资源，再在这个基础上制定自己的产品、品牌或企业定位。在特劳特的理论中，品牌定位有三种方法，第一种方法是抢先占位，第二种方式是关联定位，第三种方法是为竞争对手重新定位。

无论在传统市场营销环境下，还是在大数据市场营销环境下，定位的宗旨都是一贯的，即为了区隔竞争者。但由于市场环境发生了变化，定位的对象和方式有些不同。大数据环境下，市场分得更细，消费者个性化需求更强烈，所以定位的对象不应该选择过于具体的"产品"（功能、包装等），而应以较为抽象的"品牌"为定位对象，以及在最大数量的消费者心智中占有一席之地。至于定位的方法，不能一概而论。如果企业是先入者，可采取抢先占位方法；如果是跟随者，则可采取关联定位的方法；如果是后来居上者，则可采取重新定位方法。

6.1.3 企业营销策略新内涵

1. 产品

（1）顾客全程参与。

大数据背景下营销模式对企业产品策略的影响主要表现在产品开发和生产上。传统的新产品开发流程往往为:产品设想、构思筛选、概念测试、产品设计、产品试制、产品测试、产品中试、商业推广等。这样的产品开发模式周期冗长,且几乎没有顾客参与。这与大数据背景下消费者个性化、主动化消费行为背道而驰。因此,企业营销应将消费者进一步前置,应从产品概念、产品设计开始就要让消费者充分参与,以在设计产品元素时充分体现消费者个性需求。消费者亲自参与产品设计和开发,有利于增强消费者自我肯定意识,从而提高消费者重复购买意愿和对企业的忠诚度。

(2)产品模块化设计。

模块化设计是指在对一定范围内的不同功能或相同功能不同性能、不同规格的产品进行功能分析的基础上,划分并设计出一系列功能模块,通过模块的选择和组合构成不同的产品,以满足市场的不同需求的设计方法。

产品模块化是适应消费者需求个性化的有效方法。满足消费者的个性需求并不是无限的,任何一个企业都无力也无必要为每个个体量身定制全新产品,即使能够提供,往往也会因为成本太高而抑制需求。通过产品模块化设计,企业可以提供一定数量的标准件,再通过标准件的标准化接口不同搭配,形成独特的个性组合,产生各种不同的产品。这种方法既给顾客一种自我定制的感觉,又使复杂的制造程序得到有效的管理,较好解决了客户个性化需求与厂家规模化生产的矛盾。因此,企业在产品设计时,要尽量实现模块化。模块化设计时,尽量以少量的模块组成尽可能多的产品,并在满足要求的基础上使产品精度更高、性能更稳定、结构更简单、成本更低廉,模块间的联系更简单;尽量使模块系列化,目的在于用有限的产品品种和规格来最大限度又经济合理地满足用户的要求。

2. 价格

(1)差异化定价。

所谓差异化定价,是指企业在提供产品服务时,不是不加区别地对所有客户提供相同的价格,而是综合考虑现实中多种复杂因素,谨慎行使产品价格浮动权,提供不同的有针对性的价格,在满足客户需求的同时,最大限度地提高企业的收益。

消费者关心产品的价格,因为它是产品价值的反映,而消费者对于产品价值的感知又与需求满足程度相关联。大数据背景下,企业模块化设计最大限度地满足消费者个性化需求,同时由模块化思想指导下的非标准化生产也为非标准化定价打下了基础。消费者所购买的产品的价格与其要求的定制化程度相关联,因此,企业完全可以按照客户可以接受的理解价值来定价。

(2)增加无形资产定价权重。

由于消费者全程参与设计、生产,企业的各项成本、费用等价格因素将变得透明,尤其是大众化、没有特色、不能满足消费者个性利益的产品,难以实现合理的溢价。因此,企业要想在定价过程中获得更大的溢价空间,就必须加大无形资产在定价要素中的比例,如专利技术、品牌、商誉等。这些资产符号无法用传统的计量模型来计量,弹性较大。在现代商务环境下，这些资产甚至比有形资产更重要，因此，增加它们的定价权重是合情合理的。

3. 分销

(1)强化网络营销。

大数据产生于终端，依托于网络，营销者通过网络开展营销具有天然的合理性。网络营销的主要优点是交易更为直接、便捷和迅速，产品信息在网络上的自由流动使处于信息网络节点上的生产者和消费者能迅速搜寻所需要的信息并及时做出反馈。顾客的需要能够及时被洞察并予以满足，真正体现了顾客导向的营销哲学。

(2)转变渠道结构。

传统的企业营销模式，大都是中间商负责渠道与终端客户，企业做品牌推广，厂商合力开拓市场。大数据的兴起，大大减少了中间商的数量，企业有更多机会直接面向顾客与消费者。这种企业直接面对消费者的状态削弱了中间商的作用，取而代之的是产销合一的分销模式。随着这种渠道模式的改变，销售渠道策略应从长宽并重转变到以宽为主的模式。同时，企业的市场营销理念也应做出改变，投入更多的力量构建顾客满意服务体系。

4. 促销

(1)互动式社交促销。

无论是在互联网还是移动互联网，人们都有自己的社交圈子。基于互联网本身的交互性平台设计，基于诸如多屏一体终端、商场电子导航系统、多屏拼接播放器和显示器、透明触摸展示柜、3D全息投影显示终端、互动导览立牌等一系列交互性终端设备的开发应用，人们在圈子内和圈子外交往和互动极其频繁。敏锐的企业应该积极创造互动式社交化的软硬条件，主动迎合消费者新的社会心理需求。

目前，消费者花费时间最多的地方就是社交媒体，因此，企业应该树立"消费者即营销者"的理念，以人们更信任自己社交圈子里的亲朋好友为纽带，扩散各种营销方案和内容，深入消费者内心。如利用人际交流网连接线上、线下活动(O2O和LBS)或者与零售相结合开展促销；利用近年来很流行的微信开展促销；注册企业官方微信公众账户，保持日常内容更新，通过内容推送和有奖问答、转发或者推广来吸收更多用户的关注。

(2)精准广告促销。

广告是促销的利器。但传统广告投放有许多弊端：门槛高、投入大。越来越多的企业对大规模投放广告感到力不从心，尤其是被认为对树立企业品牌最有效果的电视广告：针对性差，浪费严重。传统广告是通过买"媒体"来传达诉求，至于有多少人关注过这个"媒体"无从知晓。

美国营销专家菲利普·科特勒说：基于数据库的"窄告"（与"广告"对应）产业必将迅速崛起，并有可能对未来营销产生革命性的影响。科特勒强调了广告针对性的重要性。

在大数据技术支撑的营销模式下，以网络广告为主的促销方式第一次可以实现目标受众明确、投放时间灵活、地域选择自由、投放次数可控等多重目标的统一。以美国为例，人群实

第6章 数据营销

时竞价(RTB)是近年兴起的网络广告交易模式。

RTB 是大数据在网络营销领域最成功的模式和变革,它利用第三方技术手段在数以百万计的网站上对每一个用户的行为进行评估、分析并出价购买。RTB 的出现,改变了网络广告的策划逻辑,即从"媒体"购买向"人群"实时购买的转变,它所带来的基于大数据的实时精准,规避了无效的受众到达,让广告主、消费者和媒体的利益同时得到最大化。

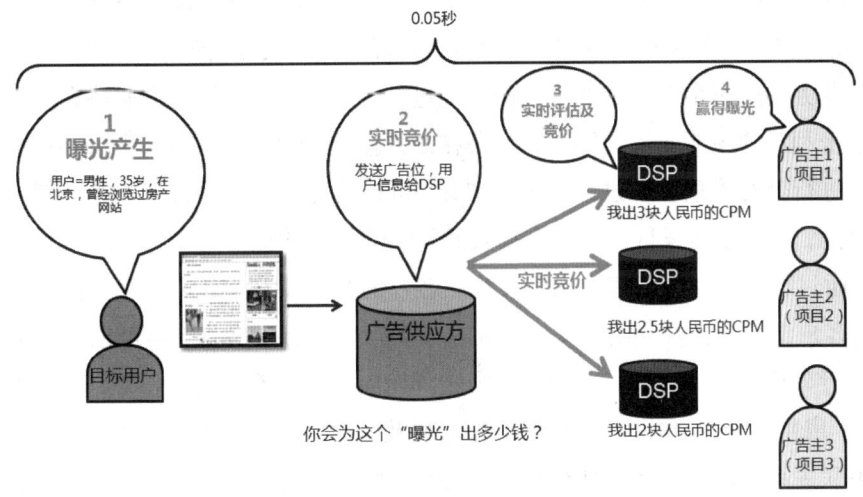

图 6-3 只有目标客户出现,才投放广告

统计表明,欧美数字广告发行商中有 66% 使用 RTB 模式。

目前,国内也有几家数据公司在开发推广精准广告投放系统,因受技术和观念的制约,发展略显滞后,但发展趋势向上。因此,精准广告促销问题应该列入企业营销工作议事日程。

6.2 大数据营销与客户关系管理

大数据运用到客户关系管理,应重点在客户分类管理、通过交叉销售提升客户忠诚度、精准预测潜在流失客户等方面发挥作用,进而改善客户关系管理,提高经营绩效。

图 6-4 精准数据库营销

6.2.1 运用数据库进行客户精准分类

根据全量客户的数据信息,以及精准营销的实际需求,可以多维度对客户进行细分。通常情况下,运用 ACRM 以银行客户关系管理为例,对商业银行的客户从以下几个维度进行细分。

第一,通过客户价值与风险进行客户细分。按照客户的利润贡献(营业收入和利润率)和风险(流失倾向和信用风险)进行细分,对客户带来的存款、贷款、借记卡、信用卡、基金、保险、第三方存管业务的所有个人业务所带来的利润进行合并计算,分析客户所持有产品的数量以及为银行带来利润的主要业务。同时,对潜在的风险进行辨识,将具有同等利润贡献、同等风险的客户进行分类管理。通过客户价值细分,可以研究每一次银行开展客户营销回馈活动的投入产出比,从而提高银行营销成本投入的科学性及有效性。

第二,通过客户行为进行客户细分。按照客户的行为特征(交易次数、交易金额等)进行细分,包括客户汇款金额及频度,资金的流向分析等。通过大数据,还可以将部分文字信息纳入进来进行分析。例如,某客户每月在固定日期向另一位客户转账汇款统一金额,在备注信息中显示"房租",则基本上可以得出汇出汇款及收款人双方是房客与房东的关系的结论。找到这一关联关系,则可以有针对性地推出"租金理财"等专项产品和服务,甚至通过营销将非该行客户(房东)转入该行。此外,每月向同一客户汇款笔数较多、且备注信息栏显示为"货款"的客户,根据其汇款金额大小,基本上可以认定为批发类商户,有针对性地推出汇款优惠套餐,则能够在短期内吸引一大批同类客户。

第三,通过人口统计与心理进行客户细分。按照客户的人口统计属性(包括年龄、收入等)和心理特征(生活方式——年轻职员或退休员工、兴趣——体育爱好者等)进行细分,把握客户在人生的各个阶段的金融需求。当客户还处于求学阶段,银行可以为其提供借记卡、个人网银、手机银行、助学贷款、出国留学贷款等产品;当客户毕业后选择参加工作,银行又可以为其提供信用卡、住房按揭贷款;当客户结婚时,银行则可以为其提供装修分期、旅游分期等产品;当客户生小孩以后,银行则可以提供各类人寿保险等,诸如此类。

通过大数据的有效判别,对客户的年龄收入结构、金融需求进行细分,及时有效跟进细分客户群,做到在合适的时间向合适的客户群销售适合的产品。

第四,通过地理位置进行客户细分。单纯按照客户的地理位置进行细分,将客户分为社区型、园区型、校区型、商贸区型等,其客户需求存在较大差异。在城市化发展进程中,部分城市的高档社区、棚户区形成了鲜明对比,不同区域的客户在金融产品需求、价值贡献等也明显不同,银行在进行营销资源投入时,则可以参照地理位置细分结果实施,节约营销资源,提升营销效果效率。

6.2.2 运用数据资料构建客户忠诚度评价体系

运用大数据关联分析,可以得出客户购买 A 产品后购买 B 产品的概率,同样,运用聚类分析,则可以找出具有类似产品偏好的客户群组,对于每个群组,分析发现群组的产品组合偏好;对群组中那些只购买了部分群组偏好产品的客户,向他推销未购买的偏好产品。从而持续增加客户所持有产品的数量。

基于数据库建立客户忠诚度评价体系,其意义在于把握影响客户忠诚度的关键因素与触点,提供最佳的客户体验,优化产品创新机制,改进营销服务流程,提升综合服务水平,保持和提高核心客户忠诚度,合理配置资源,有效节约成本,提高盈利贡献,逐步过渡到以净推荐值和客户分类标识实施客户忠诚度管理。

构建客户忠诚度计划,需要从对客户忠诚度主要指标的监控和客户流失迹象的捕捉开始,了解客户忠诚度变化状况,分析影响客户忠诚度的主要原因和关键触点,提出产品、服务、流程、营销活动等方面的改进建议,指导和培训基层机构关注关键触点,并实施固化措施。评估忠诚度计划的执行效果和存在问题,结合监控指标的变化情况,进入下一个客户忠诚度管理周期,构建闭环管理体系。

6.2.3 设立考核客户忠诚度评价的量化指标

一是要设立考核客户忠诚度提升指标,而且纳入机构业绩进行评价,提升基层机构对客户忠诚度的重视。客户的流失率越高,则忠诚度越低;客户持有的产品越多,则转换成本越高,忠诚度越高。

二是要设立完善客户忠诚度关注指标,培养基层机构提升客户忠诚度的意识。设立关注指标,可以使客户忠诚度管理的轮廓更加清晰,较为全面地反映客户的各类行为和状态。

6.2.4 运用数据分析强化客户忠诚度提升

客户忠诚度评价体系中,最为突出的指标是客户交叉销售指标,即一个客户同时持有银行产品的个数。客户持有某一银行产品越多,转换其他银行成本越高,客户忠诚度越高。因此提升客户个人产品覆盖率(即交叉销售率),也就能很好地提升客户忠诚度。大数据应用中,关联分析为银行开展交叉销售指明了方向。关联分析,在零售业也称为"购物篮分析",在超市将尿不湿与啤酒摆放在相邻位置能够增加这两款产品的销售,就是典型的"购物篮分析"案例。

一方面,要通过宏观、微观层面,开展客户忠诚度监控工作。宏观方面,监控客户忠诚度变化、分析客户忠诚度的影响因素、确定客户流失迹象捕捉规则和模型,提供固化措施的指导意见。微观方面,通过固化措施,在早、中、晚不同阶段挽留客户,提升客户忠诚度;通过固化措施，在客户体验的关键触点提升服务质量；将以客户为中心的提升机制制度化，通过考核、组织调整来不断完善。

另一方面，要持续挖掘客户关联模型，从存量客户中挖掘销售机会，巩固客户基础。根据关联分析模型，筛选出某产品销售达成率较高的客户群，按照客户需求顺序，创新组合各类产品，依次向客户进行推荐。

运用大数据提升客户忠诚度，模型建立的关键是如何发现产品之间的关联？如何根据产品关联设计产品组合？如何根据产品特征设置目标客户群体？如何将产品分类与细分市场策略匹配？据此才能建立全面的产品组合管理流程，结合客户群体细分，设计与客户特征匹配的产品组合，建立细化的产品管理工作绩效考核体系。

在具体的实施过程中，可以搭建客户关系管理数据综合运用平台，对客户基础数据进行采集和清洗，不断完善展现平台数据库数据内容实现数据展现的有效平衡。建立客户流失迹象采集机制，实施客户精准的营销策略、建立客户维护固化措施。

6.3　电商企业大数据营销应用问题的原因及建议

大数据营销重视从海量数据中挖掘相关性、重视营销对象的行为属性、重视营销效果的精准性，为电商企业营销模式转型提供了机遇。但我国电商企业的大数据营销面临着基础数据获取途径有限、数据杂乱且处理能力较低、缺乏商业思维等困境，提升大数据处理技术、提高精准营销的效果、增强数据隐私防卫是突破这些困境的优化策略。

1. 电商企业大数据营销应用问题的产生原因

同阿里巴巴一样，我国电子商务企业在大数据营销应用方面也存在诸如数据质量较低、营销效果不明显等问题，此外，对于大多数中小型电商企业，基础数据的匮乏也使得其大数据营销应用发展存在瓶颈。分析大数据营销应用问题的产生原因，将有助于为其发展提供改善建议。

（1）基础数据获取途径有限。

对于现已形成的电商巨鳄来说，获取大数据并非难事。阿里就具备了独特的优势，尤其以电商数据最为突出，以淘宝、天猫等平台为例，阿里可获得用户在平台上浏览、搜索、点击、收藏和购买等数据，也涵盖了支付等深度的交易链条，这其中每一个节点都会产生大量数据。而腾讯则拥有着突出的社交数据以及游戏数据，集结着各种用户行为和娱乐数据。百度作为中国最大的搜索引擎，直接反映着用户的兴趣和需求，储存着大量以非结构化数据为主的用户搜索关键词、图片、视频数据等信息。如下表所示：

表 6-1　　　　　　　　　　电商企业的大数据来源途径

	百度	阿里巴巴	腾讯
电商数据		淘宝、天猫、阿里巴巴	拍拍、京东
支付数据		支付宝	财付通
交友数据		旺旺、往来	QQ、微信
社区数据	贴吧		QQ 空间
新闻资讯	百度新闻		腾讯网
视频数据	爱奇艺	优酷	腾讯视频
浏览器数据	百度浏览器	淘宝浏览器	搜狗浏览器、QQ 浏览器
搜索数据	百度搜索	一淘	搜狗搜索、SOSO
游戏数据	百度游戏	阿里游戏	腾讯游戏
音乐数据	百度音乐	虾米音乐网	QQ 音乐
旅游数据	百度旅游、去哪儿	穷游网	携程网
地图数据	百度地图	高德地图	腾讯地图
ID 数据	百度账号	淘宝账号	QQ 账号

然而对于大多数中小型电商，甚至是线下企业，其大数据资源并不丰裕，更难以利用其进行营销活动，大数据营销甚至还未起步，因此在基础数据的获取上仍然存在瓶颈问题。

(2) 数据杂乱且处理能力较低。

大数据的搜集是基础步骤，然而杂乱、缺失或者是前文提到的虚假数据会使得大数据营销缺乏可行性。在电子商务企业，数据包含的信息可能分布在市场营销部门、财务部门、销售部门或者客服服务部门，同时有些数据有可能分布在提供商、其他电商网站、未归档的呼叫中心对话录音以及合作伙伴的部分网页活动数据日志中。雪上加霜的是当前大部分信息管理系统都无法直接胜任处理这一庞大数据源的工作，并且无法进行高级分析，旧系统越来越难满足业务需求。尽管目前有一些公司在内部利用大数据提供和建立符合公司业务战略、更有价值的客户互动战略，但这部分企业仍然是少之又少。杂乱无序的数据、纷杂的技术与渠道使大多数电商企业营销人员陷入困境。

(3) 大数据营销缺乏商业思维。

毋庸置疑，利用大数据营销这一更加科学的现代营销技术有助于推动销售。然而光靠技术并不能达到最完美的效果。大数据营销无法脱离营销本身，营销人员需要保持科学与艺术的高度融合。目前很多电商企业仍停留在储存数据的阶段，有的工作人员甚至并不知道自己储存的数据到底有何用处。对于大多数数据专家而言，在提取数据、分析数据、预测模型等工作中如果不能融入商业思维，那么其分析得出的结论自然也就无益于企业的营销。据调查显示，有三分之一的公司表示在大数据营销应用中，缺乏相关经验是他们所面临的最大挑战，紧接着是商业技能不足，缺乏具备技术能力与商业思维的综合性人才。大数据营销的真正发展需要数据科学家们逐渐培养商业思维。

（4）政策规范与企业责任意识的缺失。

大数据营销以分析用户行为为基础，电商企业在大数据应用上必定会触碰到用户的隐私问题，但随着大数据分析的日益精确，个人隐私保护和数据安全变得非常紧迫。首先在政府政策方面，以往建立在"目的明确、实现同意、使用限制"等原则之上的个人信息保护制度，在大数据场景下变得越来越难以操作，随着技术的推进，以往并非 PII（Personally Identifiable Information）的数据也可能会成为 PII，使得保护范围变得模糊。而我国个人信息保护、数据跨境流动等方面的法律法规尚不健全，这就为大数据营销的数据安全问题埋下隐患。此外，由于没有适时且严格的法律规范，电商企业在保护用户隐私方面的意识逐渐淡薄，在分析用户行为数据的同时也造成了对用户隐私的侵犯。

2. 电商企业大数据营销应用的发展建议

虽然大数据营销有诸多好处，但凡事有利有弊，对于不同企业，大数据的利用情况不同，大数据营销做得好，可以为企业带来丰厚利润和有利的发展前景，做不好，会造成资源的浪费，成本的提高。而且大数据营销目前还处于初步发展阶段，技术、安全要求等方面尚不成熟，大数据营销呈现出多方面的问题。本章将以阿里巴巴大数据营销为案例背景，结合大数据营销可能存在的问题，提出一些相应的解决途径。

（1）基础数据的获取。

一是社交媒体。社交媒体又称社会化媒体，是人们彼此之间用来分享意见、见解、经验和观点的工具和平台，现阶段主要包括社交网站如人人、豆瓣、知乎，还有微博、微信、论坛等。社交媒体记录和反映着人们的生活，传播的信息是人们浏览互联网的重要内容，传递着巨大能量。因此，与社交媒体的合作可以帮助企业获得更多外部数据资源，了解消费者的喜好，分析市场潮流。同时，直接利用社交媒体平台进行营销也可成功吸引更多消费者。目前，很多企业已经成功实现了微博和微信营销。

二是利用大数据产品。对于中小电商而言，依靠自身进行大数据营销的力量有限，此时，可借助大平台下的大数据产品促进企业营销的准确化。阿里巴巴旗下的"聚石塔"数据产品可为电商商家进行数据备份、推送、加速处理订单等数据处理服务。中小电商可以利用聚石塔享受虚拟主机及云数据库等基础云技术、数据推送、数据集成等云端服务，未来还可享受强大的物流、订单、账户权限等开放与升级。除了阿里巴巴，还有很多企业现已开始大数据的开发利用，为各行商家提供各种大数据分析业务，这其中包括像 IBM、谷歌等传统大企业，也包括很多初创企业。

（2）数据质量的提升。

拥有海量的基础数据信息远远不够，如果不能够合理地利用这些数据，提升数据价值，大数据战略等于空谈，因此数据化运营是电商的核心，而如何提供大数据的利用价值，使其更好的为企业营销服务，需要从数据加工与人才建设两方面入手。

首先，要具备雄厚的数据加工处理能力。数据的有效加工和处理是企业开展大数据营销的重要工具。阿里的 IT 团队实现了具有自己知识产权的技术架构。阿里巴巴自主研发的海量数据离线处理服务 ODPS 能够随需扩展、处理海量数据，主要应用于数据分析、海量数据统计、数据挖掘以及商业智能等领域。阿里金融、淘宝指数、数据魔方等关键业务数据也都运行在 ODPS 上。同时，阿里云作为阿里的核心技术平台，拥有多达 5000 台以上的服务器规模，同时向开发者和用户提供云端服务以及第三方网站、应用、硬件和用户的数据收集工作。对于中小企业而言，通过自主研发或借鉴大型企业大数据分析工具建立完善的数据处理系统，将为大数据营销之路创造有力保障。

其次，要发展具备数据分析和敏锐市场洞察的综合素质人才。根据麦肯锡全球学院发布的一份报告显示，未来仅美国市场拥有深度数据分析能力的专业人士缺口已达到 14 万~19 万。今后，数据专家将是由企业不可或缺的人士组成。Google 就将其称为数据科学家，在国外这种人才通常拥有很强的专业背景和 5 年以上的研究经验，有很过硬的技术积累，而国内从事大数据分析的人员通常是刚刚接触这一领域。因此，企业若致力于发展大数据应用，应立足于创造良好的环境，建立大数据人才发展机制，有意识地培养人才。此外，在加强专业技术的同时，也要注重商业思维的培养。营销人员与数据专家的真正融合，将推动企业的长远发展。如果数据分析师缺乏商业意识，那么公司就成了"盲人"，分析师不知道该使用怎样的逻辑去分析数据，而公司的决策层也得不到任何有价值的意见。

（3）营销效果的提高。

大数据营销有千般好处，但是由于目前大数据营销还在起步，很多企业的营销收效甚微，消费者在进行消费选择时仍然不知如何区分、无法抉择，很多广告推送其实并不能满足自身需求，并且也因此对推送信息产生厌恶情绪，直接影响品牌形象。大数据的使用最终应该有助于企业经营活动，因此，大数据营销需要不断增强营销效果。

把握关键时刻，确保营销及时性。

企业应该根据对消费者行为和生活的扫描，发现公众的消费关键时刻，并做出及时、准确的判断，为消费者提供购买方案。例如，目前随着大众旅游活动的日益增加，越来越多的网友开始利用 PC 端、移动端进行旅游检索、寻找旅游路径、查看酒店及周边美食。企业就可利用这些消费关键时刻，在用户做出最终消费决策前，抢占先机，此时对消费者施加影响就完全有可能改变他们的消费路径。

创造潜在需求。

在对消费者行为进行分析时，也可利用其已完成的消费项目、消费习惯，进行预测。在用户已经购买过某项产品后，不应再继续为其推送该产品，而这确实是很多电商企业的通病，为有效利用取得消费数据，企业可以想起推荐相关互补产品，或根据该商品的其他消费者购买习惯进行进一步推送，从而创造潜在需求。

以用户体验为主,提升用户体验。

把握营销的及时性,并不意味着可以随意影响用户的正常工作和生活,不能仅仅追求消息的"及时"性而影响了用户体验。例如,一些新闻媒体,在上下班时间推送新闻供读者阅读,有效提高阅读率,提升传播质量。此外,企业在执行营销策略时,也要充分考虑到用户的参与体验,认识到用户口碑传播的关键,以用户为引导,刺激用户对产品进行二级传播。

(4)数据安全的增强。

大数据营销存在的一个很大的问题就是个人隐私。企业对用户的互联网使用痕迹进行留存,使得个人信息不可避免地被暴露和统计,企业采集这些信息是否对消费者的个人隐私造成侵害,是否践踏了消费者的个人空间,是否合法,如何保障每个人的隐私,是大数据处理需要面对的一个重要问题。

即使用户同意企业对个人信息的使用,但企业也要保证用户信息不被窃取。然而当企业运营数据、客户信息、个人的隐私和各种行为的详细记录都被集中在一处时,数据泄露的风险也会随之增大,其产生的损失也难以估量。电商企业要充分做好应对准备,防止数据在云端上的泄露和篡改。

为提升大数据营销中的数据安全,必须从国家、企业和用户个人层层抓取,做好完善的应对工作。就国家而言,应加快大数据产业引导政策的出台。对企业如何保护、使用收集来的个人隐私数据做出明确规定,建立严格的问责机制,加大涉事企业的处罚力度;同时完善用户自身权利,要求企业尊重用户对数据的准入权、删除修改权等。就企业而言,应加强大数据保护,建立专业、技术性能高的大数据处理分析系统,有效防止不法分子入侵盗取信息数据。就用户个人而言,应树立数据安全意识,维护个人权利,确保个人信息得到合法利用。

目前,大数据营销仍然暴露出诸多弊端,但随着对其理解的全面加深,这些问题会不断完善,未来大数据营销将成为企业经营活动的主流方式。

6.4 相关案例

大数据时代下的微信营销价值

微信是移动互联网时代下的新兴社交媒体平台,拥有超过 5 亿的超大用户群,并且用户数依然呈现快速上升的趋势;在大数据和云计算技术日渐成熟的今天,微信必将焕发出巨大的数据活力,微信的营销价值必将水涨船高。

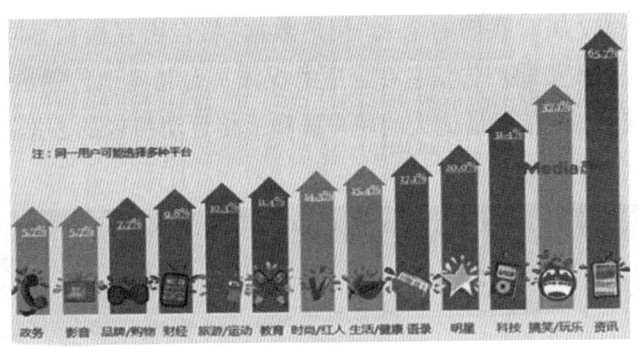

图 6-5　2013 年微信公众平台类型分布

6.4.1 势在必行的微信数据营销价值

1. 微信平台的强连带关系和多功能性

微信是新一代支持发送语音短信、视频、图片和文字的即时通讯社交平台。通过通讯录、QQ 好友和搜索附近的人等功能使用户之间形成一种强连带关系，由于同属于一个团体且彼此间交叉互动频繁，讯息的流通十分迅速，用户黏性较强；同时微信利用公众账号的开通、邀请黄晓明等明星加盟，增加了微信的开放性和用户活跃度，这也拓展了微信用户的广度。微信的多功能性则体现了微信对生活的触及，也大大增强了微信数据的深度和价值。微信通过设置扫一扫、摇一摇、游戏中心、微信支付、公众账号、我的收藏、绑定邮箱、腾讯新闻、发送地址等功能，把微信打造成一个自媒体生态链条，使用户可以在微信上完成资讯、社交、娱乐、购物等生活需要，这就大大增加了微信对用户碎片化的生活空间的触及，有效提升了微信的数据价值。

2. 消费者生活方式的变化

用户是微信数据营销价值的来源，只有顺应大数据时代下的发展趋势，将消费者在移动媒介下所产生的碎片化数据进行重新整合，才能实现微信真正的数据营销价值。当下人们的生活方式有了较大改变：一是人们对待消费品的态度由"求"变成"淘"，更加注重寻找的过程；二是信息传递行为发生转变，年轻人更倾向于分享当下的状态、心情；三是在自我表现行为上有所变化，人们更热衷于展现自己的个性，对待"时尚""前卫"的态度也由"求同"转向"求异"。面对当下人们日益分散化、多元化、差异化的生活方式，消费者的需求心理和购买行为越来越让商家捉摸不透，这就更需要对消费者的生活方式、消费模式、心理变化等数据进行挖掘、分析、整合，从而实现精准化的分众化营销。

3. 新媒介环境

随着我国 4G 网络进程的加快，网络传输的能力将进一步加强；并且在智能手机、网络电视、平板电脑以及多种形式的智能终端迅速普及下，"一用户多平台"的势头将愈演愈烈；在我们逐步进入以大数据和云计算为支撑的 Web3.0 时代背景下，跨媒体、跨平台的网络融合将重塑我们的网络环境,届时我们的个人"用户数据"将自由穿梭在不同媒体、不同平台上,这就要求广告主和营销人员将广告信息在合适的媒体平台精确地传递给有需求的目标受众。在这种网络生态系统下,微信凭借庞大的用户群和最接近消费者的数据采集,将在大数据营销时代背景下发挥巨大的营销价值。

图6-6　2013年11月18日微信合作伙伴沟通会

6.4.1 微信的数据营销价值剖析和前景展望

微信是智能手机发展的产物,凭借发布信息的即时性、无编辑和分享性,迎合了现代人群碎片化的情感表达方式和快节奏、快消费的生活状态,这种方便性和即时性为微信数据的开发注入了时效性和真实性的血液,使微信更容易获得消费者的第一手数据。

朋友圈是微信用户最活跃的互动平台,通过对各种类型的"关键词""产品名称"等词汇进行编码,建立消费者行为和心理数据分析模型,在不侵犯消费者用户隐私的前提下,对用户发表的言论、心情等进行数据提炼。扫描二维码、封面和街景功能可以很好地对消费者浏览过的商品进行数据分析,建立差异化的用户数据管理平台;微信支付功能则产生了消费者的购买数据,为消费者购买行为分析提供依据。"我的收藏"功能则是用户对自己感到有价值的事物的一种珍藏,可以借此对用户消费观和价值观进行深度剖析。公众账号则是用户对喜欢的产品和品牌的一种关注,可以凭借数据有效建立品牌和受众管理模型。

微信的数据营销也呈现两种趋势:

一是对数据整合归纳、分析研究,通过对用户数据的统计分析,对当下人们的生活方式、购买行为、消费心理、消费文化等进行动态监测、预测评估,为企业产品开发和经营战略提供数据依据;

二是加强与其他网络媒体平台融合,打通全网数据,深挖微信在分众化营销背景下的海量数据优势，为企业进行精准化的广告营销提供数据支持，从而真正发挥微信在大数据时代下的营销价值。

总之，微信拥有超过5亿的用户群，通过对用户"什么时间""什么地点""做了什么"进行数据整合，构建大型数据库，对其平台上的数据进行深度剖析，形成微信独特的数据营销价值。

 课内思考题

1. 大数据的含义是什么？
2. 结合具体实例，说明大数据与大数据营销之间的关系。
3. 大数据营销的特点是什么？

第7章　电子商务物流

※ **课程导入**

随着网络购物交易规模的不断扩大和企业规模的快速发展，人们对电子商务物流的要求越来越高。电子商务作为一种新的数字化商务方式，代表未来的贸易、消费和服务方式，因此，要完善整体商务环境，就需要打破原有工业的传统体系，发展建立以商品代理和配送为主要特征，物流、商流、信息流有机结合的社会化物流配送体系。电子商务物流的概念是伴随电子商务技术和社会需求的发展而出现的，它是电子商务真正的经济价值实现不可或缺的重要组成部分。

※ **学习目标**

➢ 掌握电子商务物流的概念
➢ 掌握电子商务与物流配送的关系
➢ 了解我国电子商务物流发展的现状及对策
➢ 深刻体会电子商务物流最后一公里配送

※ **相关知识**

随着网络通信和信息技术的飞速发展，电子商务作为一种新型的商业运作模式正逐渐渗透到人们生活的各个方面。它从多方面动摇了传统企业经营和营销理论的根基，也改变了企业外部经营和购销的实务操作模式。物流配送是实现电子商务的关键环节，它决定着电子商务的发展水平。因此，研究电子商务环境下的企业物流配送系统及其管理对于企业的成败具有十分重要的意义。

7.1 物流配送

配送是现代物流发展的产物，也是市场竞争的产物。企业受利润、市场份额的驱动急需寻找一种方法来提高其送货服务水平，降低送货成本，扩大自己的市场。随着物流学的诞生，配送这个新事物一出现就立刻引起企业的关注。于是，便出现了合理的货物配备、车辆调配、路线规划、配装及送达等新的内涵，它们的进一步延伸就形成了现代社会的配送。

配送业务与运输、仓储、装卸搬运、流通加工、包装和物流信息处理融为一体，构成了物流系统的功能体系。国内外对物流系统内各个环节的特点以及相互之间的关系进行了比较深入的研究，并取得许多成果。由于物流系统包含的内容十分丰富，因此研究方向也十分广泛。

运输的任务是对物资进行较长距离的空间移动。物流部门通过运输解决物资在生产地点和需求地点之间的空间距离问题，从而创造商品的空间效益，实现其使用价值，以满足社会需要。在运输方面，人们致力于减少运输成本，通过建立符合实际的数学模型对相应的问题进行描述，采用适当的算法进行求解。

配送是由运输派生出来的功能，是一种先进合理的社会化流通体制和高效综合的现代化物流方式，几乎包括了物流的所有职能。在某种程度上讲，配送是特定范围内物流全部活动的体现。配送中心是物流系统中的一种多功能、集约化的、专门从事配送工作的物流据点，是现代物流的一种先进的货物配送组织形式。配送的成功是整个物流系统成功的关键。

7.1.1 物流配送的概念及功能要素

虽然配送是由运输派生出来的功能，但是随着配送的发展，它包括了物流的所有职能，成为物流的一个缩影，体现了物流、资金流和信息流的集成。从配送的发展趋势来看，物流、资金流和信息流越来越紧密地结合是配送职能发挥的重要保障。配送的概念可描述如下：配送是按客户的订货要求，以现代送货形式，在物流据点进行分货、配货作业，并将配好的货物合理送交用户，实现资源最终配置的物流活动。

与运输相比，配送是根据客户订货的要求，在货物集结地的配送中心按照货物种类、规格、品种搭配、数量、时间、送货地点等要求，进行分拣、配货、装卸、车辆调度和路线安排等一系列作业，最终将货物运送给客户的一种特殊的送货形式。与一般的送货不同，配送是以客户为出发点的，客户处于主导地位，真正体现了"用户第一"的观念。此外，配送也不仅仅是送货，还包括分拣、配货和调度车辆等作业，有着不同于传统送货的现代特征。

发达的商品经济、现代的运输工具和高水平的经营管理是配送的前提，但配送系统的成功建立和完善还必须依赖现代信息技术的应用。配送有利于改进和加快流通速度，使零售环节实现低库存甚至零库存，降低供货的缺货率，从而提高物流效率，降低物流费用。作为物流系统的终端，配送直接面对服务对象，配送功能完成的质量及其达到的服务水平，直观而具体地体现了物流系统所能达到的质量水平。

正因为配送几乎涵盖了物流的所有功能，而且很容易受到环境变化的影响，具有很强的随机性，所以，配送需要更强有力的管理与控制，配送业务的运作需要更高的理论和技术水平的支持。

物流配送功能要素包括备货、储存、分拣及配货、配装、配送运输、送达服务和配送加工。

(1) 备货。

备货是配送的准备工作或基础工作，包括准备货源、订货或购货、集货、进货及有关的质量检查、结算、交接等。配送的优势之一，就是可以集中用户的需求进行一定规模的备货。备货是决定配送成败的初期工作，如果备货成本太高，会大大降低配送的效益。

(2) 储存。

配送储存有储备和暂存两种形态。储备是按一定时期的配送经营要求，形成的对配送的资源保证，可在配送中心附近单独设立仓库。这种类型的储备数量较大，储备结构也较完善，使货源及到货情况，可以有计划地确定周转储备和保险储备的数量。

另一种储存形态是暂存，是具体执行配送时，按分拣配货要求，在理货场地内暂时地存储少量货物。由于总体储存效益取决于储存总量，所以，这部分暂存数量只会对工作方便与否造成影响，而不会影响储存的总效益，因而在数量上控制并不严格。

(3) 分拣及配货。

分拣及配货是配送不同于其他物流作业环节的特有功能要素，也是配送成败的一项重要工作。分拣及配货是实现送货的准备性工作，是不同配送企业在送货时进行竞争和提高自身经济效益的必然延伸，所以，也可以说是送货向高级形式发展的必然要求。有了分拣及配货就会大大提高送货服务水平，所以，分拣及配货是决定整个配送系统水平的关键要素。

(4) 配装。

在单个用户配送数量不能达到车辆的有效载运负荷时，就存在如何集中不同用户的配送货物，进行搭配装载以充分利用运能、运力的问题。和一般送货不同之处在于，通过配装送货可以大大提高配送水平及降低送货成本。所以，配装也是配送系统中有现代特点的功能要素，也是现代配送区别于传统送货的改进之处。

(5) 配送运输。

配送运输属于运输中的末端运输，它和一般运输形态主要区别在于配送运输是较短距离、较小规模、较高成本的运输形式，一般使用汽车作为运输工具。

(6) 送达服务。

配好的货运输到用户还不算配送工作的完结，这是因为送达货和用户接货往往还会出现不协调，使配送前功尽弃。因此，要圆满地实现运抵货物的交接，并有效地、方便地处理相关手续并完成结算，还应讲究卸货地点、卸货方式等。送达服务也是配送独具的特殊性服务。

(7) 配送加工。

配送加工这一功能要素虽不具有普遍性，但是往往是有重要作用的一个功能要素。主要原因是通过配送加工，可以大大提高用户的满意程度。配送加工是流通加工的一种，但配送加工有它不同于一般流通加工的特点，即配送加工一般只取决于用户要求，其加工的目的较为单一。

7.1.2 配送模式的分类

配送作为一种现代流通组织形式，由于配送者、管理主体、配送对象、服务对象，以及流通环境的不同，配送可以按不同的标准进行以下不同分类。

1. 基于数量和时间差别的配送模式

(1) 定量配送模式。

定量配送是指在一定的时间范围内，配送方按照规定的批量配送货物的一种配送方式。这种配送方式的最大特点是配送的货物数量是固定的，备货较为简单。定量配送方式可以将不同客户的货物拼装成整车，充分利用某些固定的运输容器如托盘、集装箱和车辆等，并且方便了运输工具的合理调度，提高了配送的作业效率。但由于送货的时间不定，客户需要备有一定数量的安全库存以防止缺货。

(2) 定时配送模式。

定时配送模式是配送方按照合同中规定的时间为客户准时、固定地配送货物。每次配送的货物的品种和数量可以预先计划，也可以根据客户的需要进行临时调整。由于这种模式下的配送时间是固定的，供需双方都便于制订计划和安排发货和接货，但如果配送的数量和品种临时发生变化，将会给配送方带来极大不便，也会给配送作业带来困难。常见的定时配送模式有日配送和准时看板配送。

(3) 定时、定量配送模式。

定时、定量配送是按照与客户商定的时间和规定的数量配送货物的运作方式，兼有定时配送和定量配送的优点。定时、定量配送对配送方的要求比较严格，作业难度较大，没有一定的实力和能力是无法胜任的。由于这种形式配送的时间和数量都有严格规定，准确性高，因此，它适用于生产和销售稳定、产品批量较大的生产制造企业和大型连锁商场的配送。

(4) 定时、定路线配送模式。

定时、定路线配送类似于公交车辆运行，通过对客户需求和分布状况的分析，设计合理的配送路线，按照运行时刻表，沿着规定的运行线路进行配送。在这种配送模式下，客户须提前提出供货的品种和数量，并按规定的时间和站点接货。定时、定路线配送适用于消费者集中的地区，并且配送的品种、数量不能太多。

(5) 即时配送模式。

即时配送模式，顾名思义就是完全按照客户提出的配送时间和货物品种、数量进行配送，是一种灵活性很高的应急配送方式。由于其严格的条件，只有那些配送设备完善、有较高的服务管理水平以及较强的组合和应变能力的专业配送组织能胜任这种配送模式。由于即时配送是完全按客户要求运行的，所以能使客户压缩自己的库存，实现"零库存"管理。

2. 基于不同企业业务关系的配送模式

（1）专业化配送模式。

专业化配送模式是根据产品的性质将其分类，由各专业配送企业分别、独立地进行配送。这种模式的优点是可以充分发挥各专业企业的优势，合理配备配送机械、车辆，并能制订适用合理的工艺流程、以提高配送效率。诸如小机电产品配送、金属材料配送、燃料配送、水泥、木材、化工产品配送、生鲜食品配送、成衣配送等都属于专业化配送。

（2）综合配送模式。

综合配送是指将若干相关的产品汇集到一个配送据点，由某一个专业组织进行的配送。综合配送可以为客户提供比较全面的服务，减轻客户的负担，使客户能很快备齐所需要的各种物资。但综合配送对于那些性状差别很大、关联不密切的产品就不是很适用，具有一定的局限性。

3. 基于不同管理主体的配送模式

（1）连锁企业自有的配送模式

连锁企业常常要对超过的产品实行中央采购制度，由总部采购或者授权的配送中心负责大部分商品的采购，商品的引入与淘汰、价格的制定与促销计划也完全由连锁企业总部统一规划实施，这就是连锁企业自有的配送模式。这种配送模式的核心是要解决连锁企业的采购、库存和配送等问题。连锁企业要使用这种模式，必须有良好的信息流通方式，使各分店的信息能及时、准确、分门别类地汇总到总部，而总部能据此做出良好的判断。

（2）社会化配送模式

社会化配送模式是客户充分利用社会化配送的能力和服务，将所需要货物的采购、储存、分拣、配货、包装、送货等一系列具体的配送业务全部交由社会上专业配送中心来完成的配送模式。该模式必须是在物流和配送业务都达到了一定的社会化水平之后才能实行，它与第三方物流配送服务是分不开的。配送方需要有现代化的物流与配送设施，高水平的配送管理信息系统。同时，这种模式的配送也使货主企业充分享受到灵活性和客户化的服务，而把精力集中到核心业务上。

（3）共同配送模式

共同配送是为了提高物流效益，一些配送企业之间为了实现配送合理化，以互惠互利的原则，互相提供便利的配送服务的协作型配送模式。共同配送主要采用多家企业联合设置配送场地，交叉利用他方的配送中心和机械设备，集中人力、物力开展配送。

除了按上述标准对配送活动进行分类外，还可以按照配送商品的种类和数量将配送分为单品种大批量配送、多品种少批量配送、配套成套配送。按加工程度的不同可以分为加工配送和集疏配送等。

7.1.3 国内外物流配送发展现状

配送的雏形最早出现于 20 世纪 60 年代初期,在这个时期,物流运动中单一的送货作业开始向备货、送货一体化方向发展。初期的配送只是一种偶然的、单一性的活动,范围小,规模也不大,企业开展配送活动的主要目的是为了促进产品销售和提高市场占有率。由此可见,这时的配送主要是以促销手段的职能来发挥其作用的。20 世纪 60 年代中后期,在发达国家,随着经济发展速度的逐步加快,以及货运量的急剧增加和市场竞争的日趋激烈,配送取得了进一步的发展。

1. 美国物流配送的发展现状

从 20 世纪 60 年代起,商品配送的合理化在美国普遍开始得到重视。为了在流通领域产生效益,美国企业采取了以下措施:一是将老式的仓库改为配送中心;二是引进电脑管理网络,对装卸、搬运、保管实行标准化操作,提高作业效率;三是连锁店共同组建配送中心,促进连锁店效益的增长。美国连锁店的配送中心有多种,主要有批发型、零售型和仓储型三种类型。批发型配送中心主要靠计算机管理。业务部通过计算机获取会员店的订货信息,及时向生产厂家和储运部发出订货指示单,如美国加州食品批发配送中心。零售型配送中心一般为某零售商独资兴建,专为本公司的连锁店按时提供商品,确保各店稳定经营。以美国沃尔玛商品公司的配送中心为典型,仓储型配送中心的主要任务是接受独立杂货商联盟的委托业务,为该联盟在该地区的若干家加盟店负责商品配送。美国福来明公司的食品配送中心是典型的仓储式配送中心。美国的配送中心的经营具有服务质量高、配送价格合理和作业成本低等特点,代表全球最发达的物流配送水平。美国依靠其雄厚的经济实力和深厚的物流理论专长,将物流配送实施全球化战略,在不同地区形成了以美国为中心的自由贸易区。

2. 日本物流配送的发展现状

20 世纪 60 年代以后,日本政府为了提高物流效率、促进经济发展,采取了许多措施扶持企业进行物流设施建设,包括制定相关物流法律、法规、统一规划城市中的仓储设施建设,颁布倡导革新物流技术、更新物流设施的优惠政策。同时企业在建设物流基础设施的同时,也积极探索物流系统化、规范化的可行性理论和方法。日本的物流配送具有以下特点:第一,政府规划在现代物流配送发展过程中具有重要作用。第二,分销渠道发达。为保证有效地供应商品,日本的许多物流公司对原有的分销渠道进行合理化改造,更好地做到与上游或下游公司的分销一体化。第三,物流配送体现出共同化、混合装载化的趋势。共同化、混合装载化的商品配送使原来按照不同生产厂、不同商品种类划分的分散的商品物流,转变为将不同厂家的产品和不同种类的商品混合起来运送的聚合的商品物流,从而得以发挥商品物流配送的规模经济效益,大大提高了运货车辆的装载率。第四,频繁、小批量进货。日本物流配送企业的很大一部分服务需求来自便利店,便利店依靠的是小批量的频繁进货,只有利用先进的物流系统才有可能发展连锁便利店,因为它使小批量的频繁进货得以实现。第五,合作型物流配送。在日本，生产企业、零售企业与综合商社、第三方物流公司之间基本上都存在一种长期的物流合作关系，这种合作关系还随着日本工业生产的国际化延伸到国外。日本依靠高新技术构造了日本物流业的无纸化和无人化发展趋势，使物流配送与自动化、计算机化紧密结合在一起。

3. 我国台湾物流配送的发展现状

从 20 世纪 80 年代开始，台湾地区努力创造自己的"本土化物流"，相关企业认为"自动化"不一定适应台湾地区的物流产业发展。台湾在经济实力上没有美国、日本等发达国家强大，中小企业的物流量占多少以上，且资金有限，劳动力价格相对美国、日本较为低廉，引进技术必须考虑企业的财力规模、土地成本、建筑成本、设备成本等条件。因此，台湾地区没有完全照搬美国和日本的发展经验，而是在运作方法、经营理念上融合这些国家现代化的物流经验，根据自己的需求，尽量完善自己的物流薄弱环节。台湾地区的配送中心多为中小规模、平房仓库，并采用适合本地区特点的设施设备，其配送中心大致可以分为专业型配送中心和批发型配送中心。台湾物流企业追求"合理化"物流配送。配送中心大多分布在交通发达的地方，这让它们能最大限度地利用现有物流设施，降低成本，同时能实现物流作业的系统管理。此外，台湾地区的物流企业大多实行共同配送，并以"服务品质"作为企业生存和发展的标志。目前，台湾的物流配送发展趋势是从整合到聚集，在物流配送的发展初期，企业是凭借自身力量与外部竞争；在发展阶段，则是通过若干企业间的互助合作与其他企业竞争；在联合阶段，则是通过资源共享的结盟来与其他企业竞争。也就是使自己的竞争对手通过聚集成为自己的一部分。这样就达到了高层次竞争的阶段，即通过提供有差异的服务进行竞争，而并非仅通过硬件进行竞争。

4. 我国大陆地区物流配送的发展现状

大陆地区的物流配送在政府积极推动和借鉴国外先进经验的基础上，取得了长足的进步，但由于发展时间短暂，与发达国家还有很大差距。近年来，我国物流配送发展出现了积极趋势，主要体现在以下几个方面：

(1) 以境内的"三资企业"、新兴的中小企业、部分国有大型企业为需求主体的物流配送市场需求相当大。21 世纪初，我国物流系统配送额已达到亿元左右，到"十一五"初已达到亿元，但绝大部分的配送需求量仅限于少数发达地区的非常有限的领域，如上海、天津的配煤。绝大多数的物流专业化配送尚未形成，物流配送市场需求的潜力相当可观。

(2) 在生活资料领域和生产资料领域出现了各具特色的不同类型的现代物流配送服务供给企业。一些传统的流通企业，包括运输和仓储业通过改造成为物流企业，如中远集团、中外运集团和中储集团等一些国有商业批发企业和大型零售企业正在积极探索和尝试开展社会化物流配送服务。一些生产企业开始介入现代物流，如青岛海尔集团。一批专业化的物流企业得到较快发展，物流配送的社会化、专业化发展趋势日益明显，如深圳中海物流都是比较成功的第三方物流公司。外资在物流配送服务领域的发展也十分迅速，如中国储运总公司与日木岗谷钢机株式会社合资组建了天津岗谷物流公司，是集配送、加工、仓储、寄售、租赁、修理、展销和技术咨询为一体的新型流通组织。像这样的合资物流公司，在北京、天津、上海等地已有好几家，它们主要是为在中国投资的跨国公司提供物流配送服务。这些企业根据各自特点，发挥特长优势，积极开拓物流服务领域，形成了服务模式多样、多种经济成分并存的现代物流企业群体。

（3）各级政府部门采取措施积极推动物流配送的发展。不少省市已经把发展现代物流列入了日程，如上海、天津、深圳都把物流作为支柱产业。还有许多省市开始制定物流规划。国家有关部门对商品物流和配送采取了积极鼓励和支持的政策，在我国流通领域对外开放政策中，鼓励国外资本投资于物流和配送设施等。目前国内物流和配送服务已有较快的发展，物流配送已经成为许多企业降低成本，提高竞争力的重要手段。例如，相当多实行连锁经营的零售企业建立了自己的配送中心，为企业内部连锁网点提供物流配送服务，一些连锁企业配送商品比例已经超过企业经营品种的。

（4）物流配送已形成了一定的规模，并摸索了一些灵活多样的配送形式，加工配送成为一个重要的发展方向。早些年，全国物资系统年配送能力已超过亿元，产品涉及钢材、木材、煤炭、化工、建材、机电产品等各种生产资料以及食品、副食、服装、农副产品等各种生活资料，配送地区遍及全国各重要城市。加工配送不仅可以增加配送产品的附加值，而且更能适应客户的要求。在实际中的钢材剪切、动力配煤、生鲜食品及熟制品等加工配送业务发展较快。

（5）现代物流配送设施和服务功能有了较大改善。一些物流配送企业结合配送进行了物流设施改造，新建了一批配送加工项目，配送中心在硬件设施、管理水平、管理信息系统等方面的建设，获得较大发展，有些已经达到较先进的水平。物流企业在研究开发物流信息技术和物流配送管理技术上取得了许多成果，对于推动我国现代物流发展发挥了积极作用。目前已有相当多的物流和配送技术开始进入中国，并在企业中得到越来越广泛的应用，例如条形码技术、计算机支持的信息管理技术、EDI、MRP等。

尽管我国物流配送近几年发展很快，但与发达国家相比还处在起步阶段，就目前物流的总体状况来说，与满足我国经济发展、实现物资高效率无障碍流动还有较大的差距。

我国物流配送存在的问题主要有以下几个方面：

（1）物流宏观环境有待改进。由于物流活动范围很广，涉及众多的管理部门，管理体制条块分割，至今还没有一个宏观的物流管理协调机构，有关物流管理的法律法规尚在不断建设和完善之中。

（2）物流配送的基础设施有待完善。主要表现在交通运输基础设施有待进一步发展，各种运输方式有待合理衔接，仓储设施功能单一、利用率低，物流信息技术应用有待进一步加强。

（3）物流配送标准化程度低。目前尚未完全建立起适应物流配送发展和配送业务运作的技术标准和工作标准体系，物流配送非标准化装备、设施和行为仍然相当普遍。

（4）物流配送的区域差异十分明显。地区间的物流配送发展不平衡，东中西部之间差异巨大，城乡物流发展不平衡。

（5）物流配送方面的理论研究相对薄弱，专业的物流配送管理及相关的技术人才短缺。

7.2　电子商务环境下物流配送

电子商务与传统商务的本质区别，就是以数字化网络为基础进行商品、货币和服务交易，目的在于减少信息社会的商业时间环节、缩短周期、降低成本、提高经营效率、提高服务质量，使企业有效地参与竞争。

物流配送定位在为电子商务的客户提供服务，根据电子商务的特点，对整个物流配送体系实行统一的信息管理和调度，按照用户的订货要求，在物流基地进行理货工作，并将配好的货物送交收货人的一种物流方式。

电子商务中的物流配送是一种新型物流配送，它是指物流配送企业采用网络化的计算机技术和现代化的硬件设备、软件系统及先进的管理手段，针对社会需求，严格地、守信用地按用户的订货要求，进行一系列分类、编配、整理、分工、配货等理货工作，以定时、定点、定量地交给没有范围限制的各类用户，满足其对商品的需求。可以看出，这种新型的物流配送是以一种全新的面貌，成为流通领域革新的先锋，代表了现代市场营销的主力方面。

7.2.1　电子商务与物流配送的关系

电子商务的每笔交易都包含三个基本过程，商品信息的发布、交流，网上商品的交易与结算，商品送达用户手中的配送过程。其中，信息流、商流和资金流的处理都可以通过计算机和网络通信设备实现，而商品实体的流动则是较为特殊的一种。除了少数电子产品如软件、电子出版物、信息咨询服务等可以直接通过网络传输的方式交货，大多数商品仍要通过物理方式传输。因此，配送在整个电子商务活动中占据着非常重要的地位，它的成功与否直接关系到电子商务的成败，它的运作效率和成本决定着电子商务所带来的经济价值。

配送是保障电子商务生存和发展，实现电子商务"以顾客为中心"理念的根本保证。电子商务归根到底是商务，没有准确、及时的配送，再先进的电子商务都只能是空中楼阁。试想如果在网上购买的商品迟迟不能送到，或者送来的是并非所购商品，那消费者还会选择网上购物吗？相反，快捷、准确又便宜的配送服务则有利于扩大电子商务的市场范围，提高其市场竞争力，从而推动电子商务的快速发展。纵观世界各国电子商务中发展较快的企业，不难发现他们都是以强大的配送能力为支撑的。

电子商务给配送带来了新的挑战和机遇。表面上看，电子商务似乎只是交易方式的改变，实际上，电子商务及其核心技术——信息技术也改变着社会经济的各个方面，给配送的经济环境带来了全方位的变化。

1. 生产环境的变化。

电子商务通过商务网络连接全世界各地的生产商、销售商与消费者。将国家与国家、企业与企业、企业与消费者、企业内部之间的经济依存关系联结得更加紧密。生产企业得以通过网络平台来重新配置各种社会资源、简化商务实现程序、提高各环节的运作效率。这一方面促使专业化分工进一步深化，配送规模随之扩大并更趋复杂；另一方面也将使一些新型生产方式由于运作成本降低而迅速普及，如大规模定制生产等。这些新型生产方式需要的是一种从需求出发的拉动式供应链，其关键就在于高效、准确的配送服务。

2. 消费环境的变化。

消费环境变化主要表现在以下几个方面。第一，消费者的地域范围扩大了，从理论上说，任何一个电子商务企业的潜在消费者都可以是全球网民。在世界的任何一个角落，只要有了互联网，人们就可以通过它搜寻所需商品并进行交易。第二，消费和交割方式改变。在传统商务活动中，人们通常在商场、超市中挑选商品，当场结账后，由消费者自己完成随后的送货活动。在电子商务中，人们不需要置身商场，挑选商品和付款活动都在虚拟的商店中进行，因此，不可能再指望消费者自己完成交易后的物流活动，这个任务只能由卖方来承担。消费方式的改变意味着配送必须向末端延伸，配送终点由零售店变成更加分散的千家万户。第三，消费者对服务的要求提高了。电子商务使企业间竞争加剧，加上网络的开放性和用户驱动性等特征，消费者的地位大大提高了。同时，由于网上时空的"零距离"特点，客户对产品可得性的心理预期将加大，因此，电子商务比传统商务要求具有更高的服务水平和更完善的增值服务，而这些服务大多与配送活动关系密切。

3. 商流环境的变化。

电子商务对商流的改变是最直接的。首先是对商流渠道的整合，也就是减少中间环节，使渠道由繁到简，由细长到扁平。电子商务为生产者与消费者提供了及时、经济而又高效的交互式沟通环境和手段。随着电子商务逐渐迈向成熟，传统商业的中介地位将悬赏脱离实际、逐渐被取代，中间商数目将逐渐减少。流通渠道扁平化的必然结果是企业将面临更多、更分散的流通渠道。其次，电子商务大大提高了商流的速度。电子商务为企业和消费者提供了一种更快捷的无纸化交易和支付方式。这必然要求网下的配送以相适宜的速度与其匹配，否则就不能充分发挥电子商务方便快捷的优势。

综上所述，电子商务对配送提出了更高的要求，配送范围更广、甚至全球配送。配送目的地更分散、配送到家、配送速度更快、配送反应能力更强、配送服务水平更高、具有可视性及其他增值服务、配送成本更低。从目前的情况来看，现存的配送体系还不能适应这些环境要素变化的要求，尤其是 B2C 末端配送体系。例如，美国的 UPS 是世界顶尖的配送公司，但在 1999 年圣诞节期间，由于在网上购买圣诞礼品的人太多，三天之中要配送 450 万件商品，大大超出了系统的配送能力，公司不得不在网上发表公告，宣布业务暂停。即便这样，还是有大量商品未能及时送达,该公司因此而付出了巨额的赔偿金。

由于配送是电子商务不可缺少的组成部分,配送能力不足必将阻碍电子商务的进一步发展。当前,配送对电子商务发展的制约是国际性的,即使在发达国家也没有完全克服。世界上最大的网上书店亚马逊至今仍未摆脱赤字经营的主要原因就在于它不得不投巨资建设物流中心并支付大量的物流费用。对于物流发展滞后的我国来说,这种挑战显得更为严峻。

电子商务为配送功能的强化提供了技术支持。在电子商务的依托下,物流信息的收集、处理、传递过程变得更加自动化、标准化、实时化,供应链上各企业间的无缝连接成为可能,这将促使条形码、数据库技术、电子订货技术、电子数据交换、有效顾客反应等物流和配送技术进一步普及。计算机系统将使整个配送管理过程变得简单而富有效率。

7.2.2 电子商务对传统物流配送业的影响

电子商务中的物流配送作为一种新型物流配送能使商品流通较传统的物流配送方式更容易实现信息化、现代化、社会化、智能化、合理化、简单化。使货畅其流,物尽其用,既减少生产企业库存、加速资金周转、提高物流效率、降低物流成本,又刺激了社会需求、有利于对整个社会的宏观调控,也提高了整个社会的经济效益,促进市场经济的健康发展。

以网络计算机为基础的电子商务催化着传统物流配送的革命,它对传统的物流配送造成了冲击和影响,具体表现如下:

1. 在配送观念上给传统的物流带来了深刻的革命。

传统的物流配送企业需要置备大面积的仓库,而电子商务系统网络化的虚拟企业将散置在各地的分属不同所有人的仓库通过网络系统连接起来,使之成为"虚拟仓库",进行统一管理和调配使用,服务半径和货物集散空间都放大了。这样的企业在组织资源的速度、规模、效率和资源的合理配置方面都是传统配送所不可比拟的,相应的物流观念也是全新的。

2. 网络对物流配送的实施控制代替了传统的物流配送管理程序。

一个先进系统的使用会给一个企业带来全新的管理方法。传统的物流配送过程是由多个业务流程组成的,受人为因素影响和时间影响很大。网络的应用可以实现整个过程的实时监控和实时决策。新型物流配送的业务流程都由网络系统连接,当系统的任何一个神经末端收到一个需求信息时,该系统都可在最短的时间内做出反应,并可拟定详细的配送计划,通知各环节开始工作。这一切工作都是由计算机根据人们事先设计好的程序自动完成的。

3. 对物流配送速度提出了更高的要求。

在传统的物流配送管理中,由于信息交流的限制,完成一个配送过程的时间比较长,但这个时间随着网络系统的介入会变得越来越短,任何一个有关配送的信息和资源都会通过网络管理在几秒钟内传到有关环节。物流配送的持续时间在网络环境下会大大缩短。

4. 网络系统的介入简化了物流配送过程。

传统物流配送的整个环节极为烦琐,在网络化的新型物流配送中心里可以大大缩短这一过程。在网络支持下的成组技术可以在网络环境下更加淋漓尽致地被使用,物流配送周期会缩短,其组织方式也会发生变化。计算机系统管理可以使整个物流配送管理过程变得简单和容易,网络下的营业推广可以使用户购物和交易过程变得更有效率、费用更低,可以提高物流配送企业的竞争力。

随着物流配送业的普及和发展,行业竞争的范围和残酷性大大增加,信息的掌握、有效传播和其易得性,使得用传统的方法获得超额利润的时间和数量会越来越少。由于网络的出现,信息不对称所带来的盈利机会越来越少,投机取巧的机会也越来越少,企业只有具有真正的创新和实力才能获得超额利润。

在传统的物流配送企业中,大量的人从事简单的重复劳动,人是机器、数字和报表的奴隶,劳动的辛苦是普遍存在的。在网络化管理的新型物流配送企业,这些机械的工作都交给计算机和网络,留给人们的是能够给人激励、挑战的工作,人类自我实现的需求得到充分的满足。

因此,推行信息化配送制,发展信息化、现代化、社会化的新型物流配送业是我国发展和完善电子商务服务的一项重要内容,势在必行。

7.2.3 电子商务环境下物流配送的特征

与传统的物流配送相比,电子商务环境下的物流配送具有以下特征:

1. 虚拟性。

电子商务物流配送的虚拟性来源于网络的虚拟性。通过借助现代计算机技术,配送活动已由过去的实体空间拓展到了虚拟网络空间,实体作业节点可以虚拟信息节点的形式表现出来。实体配送活动的各项职能和功能可在计算机上进行仿真模拟,通过虚拟配送,找到实体配送中存在的不合理现象,从而进行组合优化,最终实现实体配送过程的效率最高、费用最少、距离最短、时间最少等目标。

2. 实时性。

实时性的特性不仅能够有助于辅助决策,让决策者获得高效的决策信息支持,还可以实现对配送过程的实时管理。配送要素数字化、代码化之后,突破了时空制约,配送业务运营商与客户均可通过共享信息平台获取相应配送信息,从而最大程度地减少各方之间的信息不对称,有效地缩小了配送活动过程中的运作不确定性与环节间的衔接不确定性,打破以往配送途中的"失控"状态,做到全程的"监控配送"。

3. 个性化。

个性化配送是电子商务物流配送的重要特性之一。作为"末端运输"的配送服务,所面对的市场需求是"多品种、少批量、多批次、短周期"的,小规模的频繁配送将导致配送企业的成本增加,这就必须寻求新的利润增长点,而个性化配送正是这样一个开采不尽的"利润源泉"。电子商务物流配送的个性化体现为"配"的个性化和"送"的个性化。"配"的个性化主要指通过配送企业在流通节点配送中心根据客户的指令对配送对象进行个性化流通加工,从而增加产品的附加价值。"送"的个性化主要是指依据客户要求的配送习惯、喜好的配送方式等为每一位客户制定量体裁衣式的配送方案。

4. 增值性。

除了传统的分拣、备货、配货、加工、包装、送货等作业以外,电子商务物流配送的功能还向上延伸到市场调研与预测、采购及订单处理,向下延伸到物流咨询、物流方案的选择和规划,库存控制决策,物流教育与培训等附加功能,从而为客户提供具有更多增值性的物流服务。

7.3 电子商务物流的模式

随着互联网的飞速发展,越来越多的企业开始利用互联网将企业的上下游企业进行整合,以中心制造厂商为核心,将产业上游原材料和零配件供应商、产业下游经销商、物流运输商及产品服务商以及往来银行结合为一体,构成一个面向最终顾客的完整电子商务供应链。逐步发展和形成了以市场为导向、以满足顾客要求为宗旨、获取系统总效益最优化的适应现代社会经济发展的电子商务物流模式。

1. 自营物流

企业自营物流模式意味着电子商务企业自行组建物流配送系统,经营管理企业的整个物流运作过程。目前,在中国,采取自营模式的电子商务企业主要有两类:一类是资金实力雄厚且业务规模较大的电子商务公司。第二类是传统的大型制造企业或批发企业经营的电子商务网站。

2. 第三方物流

第三方物流是指第一方"发货人"和第二方"收货人"之外的第三方,通过与第一方或第二方合作来提供专业化的综合物流服务的业务模式。

从事第三方物流的企业,如美国的联邦快递公司(FedEx)、美国联合包裹公司(UPS)、中国速递服务公司(EMS)、中外运集团、中海物流等。

3. 物流联盟

物流联盟(Logistics Alliance)是制造业、销售企业、物流企业在物流方面通过契约形成优势互补、共担风险、共享收益的物流伙伴关系。

4. 物流一体化

物流一体化是指以物流系统为核心,由生产企业、物流企业、销售企业直至消费者的供应链整体化和系统化。它是在第三方物流的基础上发展起来的新的物流模式。

5. 新型物流

(1)第四方物流。

第四方物流(Four Party Logistics，FPL，也称为4PL)是指一个供应链的整合者以及协调者，调配与治理组织本身与其他互补性服务所有的资源、能力和技术来提供综合的供给链解决方案。

(2)第五方物流。

第五方物流(5PL)是指基于电子商务的供应链信息服务。第五方物流提供的服务包括：在更大的地理区域内，对更多的行业、对更多的企业供应链物流信息进行收集、设计、整理、分析、开发、集成和推广等。

(3)绿色物流。

绿色物流(Environmental Logistics)是指在物流过程中利用先进物流技术实施运输、仓储、装卸、流通加工、配送、包装等物流活动，从而抑制物流对环境造成危害的同时，使物流资源得到最充分合理的利用。

(4)精益物流。

精益物流就是运用精益的思想对企业的物流活动进行管理，通过消除生产和供应中的浪费，减少备货的时间，提高客户满意度。

(5)电子物流。

电子物流就是利用电子化的手段，尤其是利用互联网技术来完成物流全过程的协调、控制和管理，实现从网络前端到最终客户端的所有中间过程服务。

6. 全过程电子商务物流

电子商务的发展对配套物流产业的提升起到了明显的带动作用，而B2B、B2C以及C2C等多样化电子商务的发展，也对商品物流管理与控制提出了不同的需求，并进一步倒逼相关服务产业与物流业的交叉融合发展，全过程电子商务物流应运而生，且呈现出较强的创新特征与产业协同功能。

从组成成分上来看，全过程电子商务物流是集合了在线认证、交易、支付、融资、商品仓储、运输、数字化管理以及信用评价等多元素的线上经济活动创新模式，通过整合不同交易主体间的资金、商品以及信息要素，从而有效降低物流运作成本，将电子商务发展的时效与安全需求融入流通管理环节，拓展电子商务和物流活动的服务链条。全过程电子商务物流以发达的信息网络系统和广泛分布的物流节点作为重要倚靠，无论是通过自建物流资源系统，还是借力第三方物流通道，电子商务交易商、服务提供商以及数字化管理控制媒介的在线服务需求都将最大限度地获得满足。

全过程电子商务物流系统提供的服务包括在线交易管理、运输控制、仓储调拨、在途货物监管跟踪以及费用结算等，分别以电子商务和物流业务协同、物流系统集成作为两翼的核心特征，将分属于电子商务与物流的职能进行有效对接，其中体现的一站式服务特点十分明显。值得注意的是，全过程电子商务物流系统将网络交易的前、中、后阶段进行了连接，因此使得基于供应链的信息数据交换、资金融通以及要素追踪功能得以实现，提升了商品流通的效率，并对电子商务和物流相关产业的嵌入式发展进行了有效提携，有利于进行产业协同创新。

电子商务与物流是互为依托的关联性行业，其中后者是前者发展的必要条件，全过程电子商务物流在二者结合的基础上，进一步引入信息技术资源和数字化管理，逐渐衍生出一体化的在线交易服务系统，其产生和发展是宏观经济与法律环境、新理念、新技术、企业购销模式变革、电子商务交易和支付创新以及供应链融资创新等多种外部和内部力量共同推动的结果。

7.4 我国电子商务物流发展的现状及对策

7.4.1 电子商务物流发展的现状

（1）企业信息化、自动化程度低。

高效的物流必须有高度物流自动化。而我国目前在企业的物流过程中主要还依靠人工分拣，分拣货物没有采用现代的物流操作系统，因此满足不了电子商务物流的需求。

（2）网络基础设施平台落后。

电子商务物流是物流的电子化，即物流的每一个环节离不开通信。电子商务是"鼠标"商务，也离不开通信，通信主要依靠通信网络，而我国的网络基础设施落后，带宽不够，上网费用过高等，严重制约了电子商务物流的发展。

（3）缺乏完善的法律、法规。

近年来我国电子商务市场在保持快速增长的同时，针对网络购物的投诉量与日俱增。与国外发达国家相比，我国电子商务行业的规范化发展仍相对滞后。商务部积极推进制定《电子商务法》，既对电子商务交易主体给予法律约束，又能够保证消费者权益，推动电子商务健康有序发展。

（4）电子商务物流专业人才严重缺乏。

电子商务物流是一门综合性学科，电子商务物流人才是既懂电子商务又熟悉物流的复合型人才。目前，我国开设电子商务或物流专业的学校不多，而将电子商务与物流整合的学校更少，因此我国急需培养这方面的人才。

（5）配送中心分布不合理。

目前，我国配送中心布局与最优的配送中心选址布局存在着很大差距。通过图7-1，可以看出，我国物流配送中心选址最优特征分布比例应该是下图这样的：工厂附近占比约7%，中心化区域占比约10%，靠近市场或客户占比约25%等。但是实际上，我国物流配送中心与图7-1中所示比例有一定差别。

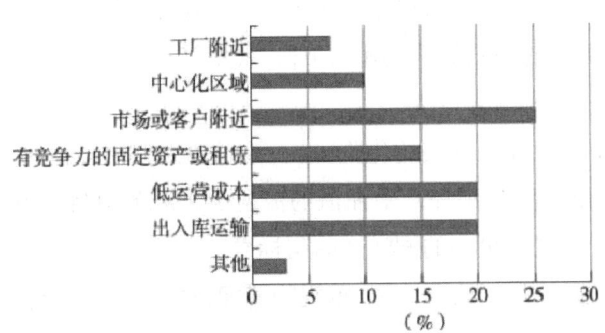

图 7-1　我国配送中心选址最优特征分布图

7.4.2 电子商务物流发展的对策

(1) 提高全社会对电子商务与电子商务物流的认识。

加大对电子商务的宣传，发掘电子商务潜力，扩大电子商务市场，为电子商务物流的发展奠定基础。同时要把电子商务与电子商务物流放在一起进行宣传，电子商务是商业领域内的一次革命。我们也可以吸取别国电子商务物流管理研究的成果，向电子商务物流发达的国家学习。

(2) 培育现代电子商务物流主体，积极发展第三方物流和第四方物流。

发展第三方物流，可以选择以下途径，发展专业化物流，结合电子商务实现电子商务物流供应社会化、集约化。积极引进国内外知名的第三方物流企业及物流中介服务机构，大力发展新兴的电子商务物流服务企业，加强与传统储运业的嫁接和联合。

(3) 加强物流企业配送手段机械化、自动化和现代化。

我国现有的物流配送系统远远落后于国外发达国家，同时也无法满足现代物流的需求。因此，我国应加强物流企业配送手段的机械化、自动化、现代化。比如：货物的包装实现标准化、通用化、机械化；货物的分拣搬运过程实现机械化、自动化。社区或学校等用户密集型场所可配置智能取物柜，提高配送效率，方便用户灵活提取快递。

(4) 加快完善物流标准规范，开放物流业市场，完善政府引导功能。

物流行业的标准化、规范化是提高物流效率，降低物流成本的重要基础。国家有关部门应加强标准化、规范化的建设，促进我国电子商务物流业统一标准的形成。政策的出台要求各级政府部门要认真研究电子商务物流发展的特点和规律，制定有利于快速、高效地发展现代物流的政策措施。

(5) 加大物流专业人才培养力度。

通过高校物流专业课程改革、调整专业培养方向、校企联合办学"工学交替"等方式来培养电子商务物流专门人才。可通过物流行业协会来开展物流职业教育和传播物流知识，对于师资的培养,可以采取"走出去,引进来"的模式,将国内的相关专业的人才送到国外去学习、深造,同时,引进国外的一些优秀人才来工作、教学等。

(6)提高服务水平,增强服务类型。

在电子商务时代,物流发展到集约化阶段。一体化的配送中心不单单提供仓储和运输服务,还必须开展配货、配送和各种提高附加值的流通加工服务项目。电子商务要求物流提供多种运输模式的配送,出现了更多的配送产品与标准。

(7)充分利用大数据,优化配送方案,重视物流配送中心的建设与应用。

在当前大数据时代,可以充分利用大数据,通过各种途径获得消费者的信息,包括购物习惯、购物频率、购物喜好、家庭住址等基本信息以及满意在意指标等,通过对这些大数据进行分类整理,通过数据挖掘获取有价值的信息,为电商企业和物流企业的决策提供一定的方向。

(8)推行预约配送方式。

预约配送是网络购物用户最需要的特色配送方式。在2013年中国网络购物用户最需要的特色配送方式中,"预约配送"位居首位,占比为26.0%;"当日达"与"加急配送"列二、三位,占比分别为22.5%与19.9%。此外,14.2%的用户需要"限时配送"的特色配送方式;而9.0%的用户需要"晚间配送"的特色配送方式。

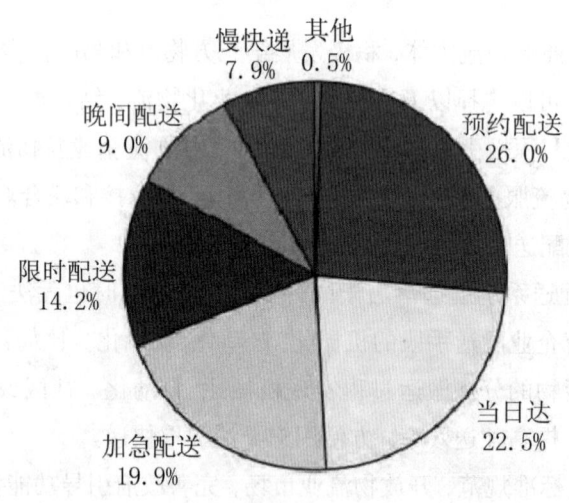

图7-2 2013年中国网络购物用户最需要的特色配送方式分布

我国电子商务要想得到快速良好的发展,必须加快物流的发展。如果电子商务能够成为21世纪的商务工具,它就像杠杆一样撬起传统产业和新兴产业,在这一过程中,现代物流产业将成为这个杠杆的支点。现代物流应运而生,用"成也配送,败也配送"来形容电子商务与物流的关系是再恰当不过的了。电子商务是信息传送的保证,而物流是执行保证。在商品生产的过程中,现代化的物流活动可以降低生产成本、优化库存结构、减少资金占压和缩短生产周期,最终保障了生产的高效进行。相反,如果没有现代物流的支持,商品的生产将难以顺利进行。

如若电商物流发展的问题得到解决,物流效率将得到提高,物流成本也会得到降低。同时,企业不能盲目地解决问题,必须结合当前时代发展的趋势,结合大数据分析技术,对物流系统进行合理规划与设计,走高度信息化、自动化、网络化、智能化的路线,才能在科技飞速发展的今天健康发展,才能有助于我国电商行业的发展。

7.5 电子商务物流最后一公里配送

7.5.1 最后一公里配送现状

电子商务物流是指以物流业务为核心,通过整合信息流、商流、物流和资金流这"四流"的优势,开展电子商务相关应用服务。电子商务物流较传统物流而言,存在许多不同的特征,信息化、自动化、网络化、智能化、柔性化、集成化、虚拟化显著。电子商务物流涉及主体多,包括供货商、电子零售商、顾客、物流服务提供商等,其中顾客的地理位置分布不均匀,呈高度分散状态,而顾客对服务要求日益增高,这些都大大增加了电子商务物流服务的复杂度和难度。

电子商务物流最后一公里配送指客户通过电子商务途径完成商务交易后,交易物品被运输至配送中心,通过一定运输工具,将物品送至客户手中的过程。最后一公里配送是整个电子商务物流的末端环节,也是电子商务环境下供销商、物流服务商与客户面对面接触的唯一机会。做好最后一公里配送,不仅是电子商务物流供应链顺利实施的保障,更是提高顾客体验、进一步促进电子商务发展的大好时机。

目前,我国电子商务物流最后一公里配送仍存在各种各样的问题。顾客普遍反映配送服务质量较差,现如今的最后一公里配送自动化程度低,设备较为简陋,轻便摩托车和电动三轮车为主要交通工具,主要依靠人力投递,加之现如今城市交通状况恶化,造成电子商务物流配送效率低下,订单量较大时派送员往往不能及时将货物配送至客户指定处。此外,由于投递过程不规范,派送员时常就地将货物放置于地上进行分派,让客户自行取件,整个派送过程呈现脏、乱、差的景象,货物丢失、损毁的情况时有发生。这些问题的存在严重制约着电子商务物流乃至电子商务的进一步发展。

7.5.2 最后一公里配送模式

有关部门、电子商务物流企业、电子商务方面的专家和研究人员也已充分认识到电子商务物流最后一公里配送活动中存在的相关问题及将其解决对电子商务发展的重要性。电子商务最后一公里配送指将货品派送至顾客指定地点(例如提货点、小区门岗处等),而非仅仅包含将货品送至顾客手中,拓展了物流配送的含义和方式。电子商务物流企业和研究人员纷纷对电子商务物流最后一公里配送模式进行了改革创新,由传统单一的送货上门模式扩展至多种配送模式并存。在实践中,我国主要存在三种配送模式,分别为送货上门模式、自助收发箱模式和顾客自提站模式。不同配送模式的操作流程不同,派送员需要完成的环节也不同。图7-3为送货上门、公共自助收发箱和顾客自提站三种模式配送流程中需要派送员参与的部分,初步可以看出顾客自提站模式中派送员需要完成的环节最少,效率最高,送货上门模式环节较多,个别环节极为耗时,效率最低。

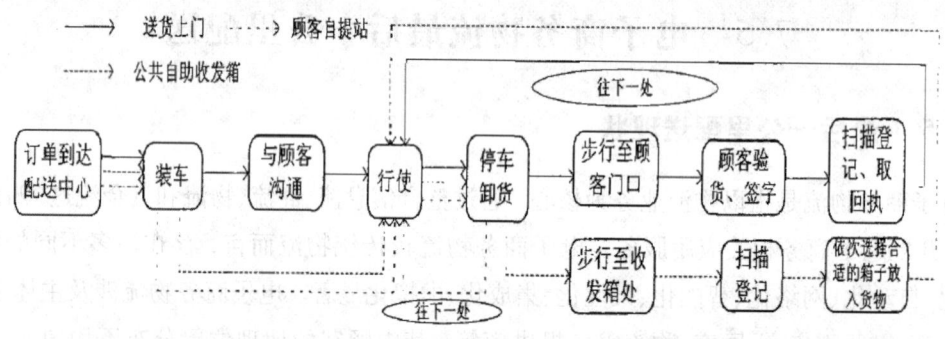

图7-3 三种配送模式中派送员参与的配送流程

送货上门是物流公司根据客户的需求,将货物送至客户处,实现门到门的物流服务。生活中,派送员进行货物配送前会事先与顾客通过电话、短信等方式联系,告知到货时间或重新约定送货时间。派送员将货物送至顾客家门口后,部分顾客会现场验货,若物品准确无误,顾客会确认签字,派送员对货物进行扫描登记后,收取回执单再对下一位顾客进行服务。现阶段此种配送模式的使用依然最广泛,国内几乎所有的快递公司都提供此项服务。

自助收发箱模式是最近几年新兴起的电子商务物流最后一公里配送模式。自助收发箱模式中,派送员无须将货物送至顾客手中,由顾客当面确认签字,而只需将货物送至指定自助收发箱中,由顾客选择自己方便的时间自行提取。自助收发箱有三种类型,分别为独立自助收发箱、回收式自助收发箱和公共自助收发箱,三种自助收发箱的操作流程并不相同。独立自助收发箱是将箱子设备事先安装固定于顾客家门口或院子,派送员将到达的货物放置于该箱子中,后由系统自动以短信等方式通知顾客已经到货。由于该装置只服务于特定顾客,因而可设置固定密码或钢匙,由顾客自行取货。回收式自助收发箱的箱子不服务于特定顾客,而根据到货情况进行分配。派送员到达客户处时,扫描登记后,将已装好货物的箱子安置于顾客处的装置上,并及时通知客户。待顾客取货后,再将箱子收回用于下一次配送活动。公共自助收发箱是多个顾客共用一个箱子,通常放置于小区或其他交通便利方便顾客提取货物的地方。公共自助收发箱拥有多个大小不一的箱子。派送员将货物送至合适的地方,选定大小合适的箱子,扫描货物条码后,将货物放置于箱子中,系统将自动随机生成密码并以短信等方式发送给顾客,顾客凭借收到的密码取回包裹。自助收发箱可带冷藏保温功能。无论采用何种自助收发箱模式,运营中均需安装配套的监控装置,方便记录顾客取货和开箱验货的情况,避免可能出现的纠纷。顾客自提站也是新兴起的最后一公里配送的创新模式,是电子商务物流服务提供商通过与便利店、小区物业、超市等机构合作或自己新建提货点(如顺丰嘿客),为一定距离以内的顾客提供到货自提的一种服务。电子商务物流服务商事先选择合适的第三方合作机构,通过洽谈签订合作协议。派送员将货物扫描登记,放置于适当的合作机构处后,继续去往下一个合作机构处配送货物,顾客则可通过系统发送的短信自行去合作机构处取货。在顾客自提站模式中,顾客可根据自身时间安排和距自提点的距离选择喜欢的交通方式提取货物。在日本,连锁便利店已经成为快递流通行业重要的一环。日本最大的快递公司大和运输与全家、7-11等多家连锁便利店的合作让顾客可以在日本各地的四万多家便利店领取快递物品。日本连锁便利店由于分布广、密度高、提供24小时服务,是物流服务商第三方合作伙伴的较佳选择。

7.5.3 最后一公里配送模式比较分析

电子商务物流最后一公里配送模式多样,不同配送模式涉及的操作环节不同,操作流程不同,因而不同配送模式的特点也各不相同。

送货上门模式将货物直接送到顾客家门口,是所有配送模式中唯一提供与顾客面对面接触机会的模式。物流服务商若能充分利用面对面的机会,提高服务质量,创新服务方式,不仅能提高物流服务商的企业形象,还能收集第一手的顾客反馈信息作为企业进一步提高顾客体验的原始分析资料。送货上门模式所需设备简单,初始投资成本小。但是,由于送货上门模式需要派送员与顾客直接接洽,总是耗费大量时间等待顾客。送货上门模式主要依靠人力,涉及配送环节较多,所以配送效率低,当订单量较大时,非常容易出现延误配送的情况,从而严重影响服务质量和顾客满意度,乃至企业形象。此外,越来越多的高档小区和写字楼禁止陌生人入内,这对送货上门的派送活动和其发展形成了新的制约。

自助收发箱模式中派送员不必再费大量时间等待顾客验货签收,这大大提高了派送员的配送效率,大幅提升了电子商务最后一公里配送的配送能力,使短时间内完成大量配送订单任务成为可能。对于顾客而言,自助收发箱模式实现了24小时随时取货,不必再预留时间等待派送员。独立自助收发箱和回收式自助收发箱位于顾客家门口院子,提取非常方便,可以提供较好的顾客体验。此外,自助收发箱可带冷藏保温功能,对生鲜瓜果蔬菜的配送具有显著优势。对于一部分注重安全和隐私的顾客而言,公共自助收发箱模式还避免了泄露具体居住地址和其他信息的风险。公共自助收发箱通常放置于小区门口或顾客上下班经过之地,取货较为方便,也能很好地解决高档小区和写字楼禁止派送员入内的问题。但是,自助收发箱模式初始投资成本高,箱体容量有限,无法适应所有电子商务交易物品的尺寸要求。公共自助收发箱不同大小的箱子个数有限制,若订单量大于箱子数或配送的物品体积出现较大波动,都会造成合适的箱子短缺,派送员需调整配送计划,部分订单只能采用其他配送方式进行配送。

顾客自提站模式不仅节约了送货上门模式中等待顾客的时间,还节约了自助收发箱模式中的挑选合适箱子的时间,因而进一步提高了电子商务物流最后一公里配送的效率。顾客自提站模式对订单量几乎没有限制,也和自助收发箱类似,具有防止顾客具体地址和相关信息泄露的优势。顾客自提站模式中便利店、超市等第三方合作伙伴可以受益于顾客自提货物而带来的人流量,提高门店的效益。物流服务提供商也可以选择自建顾客自提站,这对于提升顾客体验、企业发展O2O业务具有非常重要的战略意义。但是,自建自提站需要更多的投资,并由物流服务商承担运营该模式的全部风险。因而一般而言,实力足够强大的企业才会选择自建自提站的方式。顾客自提站模式需要顾客去自提站提货,顾客和自提站之间的距离往往大于顾客和自助收发箱之间的距离,对于老年人和残疾人而言,这种模式较为不便。若货物体积较大,顾客自提不方便,将严重影响顾客满意度。此外,由于顾客自提站模式涉及更多的参与方,当货物出现问题时,更容易产生经济纠纷。

目前,我国使用最广泛的电子商务物流最后一公里配送模式仍是送货上门模式,几乎所有电子商务物流服务商,不管是第三方物流服务商如顺丰、申通、圆通、中通、韵达、EMS等,还是京东等电子商务零售商的自营物流,均提供送货上门的服务。独立自助收发箱和回收式自助收发箱较适用于居住密度较低的地区,中国城区通常人口密度和居住密度较大,显然公共自助收发箱更为合适。虽然自助收发箱投资成本高,但是可带有冷藏保温功能,因而目前较多使用在冷链物流方面,如有机瓜果蔬菜、生鲜的配送,而京东、速递易等企业已经将自助收发箱的使用慢慢扩展至普通电子商务物流领域。顾客自提站模式在日本的成功得益于合作伙伴相对完善的发展,在我国,尚未有发展如此成熟的便利店或物业,因此需要与更多的机构谈判,谈判成本将更高。

课内思考题

1. 目前国内外物流配送发展现状,给我们的启示是什么?
2. 电子商务环境下物流配送的特征是什么?
3. 论述如何实现电子商务物流最后一公里配送。

第8章 电子商务运营与管理

※课程导入

本章结合电子商务运营管理中存在的问题，着重介绍了加强管理方法研究，改进运营模式，培养创新能力积极实践等多种应对措施及其具体运用。希望给相关人员一些启迪和思考，在这方面深入探索和研究，积极进行电子商务运营管理方案的研究以推动电子商务的快速发展。

※学习目标

掌握电子商务运营管理概念

认识中小企业电子商务运营的基本模式与管理

结合实际，掌握自媒体运营的典型方法

※相关知识

近几年来，我国电子商务在众多行业中尤其是在网络营销等商业活动中取得了非常大的发展，但是电子商务的发展还是存在着相当多的问题，特别是运营管理方面存在着一些不足。这就需要相关人员认识到电子商务的重要性，并积极寻找提高电子商务运营管理水平的最佳方法，以此来促进电子商务的快速健康发展。

8.1 电子商务运营管理基础

8.1.1 电子商务运营管理概念

随着科技的发展和人们生活水平的提高,服务业在GDP中的占比逐年提高。因此,当前运营管理要控制的主要目标不仅仅只是质量、成本,还有服务,它们是企业核心竞争力的源泉。

运营管理之所以十分重要,是因为它在人们的日常生活中无处不在。无论衣食住行,还是日常生活活动,都牵涉到运营管理的全过程。例如,参观一次博物馆,进行一次购物体验,接受一次培训等,都是运营管理的结果。"运营管理之所以是整个组织的核心,是因为生产、交付产品及服务是一个组织存在的理由。不论使用什么样的专业术语,它们都有一个共同的主题和目标:不论是小型企业还是大型企业、服务型企业还是制造型企业、国有企业还是私人企业、营利性组织还是非营利性组织,运营管理都要合理运用资源并将其转化为产出来满足市场需求"。

任何企业的运营管理,最终都是通过"输入—转换—输出"这一过程来完成生产、交付产品及服务的。输入到运营管理中的各类资源,都是需要转换的资源,例如,各类的信息资源、客户资源、调研对象等。经过运营管理各个环节的转换,各类资源会改变其原有的属性,来完成最终的产品及服务的生产、交付。而大多数的输出,并不是单纯的产品,或单纯的服务,而是产品与服务的组合体。

电子商务运营模式并不是一种全新的创举,而是在电子商务日益繁荣发展基础上,电子化企业借鉴市场既有的各种成熟的商业贸易模式,同时配合资讯科技,运用互联网技术,对市场进行细分,对市场进行准确定位等来经营企业的方式。

8.1.2 电子商务运营管理创新

电子商务是企业通过电信网络进行的生产、营销、销售和流通等活动,它不仅指基于因特网上的交易,而且指所有利用电子信息技术来解决问题、降低成本、增加价值和创造商机的商务活动。必须明确电子商务,电子是手段,网络是平台,商务是目的,创新是灵魂。作为网络化经济时代的新型经济模式,电子商务的实施推广将改变传统的生产经营方式,改变已有的服务及消费模式,带来了企业组织形式及业务模式的新变化,企业在全球竞争中要想取得一席之地,必须进行创新,主要包括组织架构、管理思想及企业战略三个方面。

(1)组织架构创新。

组织架构是企业战略目标的实现基础保证,只有调整好企业的组织结构,理顺部门之间、部门内部的关系,明晰权责,才能为下一步的流程设计、绩效考核激励体系打下基础。组织架构科学不仅能保证企业高效运作,也能减少员工在事务性工作上被消耗大量精力。为适应电子商务发展及应用,新型企业组织架构——脊椎型组织结构应运而生,它以企业目标为基本目的,以基本业务流程为中心进行设计,最大程度保证企业运转灵活、稳定。

(2)管理思想创新。

管理思想是企业进行经营活动的指导思想,是企业管理创新的灵魂。企业的生存与发展依赖于企业管理思想的不断发展创新,企业管理者要用于打破传统思想的壁垒,乐于接受新事物,勇于面对新问题,才能够发现发展的本质,在市场竞争中立于不败之地。

(3)企业战略创新。

电子商务迅速发展,知识经济兴起、世界经济一体化进程加快,企业必须及时创新企业发展战略,才能在激烈的全球市场竞争中拥有一席之位。

8.1.3 电子商务运营和管理综合能力评价

电子商务作为一种新型的交易方式,具有与传统交易不同的特点,包括网上部分和线下物流配送等方面。运营和管理综合能力评价指标从全面性来考虑,应当涉及电子商务的整个运作过程,具体来说包括信息能力、物流能力以及支付能力三个方面。

1. 信息能力

电子商务不同于传统的交易,他首先有一个网上信息交流的部分。信息能力反映了电子商务的技术水平以及管理水平。分开来讲,信息能力主要包括信息共享程度和诚信状况。

(1)信息共享程度。

电子商务是建立在信息技术基础之上的,信息共享的程度决定了电子商务运营的管理的绩效与水平。信息共享程度可以通过信息的时效性以及信息系统的先进性来评价。信息的时效性指供求信息的及时发布占总发布供求信息的百分比。供求信息的及时发布有利于企业商家及时安排生产以及便于消费者及时满足购买需求,对电子商务的可靠性影响很大。信息系统是信息共享的硬件基础,是信息传递的工具,在很大程度上决定着信息传递的时效性、有效性和正确性。但是,信息软硬件设备生命周期的短暂性也决定了信息系统更新的频繁性。我们可以采用一定时间内信息系统投入成本占总销售收入的百分比来评价信息系统的先进。

(2)诚信状况。

电子商务运营中的诚信状况主要可以从三个方面来评价:虚假供求发布率、恶意退货率、信用度炒作率。

有些不诚信的客户商家故意在网站上发布虚假供求信息、购买产品后恶意退货以及有些商家进行诚信度的炒作,虚假供求信息的发布、恶意退货和诚信度的炒作严重影响了电子商务的运营和管理,增加了运营和管理的成本,电子商务运营商如何处理这些问题可以体现出其运营和管理的能力。虚假供求信息的发布率可以用无效虚假的供求信息占总供求信息的比率来表示,恶意退货率可以用恶意退货发生的次数占总退货次数的比率来计算,诚信度炒作率可以用诚信度炒作发生的频率来表示,比如一个月发生几次诚信度炒作事件。

2. 物流能力

物流能力主要包括交货的可靠性和服务质量两个方面。

交货的可靠性可以用交货的准确率、交货的及时率和交货的有效率三个指标来表示。交货准确率反映了销售商把品种和数量都正确的货物送到顾客的手中,交货的准确必须满足三个条件:准确的产品、准确的数量和准确的地点。因此交货准确率即正确品种、数量和地点的交货次数占总交货次数的百分比。交货及时率反映了第三方物流企业能够在正确的时间把产品送到目的地。该比率可以用准时交货次数占总交货次数的百分比来表示。交货有效率主要反映了第三方物流企业能够保证产品在交货过程中的质量完好。交货有效率可以用有效交货次数占总交货次数的百分比表示。

物流的服务质量可以用顾客满意度和顾客投诉率来评价。客户的满意度直接影响消费者的购物体验,顾客的投诉率同样也会影响电子商务的信誉,阻碍电子商务的进一步发展。因此,在物流环节,电子商务运营商应当与物流配送企业联合起来,提高顾客的满意度和降低顾客的投诉率。

3. 支付能力

支付能力主要由支付的安全性和快捷性来评价。消费者网上购物时,需要在支付方式上追求快捷,同时也要保证支付的安全性。支付能力作为电子商务的一个重要组成部分,其在支付方式的快捷和安全性方面也能反映电子商务运营和管理的能力。

8.2 中小企业电子商务运营的基本模式与管理

随着国内国际市场竞争的加剧,尤其是近年来挥之不去的金融风险的影响,有限的市场份额被大企业瓜分殆尽,一部分中小企业面临着能否发展壮大甚至是能否生存下去的困境。但电子商务的出现,让中小企业看到了曙光,其低廉的交易成本、简单的贸易流程、超越时空的新型经营模式以及由此带来的可观利润,使得中小企业可以避大企业之锋芒,错位经营发展,走独特的竞争取胜之路。

为避免走弯路,我国中小企业应在借鉴大企业及发达国家实施电子商务运营模式先进经验的基础上,立足于企业自身特色和实际情况,有效结合业务流程,围绕增强企业核心竞争力和获利能力,确立实施电子商务运营模式的策略,制定出适合自己的一整套完整的电子商务运营模式实施方案。在具体实施过程中,要有正确的心态,牢记电子化只是企业追求利益的手段,商务才是真正的目的,应注意成本控制、风险预测和管理。

8.2.1 中小企业电子商务运营的基本模式

(1)专业化电子商务应用模式(ASP)。

简单来说就是企业(用户)将整个信息系统的建设、维护等外包给 ASP,按时按量给付租金就可使用该信息系统。此种模式对资金有限、人才缺乏、处于成长初期的中小企业尤其适用,可大大促进中小企业的运作效率。

(2)第三方电子商务平台模式。

此种模式的实质就是依赖第三方提供的公共平台,利用电子商务系统,为企业、商家搭建公用性、公平性交流平台,进行综合性的信息发布和网上交易。为保证交易的安全性,控制一些不确定的风险,此模式还包含电子认证和电子公证服务,解决中小企业在资金和技术方面的不足。

(3)企业协作平台模式。

类似于常说的"群",即把属于同一行业的企业通过电子商务联合起来,按照兴趣和目标的不同,分为不同的群组,对应不同的业务,提供各不相同的服务,当然群组内部及群组之间都在同一平台上,可以直接通信,从而实现信息共享、战略协作、同步运行,但也容易加剧同行竞争。

(4)电子采购模式。

企业运营中采购、加工、销售三大环节,在加工和销售不变的情况下,采购花费的成本越低,其所降低的费用就转化为利润。在线采购便宜快捷,周期也短,过程成本得以有效降低,这对中小企业来说具有举足轻重的作用。

8.2.2 中小企业电子商务运营模式的管理

影响中小企业电子商务运营模式的选择因素包括:企业本身发展的目标和方向、企业发展的根基即资金、成本及收益、网络交易的安全性及信息流等。企业推进电子商务拓展业务需要结合实际,分步进行。起步阶段:主要是信息共享,电子邮件传递,查询和发布供求信息,企业及企业产品的形象宣传等。发展较好的企业可以借助第三方交易平台,如阿里巴巴等,在短时间内掌握电子商务交易操作技巧。成长阶段:中小企业经过第一阶段适应期后,信息管理也逐步走上正轨,生产经营、物流、资金流由计算机全程控制,并且有的企业专注个性,开始做自己的网站,提升顾客满意度。成熟阶段:中小企业内部、外部都具备了一体化网络信息传输及处理,还可以根据客户需求,提供个性化服务,而且对资源进行整合,减少投入费用,全面提升中小企业综合能力。整合运行阶段:在组织、管理及业务流程基础上,对电子商务系统进行调整,改变其中不适应企业发展的方面,对资金、信息、物流等全部实行动态化信息处理和整合,贯穿于管理整个过程。

8.3 电子商务运营模式的优劣分析

随着经济的快速发展和社会的急剧进步，电子商务这一运营模式应运而生，这一运营模式实现了实体交易与互联网交易的有机融合和统一，在方便人们的生活等诸多方面发挥着重要的作用。电子商务的诞生与发展固然令人欣喜，但是电子商务的发展也存在许多的弊端和缺陷，这些缺点的存在是不容忽视的，要想促进电子商务的持续和长期发展，必须花费更多的人力、物力与财力对电子商务运营模式进行深入的研究，着重解决其发展过程中存在的弊端，尽可能避免这一行业发展过程中恶性竞争的出现。接下来对几种重要的电子商务运营模式进行分析和研究。

(1) B2C 运营模式问题及对策。

首先来讲，B2C 运营模式无疑方便了顾客的消费，消费者不必刻意跑到实体店去购买自己所需的产品，极大地节省了时间和精力，而同时企业也省略了分销商、渠道商等成本，使得商品的价格得以降低。但是对于顾客来说，其最为关注和关心的无疑是产品的价格，而为了获取价格优势，许多的企业开始了价格战之争，进而导致企业虚构原价等现象的发生和出现，最终为消费者带来损失。因为，必须出台具有针对性和可行性的解决对策对这种运营模式下的恶性竞争予以制止和管控，大力规范整个电子商务行业。2012 年 8 月份，京东、苏宁和国美三家企业大打价格战，在整个世界都引起了巨大的轰动，发改委价监局随即对三家企业实施了调查。经仔细调查发现，三家企业均出现虚构原价的现象，对消费者已经不折不扣地构成了欺诈。

(2) B2B 运营模式对策。

B2B 运营模式发展至今已经达到了相对成熟的地步，但与此同时也导致一个问题的出现。即这种运营模式过分看重线上的交易，完全忽略了线下交易，同时也不注重对线上交易和线下交易的融合。虽然线上交易具备节省成本、操作流程简单的优势，但是如果不能使其和线下交易相结合。将会使企业的经营效果大打折扣，所以不要人为地割裂开来二者的关系，而是要强化之间的联系，发挥二者相互促进的作用，使其共同致力于企业的运营和发展。举例来说，我们应该花费更多的时间和精力对物流强化管理，弥补物流工作中的漏洞、缺陷和不足。

(3) C2C 运营模式对策。

C2C 运营模式的主要优点就是较为灵活，但这同时也是其软肋所在。即加剧了质量控制的难度，在网店上买到假货的现象屡见不鲜并且屡禁不止。所以要想保证各大生产厂商的长远健康发展，首先要对商品的质量问题予以高度的重视，出台质量控制措施，依靠超高的产品质量增强厂商的竞争力，阿里巴巴创始人马云说淘宝进行产品打假是未来 30 年的主要工作。为了保证电子商务平台上的产品具有较高的质量，应该提高产品准入门槛，对产品进行仔细审核,只有确保质量合格才能允许其进入电子商务平台。

(4) C2B 运营模式对策。

无论是什么商业类型,要想谋求持续的发展必须要最大可能地满足消费者的需求,因为消费者目前是市场的主体,只有在分析消费者心理和实际需求的情况下才能设计出具有销售市场的产品,因此 C2B 消费模式要不断地深化以人为本的销售理念。但同时如果存在产能不足的问题将阻碍企业的发展,所以企业应该着力提高生产力,将先进的科学技术转化为生产力,满足消费者对产品质量和数量的需求。

电子商务具体运营方式的实现流程主要体现在基础平台建设、机构认证、营销推广和运营支持等方面。企业应从基础平台建设开始,层层搭建起整个运营方式。当基础架构准备好之后,要寻求电子商务的机构认证,也就是申办类似于网上开店的一系列手续。一旦企业的电子商务得到了合法的机构认证,便可以进行下一步,运营支持的合理策划。包括支付风险控制,即将用户网站浏览行为、购买及注册信息、支付网关反馈信息、欺诈黑名单和风险模式识别等多方面的数据进行分析。多语种客服支持,即集成实时语音实用软件 24 小时在线多种语言客服、呼叫服务等。境外物流仓储,即检验、称重、物流单据打印、拍照、跟单号采集、发货统计及在线反馈、船运货代代理服务、欧美仓储及当地物流分发中转、物流统计以及跟踪系统等。涉外法律顾问(电话咨询)、进行不定期法律培训、代理涉外诉讼、应诉、制定知识产权管理制度及战略方案等。外贸电子商务培训,即网络营销、外贸网上支付、Email 营销等。

8.4 中小企业电子商务运营管理模式选择

随着现代经济的快速增长,信息技术的进步,电子商务不断发展,给中小企业带来了新的机遇,降低了成本,增强了企业竞争力。但中小企业基础设施差、技术人员缺乏等因素制约了其电子商务的发展。因此,中小企业要想在激烈的市场竞争中获得更好的发展,则必须选择适合的电子商务运营模式。

8.4.1 电子商务代运营

电子商务代运营是针对企业对电子商务的需求开展的一种商业服务。电子商务代运营企业是传统品牌企业以合同的方式委托专业电子商务服务商为企业提供部分或全部的电子商务运营服务或网络营销服务。电子商务代运营服务可以帮助企业有效地降低成本,获得更专业的服务,提高工作效率,满足企业对拓展电子商务战略的需求。

1. 电子商务代运营及现状

电子商务代运营(或称为电子商务外包)是指为企业提供全托式电子商务服务的一种服务模式,代运营帮助企业全程运营电子商务业务。电商代运营服务内容包括店铺运营、电商渠道规划、建站、产品上架、营销、客服、IT、仓储、物流、财务结算等运营衍生业务。作为传统企业与电商之间的桥梁，电商代运营服务企业不仅可以为传统企业解决人才问题，更能帮助传统企业快速建立网络营销渠道，树立企业在网上的品牌形象，降低运营风险和成本，满足企业初期对拓展电子商务战略的需求。

据统计，电子商务代运营市场交易规模从2010年142亿元增长到2015年4248亿元，复合年增速达97%。网络零售市场中的B2C市场是电商代运营生存的土壤，根据统计，我国2015年网络零售市场交易规模已达3.8万亿元，6年复合增速达57.3%。我国网络零售市场和电商代运营市场均以一个非常高的增速发展，且电商代运营市场在网络零售市场中的渗透率不断提高，2015年已达到11.1%。若未来五年网络零售市场以年均25%的增速增长，且随着网络零售市场中B2C份额的逐年提高，电商代运营的渗透率在2020年达到18%，则整个电商代运营市场在2020年将达到2.1万亿，对应的2014~2020年的年均复合增速达40.9%。

2. 电子商务代运营的优势

（1）提升企业品牌形象

①建立在目标消费者需求的基础上，迎合了消费者的利益，引发消费者的兴趣和关注。②明确的目的性传播，给目标消费者留下深刻的印象。③与目标消费者的双向沟通，增强了消费者对企业价值、品牌的认同。④与目标消费者关系的建立，巩固了企业的品牌形象。

（2）节约经营成本

由于代运营的技术优势和整合营销能力，使企业的各种资源得到有效的整合和优化，从而减少了企业生产和流动的成本。特别是人力资源和执行效率上，更加有效地降低营销成本，最大程度地提升了见效的速度。

（3）提高企业利润能力

①企业经营成本的节约，提高了企业的利润能力。②企业与消费者关系的建立和传播效果的增强，推动了企业产品销售、服务增进。③消费者对产品、服务的重复消费，提高了企业的销售额，同时节约了传播和流通成本。

3. 如何实施电子商务代运营及要点分析

越来越多的传统企业试水电子商务，为电子商务外包提供高速发展的动力，但电子商务并非真如外界所传的那样"门槛低、投入小"，以中国代运营实践发展的经历，在做代运营之前企业需要准备的一些事项。

（1）正确合理定位

现在做电子商务的很多人，进入电商行业代运营之前，只听说这一行能赚钱，能收提成，又能收服务费，简直是"一本万利"的生意。但大多数人都没想清楚一个问题：我自己定位在哪？换一句话说，就是我要赚哪一部分钱。

电子商务代运营好比卖房子，有人直接卖精装房，有人卖毛坯，有人卖家具，有人卖卫浴产品，做代运营也一样，你要想好自己的定位，了解自己有哪种核心竞争力，你可以只做网络品牌规划，只做网络品牌装修（建站），也可以只做客服外包，当然你有实力可能做全部的外包服务。但定位也不是一成不变的，在做的过程中可以不断调整，如最初的代运营公司五洲在线已经转向做电子商务仓储服务了。

(2) 准备好成功的案例

没有一个公司希望"把钱丢到水里"，所以找合作的公司都是十分谨慎的。没有一个成功的案例，很难说服别人把钱交给你去运营的。如果你有几个成功的案例，并加上客户对你公司的评价，那么传统企业会趋之若鹜的。如果你没有案例，也可以与一些有野心的中小企业合作，免费给他们做，与他们共同成长。

(3) 足够的资金支持

代运营公司到底要多少起步资金？很多人看到报纸上的介绍，十万块就能开始运作。其实这个完全取决于你自己的团队。一般一个小的运营团队，应该有一个美工、两个推广专员、一个文案、两个客服，再加上一个项目负责人，也就是7个人的配制。你可以先了解一下自己生活圈的员工工资水平，就能够预算一下大致要多少费用了。

(4) 人才储备

事业都是人做出来的，所以人才最重要。在一个代运营公司内最重要的还是那个经理。他必须要了解整个公司服务项目，懂一点管理，会一点谈判，能沟通，善交际。除了这个经理外，对于创业初期的电子商务代运营公司，最重要的是美工。一个好的美工，工资是很高的。而电子商务最重要的是形象，你的文案可东拼西凑，促销活动可以照搬别人的，但没有一个好美工，你会在首页把顾客赶跑的。所以，找到好的人才，是代运营公司的重中之重。

(5) 产品选择

产品选择上，做到如下四点就可以了。①高毛利润的产品（如衣服，减肥产品，保健品等）。②使用率高的产品。③小行业或细分市场的产品（如做衣服和鞋，就不能做年轻人的了，竞争太大。但很有特色的产品，也可以考虑，如裂帛）。④品牌敏感度低的产品（如零食比钟表品牌敏感度要低得多）。

(6) 服务合同保障

合同是一种责任，也是商业的基础。准备签订的合同，一定要经过法律人士的过目，不然会有不必要的纠纷。很多代运营公司，在合同里没有指明物流费用由谁承担，促销费用由谁承担，提成是哪一部分的提成，是支付宝的回款还是淘宝的实际交易额等。此外，一定要了解淘宝商城运营细则。

(7) 标准化的执行

标准化是让客户信任的第二个途径。当你把制作精美的文案传给客户时，他看到了标准的格式，正规的页眉页脚时，会对你公司印象深刻的。

(8) 适合的营销方法

营销是一个公司能否成功、能有多成功的关键。营销方法是不停试出来的，不是期待自己品牌会有"郭美美"的热度，马上传播开。在没有营销能力、策划能力时，用心做服务，用心做好客户体验，一步一步，循序渐进，是一条最稳健的路。

8.4.2 电子商务自运营

运营就是对企业经营过程的计划、组织、实施和控制，是与产品生产和服务创造密切相关的各项管理工作的总称。运营的工作要求该岗位员工具备营销、产品、客服、供应链等比较全面全方位的知识体系。就具体的运营岗位来看，可以说是一个团队的核心人物，负责发展战略的制定和协调。

下面以教育培训机构的运营管理为例，简要介绍在运营管理中需要注意的问题。当然这些问题在电商运营管理中也具有普遍的借鉴意义。

一家成功的教育培训机构，不只有专业的市场招生，而且还有强大的课程体系。当我们纵观一家专业的教育培训机构时，无论从市场定位、到团队管理，还是从组织架构，到社会责任，都有着清晰的定位与目标。而这也是当前很多培训机构所不具备的管理思维。

1. 准确的市场定位

教育培训机构的运营模式中的首要要素，准确的市场定位。简单说来就两个方面，第一"是什么"，即每一个机构在社会上存在的价值和核心意义。作为我们教育培训机构来讲，更应该时刻问问自己这个问题，核心价值就是能够提供"有特殊性的产品和服务"。第二是"客户群"，定位和客户群是紧密联系在一起的。在目标细分越来越清晰的情况下，每一个企业都要有一个清晰的定位。

2. 优秀的运营团队

教育培训机构的运营模式中的第二个要素，就是优秀的团队。任何一种定位和服务，都是靠团队来实现的。优秀团队应该具备什么样的标志呢：第一个要有共同的目标；第二个要有使命和奉献精神；第三个要有不断学习精神，现今社会，特别是对我们从事职业培训的成人教育培训机构来讲，面对知识更新速度越来越快，我们一定要具有不断学习的能力；第四个就是要有创新，要有不断的创新的精神；第五个是要有执行力。

3. 清晰的组织架构

教育培训机构的成功运营模式中的第三个要素，就是要有很好的组织架构。人的组织如同建筑一样，是需要有一个清晰的组织架构，这个是物理结构和人类社会结构的共性。因为团队不是几个人，有可能是成百成千甚至上万人，这么多人怎么结合呢，一定是有一个结构。

4. 标准化的管理制度

标准化是教育培训机构成功运营模式体系中的又一个重要因素。那么怎么来建立教育培训机构的标准化呢？我的理解就是依照一个正确的业务流程，正确的组织结构，来界定标准化的每一个操作环节。作为教育工作者，当然需要有激情、有爱心、对学员和社会负责任，但是这些东西都要落实到正确的服务流程上。

5. 良好的社会责任感

最后一点,就是良好的产品是实现社会责任的重要基础。作为教育培训机构的成功运营模式来讲,除了前面提及的那些因素之外,好的产品是一个重要基础。好的产品要有一个好的设计,产品要根据客户的需求,根据客户的条件来做设计。

成功的运营必是很好的满足大众需要,这和"好坏"无关,格局高的运营能看到市场,格局更高的可以看到未来的市场,没有格局的只能看到老板。对于一个优秀的运营来讲应该具备以下素质。

1. 用户数据分析

运营需要对数据具有敏感性。在互联网上,你的任何行为和方案最终都是以数据来讲话。显示率,点击率,转换率,这三个数据是你必须要去了解的,每天要去看的。为什么你的显示高而点击少、为什么转换率不如别人。从数据上你可以了解自身以及和竞争对手的分析。其实数据分析数据模型在各个公司都有自身的数据平台。其中的各个环节相连程度一般人还看不太明白。如在天猫上就是淘宝指数能够显示出来一部分。其余的数据必须是运营自己来采集,如内部 ERP 的流转时间、客服每天的接单数据以及成功率、客户投诉率等,这些就需要运营自身采集之后做成 Execl 表格走势图内部分析。

当然财务报表也是最重要的数据体现。做运营管理的至少要懂得基本的财务知识,才能把控成本和节奏。一个好的运营老板,数据是非常清楚的。

2. 产品和行业

无论是互联网产品还是天猫销售产品,运营人员对于产品不了解是根本做不好事情的。这个对产品的了解不是什么基本了解,而是非常深刻的了解。产品到底怎么生产的,在设计产品的时候注意什么,未来产品的走势到底是如何的。包括企业的文化,必须非常了解。

产品其实是做卖点。市场上同类产品那么多,你的卖点是什么、哪些竞争对手做的产品和你一样、原材料从哪里来等。一个电商运营的负责人如果不了解这些,根本是无法持续实现好的业绩并取得好的效果。

3. 站内运营

所谓站内运营就是活动为主,内容为辅。无论是天猫还是传统的互联网平台都是需要活动运营。最简单的就是跟着节日走。这根本不需要动脑筋。很多天猫店就是不断地组合产品随后来促销。但是店铺真的只是卖产品吗?其实在卖产品的运营是初级运营。好一些的运营其实在销售文化和知识理念。告诉你的客户如何来选择。如何寻找到最适合他的产品。发挥出你的专业知识和理念,让客户成为你的粉丝。无论你的价格如何变动,这些客户都是你产品的死忠粉。

4. 站外运营

很多人都在抱怨:天猫店流量难,投入广告效果不好。一些天猫俱乐部大谈 SNS 运营。

其实我们来看单纯的互联网公司,在产品开发之后第一个做的就是引流。怎么引流呢?就是商务合作,如支付宝就是和各个行业进行合作、今天和便利店合作支付、明天和大卖场合作、后天和学校合作支付宝打款等。互联网公司的做法就是寻找有流量的合作对象,如格瓦拉当初就是不断地出优惠券在各大平台分发,吸引客户来和站外的企业(行业)客户搞合作。把流量吸引到自身平台上,这也是运营需要做的工作。

5. 管理把控

一个团队无论是 3 个人还是 30 个人还是 300 个人,必须要严密整合高效运作。运营就是整个体系的把控核心。无论从客服的 FAQ 到仓储库存 ERP,到设计美工必须要制定出季度、月、周的目标和方案。运营制度要落实到每个人的头上,随后用数据来统计分析进展。运营要做到目标明确,执行到位,协同作战,有大局观的意识。当然说起来简单,做起来还是难。毕竟很多的人连自己都管理不好,何谈管理团队,但是目前的结构就是体系作战。例如,天猫就是企业团队作战,小作坊的方式无法生存。

6. 战略眼光和市场敏锐度

一个天猫店在天猫上生存,你必须有自身的策略,才能从成千上万家企业中突围而出。在我看来是靠跟着别人卖,还是和别人拼价格,还是做产品差异化,或者从外部做到内部。必须要制定出一套适合自身的运作方式。

说到战略眼光,就要提前想到产品的未来趋势,天猫小环境和电子商务大环境的竞争趋势走向(如客户从 PC 移植到了移动端)。这些都是一个运营老板需要考虑的问题。市场是瞬息万变的。今天是大象,明天或许无影无踪。今天是小老鼠,后天可能发展成为军团,互联网只有快鱼吃慢鱼。你的切入点是什么?你的核心竞争力是什么?这些是运营的关键,其实运营就是经营之道。我们不应该只关注与站内本身的运营手段。你直通车做得再好,你不如阿里搜索程序员对算法的了解。你活动做得再好,天猫内部政策变动就灰飞烟灭。其实运营是很难以标准化来衡量的,关键在于你的思想和各个环节的整合是否执行到位。

8.5 自媒体运营

在数字化网络技术高速发展的今天,这种以网络视频吸引受众,以微信公众号维系用户的"自媒体"是一种极具潜力的媒介形态,它代表着新一代自媒体的发展方向。因此,它的运营策略、传播方式和发展趋势都值得我们关注和探讨,具有很大的研究价值。

8.5.1 自媒体概述

自媒体与新媒体一样,都是数字化网络技术发展的结果,它改变了信息的表达和传播方式,是一个传播学范畴下的新生事物。"自媒体"这一概念缘于美国 TT 专栏作家丹洁尔默(Dan Gillmor),2001 年 9 月 28 日,他在个人博客文章中提出了一个颇有影响的"媒体 3.0"的概念。

"自媒体"一词的定义之所以被学者们广为借鉴和采纳,是因为谢因·波曼(Shayne Bowman)与克里斯·威理斯(Chris Wivis)俩人于2003年7月自媒体研究报告联合提出并在美国新闻学会媒体中心发表的《自媒体:受众如何影响未来的新闻和信息》中对自媒体的权威定义:"自媒体就是在数字科技强化并与全球知识体系相连之后,普通大众参与生产并提供和分享他们真实想法和自身新闻的传播途径"。

自从"自媒体",一词被引入国内后,一开始,学者们对其的关注大多混杂在对新媒体的研究中,主要探讨包涵自媒体在内的新媒体对传统媒体的冲击以及传统媒体的应对和变革策略,其中也不乏将"自媒体"与"新媒体"混为一谈的情况。而对于新媒体与自媒体的关系,吴潮认为,自媒体是新媒体的衍生物或新媒体的子概念,它成长在新媒体大树的主干之中,离开了新媒体技术背景的支撑,自媒体是无法单独成立和存在的。而后,随着新媒体的发展,特别是博客、微博、微信等新媒体出现之后,"自媒体"一词被频频提及,对"自媒体"的研究也成了热点。可每当论及自媒体的定义时,研究者们虽在阐述中遣词用语不尽相同,但基本上都采用了谢因·波曼与克里斯·威理斯于2003年提出的关于自媒体定义的精髓并进行衍生,如"平台说""个性化说""人格化说"等。

8.5.2 自媒体的分类

对自媒体的分类进行探析,不仅有助于了解目前国内的自媒体发展状况,而且有助于明确对自媒体运营的研究。基于互联网和移动互联网技术的自媒体,可借助多平台对多媒体信息进行传播,在此,笔者根据产品形态、使用模式、组织结构等对自媒体的类型进行划分。

1. 按媒介形态分类

"按媒介形态的不同可分为博客、播客、微博、微信、SNS网站和类SNS的应用。"

(1)博客。

博客是一种通常由个人管理,不定期张贴新的文章的网站。博客上的文章通常根据张贴时间,以倒序方式由新到旧排列。许多博客专注在特定的课题上提供评论或新闻,其他则被作为比较个人的日记。一个典型的博客结合了文字、图像、其他博客或网站的链接及其他与主题相关的媒体,能够让读者以互动的方式留下意见,这是许多博客的重要要素。大部分的博客内容以文字为主,仍有一些博客链接图片、视频、音乐、等多媒体形式。1997年,在互联网技术的出现并得到运用的同时,博客也由此出现。1999年,Peter Merholz确定了"blog"一词的命名,这一年也是博客快速发展的一年。2002年,博客在国内逐渐掀起了热潮,同时宣告了新的个人化媒体时代的来临。自2004年的"木子美事件"之后,中国民众进一步了解博客,并运用博客;自2005年起,原本不看好博客业务的国内各门户网站,如新浪、搜狐等,也纷纷加入了博客的阵营当中,开始进入博客时代,其中涌现了如"老徐的博客""徐静蕾"等一系列有名气的博客。但是,自2007年起,出现了SNS网站和微博客,相比之下,博客在信息传播方式、互动以及盈利模式方面表现出了极大的弱势。就此,博客走向了衰落时期。

(2) 播客。

播客是一种主流的网络视频媒体，可以自由上传、下载、分享、自动更新及订阅视频。全球最大的播客网站，是创立于 2005 年的 YouTube，建站 5 年之内所创造的流量甚至超过整个互联网前 5 年的流量。而后，国内借鉴 YouTube 的形式，出现了如土豆网、优酷网等一批以 UGC 为主要内容模式的视频网站。2006 年，酷 6 网、六间房、爆米花网、56 网、音悦台等播客网站纷纷崛起。这些网站鼓励广泛的网站使用者更多地成为视频制作者，上传所拍摄的视频，以提供一种大众对大众的传播方式，而不仅仅是作为观看者。开始时，相对于博客而言，播客的出现可以说是媒介形式上的一种延伸：从图文到影像。但是，播客的盈利模式基本停留在个人品牌展示平台这个层面上，并没有取得长足的进步。在 2013 年之前近十年的时间里，各个播客网站依然保持着 UGC 功能，而随着自媒体概念的清晰，这种功能慢慢转向 PGC 专业制作。如此一来，播客的盈利模式便有了更多可能性。

(3) 微博。

微博是一个基于用户关系信息分享、传播以及获取的平台。用户以 140 字（包括标点符号）的文字更新信息，并实现即时分享。微博的关注机制分为可单向、可双向两种。微博作为一种分享和交流平台，其更注重时效性和随意性。微博更能表达出每时每刻的思想和最新动态，而博客则更偏重于梳理自己在一段时间内的所见、所闻、所感。微博创始于美国，最早的微博网站是美国的 Twitter，2006 年 7 月面向公众开放，2007 年开始独立运营。中国的微博网站创始于 2007 年，类推特的饭否网的上线带动了多个同类网站的发展，如随心微博、叽歪网、嘀咕网等。依靠庞大用户群的腾讯网也于 2007 年 8 月推出了腾讯滔滔。到 2009 年，国内微博又掀起了一股热潮，继同学网转型微博客网站、聚友网推出微博网站 9911 网、中国移动凭借手机运营商的先天优势推出 139 说客后，2009 年 8 月，新浪开始推出"新浪微博"内测，并于 10 月份正式面向公众开放。"新浪微博是一种新的在线体验方式，它将实体公共自我表达与各强大的社交平台，以及内容聚合和发布结合起来，已成为一种文化现象"，这是新浪 2014 年 3 月在美国提交的一份首次公开募股的招股书中提及的内容。文中还提至 2013 年 12 月，新浪微博拥有 1.291 亿月活跃用户（MAU，平均每天活跃用户数量（DAU）达到 6140 万），总用户数超 5.3 亿。

(4) 微信。

2011 年 1 月 21 日，腾讯公司推出微信，这是一个为智能终端提供即时通讯服务的免费应用程序，可发送音频、视频、图片和文字。同时，也可以通过使用共享流媒体内容的资料和基于位置的社交插件"摇一摇""漂流瓶""朋友圈""公众平台""微信游戏"等服务。截至 2014 年 7 月底，微信月活跃用户数达到 4 亿。微信朋友圈具备了一定的社交功能，用户可通过权限的设置向微信好友发布文字和图片，也可与他们分享来自微信公众订阅号的文章及外部链接。同时，用户也可对微信好友发布在朋友圈中的信息进行转发、点赞、评论等操作，从而建立社交关系。微信公众平台是一个自媒体平台，其自媒体特征突出表现在微信公众订阅号上。微信公众号准入门槛低，只需通过个人申请便可建立。微信公众号可通过为用户提供信息和资讯赢得粉丝量，也可通过创建微信商城进行商品销售的方式实现经济效益。可以说，微信是一个有利于自媒体运营的平台，源于微信的微信支付和二维码扫描等功能顺利地连接线上线下，使得自媒体盈利变得更加简单快捷。微信是时下移动社交媒体中的佼佼者，微信公众订阅号的个人化特征吸引了一大波自媒体人的加入，他们在其中大展身手，在探索中前行。

（5）SNS 网站和类 SNS 的应用。

SNS 也就是社会性网络服务，专门意思是说，在帮助人们建立社会性网络的互联网应用服务。SNS 网站是通过"friend"的方法关注人们发表、分享和评论的互联网资讯。它的前身就是来自美国的 Facebook。中国国内的 SNS 网站有很多，比如豆瓣网、腾讯、人人网、开心网等许多著名的网站。在这许多的网站中，人人网和开心网是利用"同事"和"同学"的真正关系达成共识，建立为彼此的关系，我们把这种方式叫作"强关系"。如豆瓣网，则是以地域上的区别或者是彼此的喜乐爱好作为一种特殊意义上的"桥梁"来彼此沟通和关注，但是由于这种方式相对来说比较简单以及陌生，所以我们把它叫作"弱关系"。虽然"弱关系"和"强关系"存在区别，但是"弱关系"和"强关系"可以互相转换的，从互不相识到彼此熟悉了解，彼此关注然后建立更加熟悉的关系，然后慢慢地认识了解彼此，甚至出现恋爱的现状。SNS 网站大部分为利用"friend"的方式关注关心好友们发表、分享以及评论的多媒体信息；微博的性质为"病毒式"传播；微信公众号的性质则是不限制订阅用户的数量。但是普通的作为平民性质的 SNS 网站一般都会限制好友的数量，同时也会在内容的广度上限制传播。SNS 比较容易对传播内容引起共鸣，但是其容易忽略关注内容的发布者，此缺点对自媒体未来的长远构建造成不利的影响。

2. 根据使用目的的分类

根据使用目的的不同，可以分为"以社交为目的"的自媒体、由"产业链"的延伸形成的自媒体、"以小群体传播为目的"的自媒体、"以自建新经济为目的"的自媒体。

（1）"以社交为目的"的自媒体。

这种"以社交为目的"的自媒体模式是最广大自媒体账号用户，彼此之间通过互联网写下自己生活的点点滴滴，同时通过互联网在有限的较为狭窄的圈子里进行社交活动。在自媒体账号这类的传播内容中，多数为各自生活中的喜怒哀乐以及心中感悟或者沿途风景等。所以对于这类自媒体用户而言，他们并不算是严格意义上的"自媒体"，他们只不过是进行一个"生活记录"的社交活动。

（2）由"产业链"的延伸形成的自媒体。

可能对于很多人来说，按"产业链"延伸是一个很模糊的概念。我们社会中一些名人、明星，或者是公司团体在互联网上发布或者是展示一些与其工作内容领域有关的一些事情以及现状，或者对其领域发表一些专业知识言论，这就是按"产业链"延伸。同时，我们也可以认为,这一类人是"产业链上长出的自媒体"。由于各种行业领域的领袖地位高,而且他们受到关注的程度也高,所以他们的一举一动,发表的各种言论都特别容易影响到所在的行业领域,所以这种模式常出现于各行业领域的领袖。举个例子,潘石屹和任志强,此二人都是房地产领域的大亨级人物,也就是行业的领袖。他们平时所发表的言论和所决定的行动都相当于是该领域的领先言论和行为,所代表着的甚至是发展方向,同时也是展现出精英阶层的生活状态。此二人经常参与并举行一些与房地产领域相关的活动,他们的自媒体账号粉丝的数量,就算是户主本身不用专门"拉票",却一样能达到非同凡响的效果。咱们就说说任志强此人,他之所以能成为媒体重点关注的人物,是因为他经常发表关于房价问题的深入看法,他发表的言论独到尖锐,甚至有可能影响整个行业发展的趋势。社会中的小部分公司或者社会团体通过应用自媒体,使自媒体成为此类按"产业链"延伸的公关平台,同时通过互联网上积攒起来的影响力发展他们线下的实体产业,扩展商业平台。

(3)"以小群体传播为目的"的自媒体。

小群体,意思就是人数较少的社会群体。小群体的性质是群众规模小,组织机构疏松,人们彼此间的社交联系属于非正式的,机动性和变化较大。互联网虽然让世界上的人们彼此交流更加方便,让他们成为了一个大家庭,不过世界上依然存在并且也流行着一种"小家庭",其根据爱好和共同话题聚集,他们在这个"小家庭"中能够一起谈论大家都喜欢的事物,发表共同爱好的言论,所以他们在这个圈子里可以得到很强的认同感,而且在心理上容易得到很好的满足。自媒体运营者在小群体中进行传播,不需要有什么很强大的名气,但是能够作为小群体中的意见领袖,也在自媒体的裂变式传播中占据着举足轻重的作用。

(4)"以自建新经济为目的"的自媒体。

自从产业链上长出"自媒体"以后,许多名人、草根名博计划将粉丝经济变现,着眼于自媒体产品的开发。这类产品具有名人效应,并带有"人格化"特征,而对粉丝而言,拥有其自媒体产品,事实上是实现一种"精神崇拜",并从中获取一种归属感。这类人在微博上不胜其数,罗永浩就是一个典型的例子。他开始是以英语教师的身份出现,后因其言辞较为独特、犀利以及经常和网友辩论等行为使其个性得以放大,并因此而出名。而后,他自建团队制作"锤子手机",并不断利用微博进行营销,一直致力于培养垂直的用户群。2012年初,他萌生制作手机的想法并付诸行动。经过团队协作,锤子手机于2014年5月面市。罗永浩利用其个人效应把所研发的"锤子手机",塑造成了手机界"人格化"的代表。又如《罗辑思维》的罗振宇,也是通过自身的"人格化"特征吸引了无数粉丝用户。

8.5.3 自媒体的运营现状分析

众所周知,自媒体的信息发布依靠自媒体平台。目前的自媒体平台除了影响力式微的博客和以草根自媒体为主的微博外,还有微信公众订阅号、百度百家、腾讯大家、虎嗅网、钛媒体等。其中,微信订阅号的特点是去中心化只提供基础设施,大家、虎内容、粉商业化都要自媒体人自身来完成，优点在于：渠道自控，独立经营，粉丝、客户都在自媒体人手中，后期获益较有保障，另外，由于没有门槛，大多数自媒体人选择微信订阅号为其自媒体运营的阵地；百度百家利用百度新闻为自媒体人导来不少流量，又在专栏页面搭载广告、由广告商承担作者的收益，这种模式有利于扶持优质内容，由此，百度百家也吸引了很多优秀自媒体人的加入；腾讯大家平台依托腾讯强大的网络媒体平台、庞大的用户群体，来搭建幽体化个人自媒体平台，该平台以签约、稿酬的现金回报来吸引自媒体人；而虎嗅网、钛媒体等自媒体平台属于个性化商业资讯网站，这些网站由于读者群体都是一些有影响力的人而吸引一些自媒体人入驻，可起到提升自媒体品牌的作用。

通过微信公众号平台进行自媒体运营的方式比较多样，且更多地通过自媒体人独立运营，因此更能体现"运营"一词的真正含义，而依附百度百家、腾讯大家、虎嗅网、钛媒体等平台的自媒体，运营方式则显得比较单一，一般是由自媒体人发布软文，通过广告或者稿酬获利。因此，笔者对自媒体运营类型的对象主要针对在微信公众号这一平台上运营的自媒体。

经过梳理，笔者发现，按照盈利模式的不同，在微信公众平台上进行运营的自媒体有以下几种类型：

1. 软文+目标用户+广告模式

第一种运营类型是通过在微信平台上发表软文，聚集一定数量微信粉丝，继而通过广告的盈利模式得以持续发展。目前较有代表性的是"孕峰"（微信号 yunkejiAPP，订阅号）。"孕峰"认证信息为"程等峰和他的朋友们甄选的内容，涉猎互联网、泛科技以及文化、宗教，并在它们之间做跨界思考"。主要运营者程等峰是博客联盟"云科技"和《创业家》杂志的发起人、中文网专栏作家，原腾讯网科技中心总监。

"孕峰"的运营策略大致如下：首先，建立微信公众号并通过公众号发布软文，像"孕峰"公众号，一般发布一些关于互联网公司高层分析、互联网公司战略及产品、"行业内幕爆料"深度报道等的文章，由此吸引一些互联网行业精英对其公众号的关注，继而以在微信上售卖广告的方式获得盈利。其中，"孕峰"广告主多集中在电子商务、应用软件、APP 推广、游戏、在线房产、高端商务旅游等行业。

事实上，"孕峰"微信平台是程等峰自媒体体系的内容与渠道延伸，其微信用户主要来自程等峰之前创建的"云科技"官方网站、微博、内容聚合平台等渠道，而且用户主要来自互联网领域中高层管理者及相关从业人员。正是由于"孕峰"拥有一群这样的目标用户，才使得广告主愿意在"孕峰"平台投放广告，以此让广告获得相对精准、高质人群的覆盖与较高的转化，并以此获得诸如吸引投资商一类的附加价值。也正是由于这些特殊性，使得这种广告模式较难被其他普通自媒体微信公众号中所复制。

2. 语音或文字+社群+内容付费模式

第二类运营类型是通过在微信中发布语言或软文，针对固定的受众群体进行信息推送，建立社群，进行社群传播，先提供免费优质内容，后以内容付费的形式保证公众号的可持续发展。目前较有代表性的是"凯叔讲故事"官方微信账号(微信号 kaishujianggushi)。天生一副浑厚嗓子的光头王凯之前在 CCTV2 做《财经故事会》栏目,去年从央视离职后,王凯开始专门为小孩子讲故事,其中,他讲的故事分为免费和付费两种。其微信平台内容板块主要包括:故事盒子、凯叔大杂院和凯叔小卖部等。目前他运营的公众号"凯叔讲故事"已经有 30 万粉丝,营收状况良好。

3. 多媒体内容 + 社群 + 用户赞助模式

第三种运营类型是通过自媒体播客发布视频、通过微信公众账号来发布语音信息的方式增强辨识度,发展用户并形成社群,并从用户方获取赞助收入的盈利方式。典型代表是"罗辑思维"。"罗辑思维"运营者是资深媒体人罗振宇,他曾任央视《对话》《中国房产报道》《商务电视》《经济与法》等栏目制片人。2012 年年底,罗振宇与申音合作推出知识型视频脱口秀《罗辑思维》,同时启动同名微信公众账号的运营。该微信致力于"为身处互联网时代的人们提供一种全新的思维",每日早晨推送一条 60 秒的语音,用户按照语音提示输入关键词后可获取图文并茂的推荐文章。此外,"罗辑思维"也积极拓展线下活动,如邀请"粉丝"参与一些视频录制活动等。总之,用户出于喜爱选择经济支持,而自媒体运营者则通过内容运营与会员服务,结合用户需求,创造出了更多、更新的"玩法",即众筹模式。

以上三种是自媒体目前使用得比较多的运营策略,当然也有些草根自媒体公众号并无什么运营策略,凭借自己的兴趣爱好来创建公众号。

8.5.4 自媒体运营中呈现的问题及原因分析

由于自媒体自身的传播特性的限制以及资金的缺乏,大部分自媒体仍处在亏损的状况之下。有些自媒体甚至因为缺乏有效的运营策略和盈利模式,不得不终止对自媒体的运营。下面,笔者将对目前自媒体运营中呈现出的问题及原因作分析。

1. 内容同质化严重、抄袭成风

自媒体在运营中的第一个突出的问题就是内容的同质化和抄袭成风问题。拿微信公众号上推送的文章来说,"1 人原创,99 人抄袭"的现象频频出现。笔者随机查阅了微信热门榜中的文章,发现不署名、不标注来源就转发的公众号成百上千。微信文章抄袭成风的例子确实不胜枚举。

事实上,不仅微信自媒体,自媒体平台腾讯大家中。腾讯"大家"以签约方式买断优秀作品版权,首年投入近 2000 万元,但也因文章内容精良,而被抄得很严重。腾讯"大家"副总编贾永莉曾说,一个月平均有 30 ~ 40 位"大家"作者投诉文章被盗用。

笔者以为,造成这种现象的原因有以下几个:其一,抄袭能让微信公众号迅速吸引粉丝变成"公众订阅大号"。一些微信公众号缺少博人眼球的创新文笔,而"抄袭"在这些微信公众号眼中是"集百家所长",通过抄袭,公众号的内容质量得到大大提升。同时,又由于 80% 的用户从朋友圈中获取订阅号文章,而非自己从订阅号内筛选,用户更多地关注优质内容而非文章出处。这样,很多微信公众号为了增加粉丝量,便采取"抄袭"这一投机取巧的方式,从而通过软文和广告的方式获得收益。总之，缺乏原创精品文章但又想要在短期内获得收益，是微信公众号选择抄袭和剽窃的原因之一。同理，其他自媒体平台的优秀作品被抄袭，也是这个原因所导致。其二，传播内容中"把关人"的缺乏导致原创者维权难，也是微信抄袭成风的重要原因。就微信公众号而言，能起到维持秩序作用的应该是微信及其团队，但面对原创者通过微信平台进行维权举报，微信团队表现出的举报处理慢、惩罚轻导致收效甚微，再加上高昂的协调和申诉成本，结果往往是侵权者受到惩罚不大而维权者却元气大伤。由此，原创对"抄袭"行为的投诉维权变成一件性价比很低的事情。

2. 内容更新少，粉丝量小，影响力弱

根据中文互联网数据咨询中心的《2014年微信公众平台发展现状报告》一文中的数据显示，截至2014年7月底，微信平台拥有微信公众号580万个，且每月新增1.5万个。然而，在数量庞大的微信公众号中，一些自媒体微信公众号却呈现出内容更新少，粉丝数小，影响力弱的状况。

很明显，造成上述问题的原因有二，其一，微信公众号创建门槛低，人人都可以申请，很多人创建微信公众号只是一种盲目跟风的行为；其二，一些自媒体公众号缺乏运营，通过个人的力量很难长期保持的优质原创作品。"僵尸"微信公众号的出现，反映出一些自媒体人缺乏运营自媒体的毅力，无法坚持更新信息，从而导致粉丝量小，影响力弱等情况的出现。

3. 盈利模式不明朗，品牌缺乏可推广性

对于部分成功的自媒体而言，大部分普通自媒体仍未找到能够变现的盈利模式，除了在线支付、流量加固，用户数量及社交模式线上线下互动仍是一大难题。无法盈利就意味着无法保持自媒体的可持续发展，而关于自媒体的品牌推广问题更是无从说起了。

论及微信公众平台的自媒体变现难的原因，有分析师认为，微信的第一核心功能必须是通信，其次才是社交，最后才是其他功能的辅助。万变不离其宗。倘若微信涉足电商、游戏，其自身一定需要有套完整的收费模式向上线商家抽取提成，而目前微信商业模式正处于发展初期，也可以说是"试错期"，因此，这是变现难的原因之一。对于微信而言，想要创造更多的商业价值，就目前来看，语音识别度差是难点，量化和迅速传播是难点。找到符合并适用于用户的内容产品，让自媒体产品实现微信社交化、平台化、区域化依旧是难点，这些难点都成为微信自媒体盈利道路上的障碍。

8.5.5 互联网思维对自媒体运营的影响

互联网思维的核心是两个字——"连接"。其中，"人格魅力体"的塑造，让用户主动与自媒体进行连接；社群的创建，使用户和自媒体间的"连接"得到增强；多平台的品牌推广，可以增加用户与自媒体的"连接量"，创新性的盈利模式则保持了自媒体与用户连接的可持续发展。

谈及互联网思维的本质，可以从"道"和"术"两方面着手。从"道"的层面看，互联网思维是一种思想，一种思维模式，即利用互联网"平等、开放、协作、分享"的精神来改造企业内部的经营管理和产业的上下游价值链。"平等、开放、协作、分享"既体现了互联网精神，也是传统企业互联网化的思想基础，甚至可以说是衡量一个企业能否开始互联网化的重要指标。从"术"的层面看，互联网思维就是把互联网当工具，利用大数据、云计算等技术更精准地发现用户需求，最大限度地满足并超越用户需求。

站在不同的角度，从战略、战术层面以及价值观、组织模式、经营理念等不同纬度，一千人心中恐怕有一千种互联网思维，如"互联网思维的核心是开放、平等、互动、合作""互联网思维就是用户思维""互联网思维追求极致的用户体验""互联网思维的本质是去中介、去中心化"等。但有一点是公认的:相对于以前大规模生产、大规模销售和大规模传播为特征的工业思维而言，互联网思维将通过市场、用户、产品、企业价值链乃至整个商业生态结构并重构，带领人类进入一个以开放、平等、自由、分享为特征的信息化革命的新商业时代。

互联网思维对自媒体运营有着重大影响，在互联网和移动互联网的影响下，自媒体日渐向品牌人格化和社群化营销的趋势发展。在互联网特别是移动互联网时代下，自媒体的运营首先要使自媒体品牌人格化，赋予自媒体品牌人格化的特征，将品牌打造成为具有独特魅力和情感影响力的人格化品牌符号，只有这样，才能在潜移默化中在用户心中形成品牌黏性，使用户产生情感，触动用户的心灵，促进用户对品牌价值的认可。互联网将散落在各地的人们的分散需求聚拢在新媒体平台上，形成具有新的共同需求的并具一定规模的群体，完成从物理属性的分散到内在的重新聚合，可以称之为"互联网社群"。这是互联网背景下信息开发和平台化信息交流的结果。以往划分受众群体一般按照地域、教育程度、收入、年龄、阶层的不同来划分，而如今，互联网时代之下，更多的按照兴趣、价值观、娱乐和生活方式等共同行为方式来重新划分人群。

在以往的媒介竞争中，"内容为王"仿佛是一个永不褪色的法则，不管是广播、报媒还是电视媒体，都在强调"内容为王"，并致力于生产出越来越优质的内容。在新媒体出现并对传统媒体形成冲击之时，有学者提出"渠道为王"，强调了渠道选择的重要性。而现在，互联网思维告诉我们，"用户为王"是目前所有媒体所要关注的重点，当然，对自媒体而言更是如此。那么，对于自媒体运营而言，如何抓住目标用户成为其运营的关键问题。而运用互联网思维进行运营，实际上就是解决用户和自媒体的"连接"的问题，整个过程运营可以概括为:创建"连接"、增强"连接"、增加"连接量"、保持"连接"的可持续发展。具体而言，自媒体运用互联网思维运营的过程，实际上就是一个吸引用户、聚集用户、借助社群影响力进行品牌推广继而获得盈利的过程。

8.6 当前电子商务运营管理的现状及对策

8.6.1 电子商务运营管理的现状

1. 管理方法不成熟

目前电子商务运营中存在的主要问题是管理方法上的不成熟。一方面是因为电子商务作为一种比较新兴的商务发展方式还没有真正的深入到各个商业领域中,因而管理的成熟也就无从谈起;另一方面是因为很多企业的电子商务发展还处在起步阶段,因而很多规章制度还没有建立起来特别是管理体制尚需要经过长期的实践才能形成。正是由于管理方法上的不成熟才使得电子商务的运营难以实现高效,这是当前需要解决的重要问题。

2. 运营模式不合理

电子商务的运营模式是极具变化且异常丰富的。对于大多数企业来说电子商务的运营模式主要有 B2B 和 B2C,这两种模式分别是指商业机构对商业机构的电子商务和商业机构对消费者的电子商务。很多企业往往以一种陈旧的观念来看待电子商务的发展,认为商业机构之间以及商业机构与消费者之间才需要使用电子商务而没有意识到市场经济主体的多元化。政府部门和三大产业的经济主体都是电子商务可以渗透的对象,电子商务是要借助网络的力量将各经济利益主体以一种合理化的方式连接起来以达到共同发展的目的。所以企业一定要看清形势积极寻求更好的电子商务运营模式。

3. 缺乏运营管理创新

电子商务的运营范围非常的广泛且具有相当的复杂性,这就加大了其运营管理的难度。很多人拘泥于现有的管理体制没有及时地进行创新。这主要体现在以下几个方面:首先,很多企业没有利用先进的计算机技术进行自动化管理方面的尝试,在一些基础业务中依旧是依靠低效率的人工管理模式;其次,电子商务依托于网络往往需要开一些重要的电子会议或进行消息交流,可是相当多的企业在时效性和保密性方面做得不够好,这也是由于在技术和管理创新方面没有突破造成的;最后,电子商务应该融合到企业商务的各个方面以实现整体效能的发挥,可是很多企业在运用电子商务时却和很多业务割裂开了,这就使得管理上存在诸多不利。

8.6.2 如何提高电子商务运营管理水平

1. 加强管理方法研究

为了提高电子商务运营管理水平首先就应该要从加强管理方法研究方面着手。为此,应该从以下几个方面积极采取措施:首先,要在企业内部加快电子商务的推行并结合企业的特点和经营业务的方向制定比较行之有效的管理方法;其次,企业的研究人员应该要借鉴其他同行的经验在管理方法上进行创新,要以商务法规为依据在企业内部进行新管理方案的尝试;最后,电子商务运营管理一定要做好保密工作,安全性是商务活动中的首要前提。除此之外,企业管理人员要更新管理思路,通过对企业内部制度和商务活动原则的适当调整以实现管理的合理化。

2. 改进运营模式

针对电子商务运营模式不合理的问题有关部门要根据企业自身状况来选择合理的运营模式。首先,对于大多数企业来说要开拓市场肯定要使用 B2B 和 B2C 这两种比较常见的模式,集中精力发展这部分市场可以明确企业发展战略赢得市场主动权,以旅游业为例,面向消费者并与商业机构的多样化服务结合起来就可以为企业的发展提供更广阔的空间;其次,电子商务具有高时效且不受地域空间的限制,这就为跨国企业间的商务贸易提供了极大的便利,通过网络企业间的联系可以更加频繁并增加对行业形势的了解,这也可以使企业立足于国内而走国外拓展的运营模式;最后,作为现代企业来说发展商务贸易还应该在动态的市场中寻找稳定的资金和商品来源,还要解决信息资源收集和市场开发等问题,这就要求企业建立一种多方互动资源信息共享的机制并在最短的时间内寻找解决问题的最佳方案。只有通过这些措施才能使得电子商务的运营模式更加符合企业的发展需要更加能够推动现代商务贸易的发展。

3. 培养创新能力积极实践

由于电子商务管理缺乏创新使得电子商务的功能未能在商务贸易中取得较大的发展,所以有关部门应该要利用企业各种优势进行管理方案的创新并积极实践以推动电子商务的快速发展。为此,应该从以下几个方面积极采取应对措施:首先,企业管理者应该认识到电子商务的管理在某些方面可以进行自动化,如在网络营销中可以实现商品的自动销售特别是订单商品的销售更是可以进行自动化管理方面的尝试,这就避免在一些基础业务中依靠低效率的人工管理模式可以节约部分人力资源;其次,企业为了实现电子商务在区域贸易中的协调发展可以依托网络开一些重要的电子会议进行消息交流,在这个过程中企业应该要充分的利用网络技术创新引进一些保密性安全性较好的信息交流平台和资源数据库以为企业的发展提供安全可靠的服务;最后,企业管理者应该逐步将电子商务融合到企业商务的各个方面以实现整体效能的发挥,通过统一协调的商务活动以实现管理上的统一。当然在做好这些后还应该要在实践中不断的检验,只有这样才能促进企业电子商务的完善和发展。

总之,积极研究电子商务运营管理是推动我国企业贸易发展的需要,这也是促进我国企业向现代企业过度的一个必然选择。在现代商业贸易竞争日趋激烈的今天,只有充分地把握当前时机进行电子商务运营管理改革,才能为企业的进一步发展奠定坚实的基础。虽然这个过程充满挑战,但相信在有关人员的共同努力之下,一定能取得巨大的进步。

课内思考题

1. 简述电子商务运营管理的概念。
2. 对不同的电子商务运营模式进行优劣分析。
3. 对比自媒体运营与其他形式的运营之间的区别。
4. 结合实际案例论述如何提高电子商务运营管理水平。

第9章　大数据时代电子商务安全

※**课程导入**

近年来，电子商务和移动通信的飞速发展，打开了大数据时代的新纪元，也衍生了大数据这样一个新兴产业。人们对数据的重视程度也在加强，各行各业都在努力寻找数据分析方法，挖掘数据带来的潜在价值。本文将大数据与电子商务安全结合在一起，深入研究了电子商务安全体系的组成及其主要的安全防御策略与技术，并探讨了安全体系存在的一些隐患。

※**学习目标**

了解电子商务安全问题的具体表现
掌握电子商务安全技术与协议的作用
深刻体会大数据时代下电子商务安全的内涵

※**相关知识**

随着计算机网络技术的发展，电子设备与人们生活和工作联系得越来越紧密，传统的商品交易也从线下交易形式发展到了如今的广泛使用且规模越来越大的电子商务市场。通过政府的大力支持，电子商务也成为一项重要的发展产业。如今，电子商务通过信息技术手段经历了从简单的电子数据交换到现在电子商务安全交易准则。然而，电子商务并不是绝对安全的，它正面临着严峻的信息安全挑战。

9.1 安全问题

电子商务的信息安全问题主要表现在电子商务交易过程中所涉及的通信网络、通信协议和通信数据传输及存储的安全问题。通常，通信网络的安全都由一定等级的网络安全防护系统来保，网络应用及服务的安全由安全通信协议和安全管理策略来保证，电子商务中所涉及的数据安全性主要通过信息安全技术来保障。电子商务系统的信息安全涵盖了诸多安全领域的内容，包括操作系统安全、网络通信安全、网络服务及应用安全、数据库安全等。

在计算机体系结构中，操作系统是计算机实现所有功能的一把钥匙，它控制着所有的内置或外接的软硬件设备的启用，并带给用户便捷的控制体验。在电子商务安全体系架构中，操作系统安全作为最基本的安全因素，有着极其严格的管理制度。操作系统安全包括了计算机系统对电子商务应用系统的硬、软件进行安全、有效地控制，并保证网络通信、网络服务和网络应用能够可靠运行。数据库安全是电子商务体系中数据安全的核心，因为电子商务系统的数据库中保存着大量的客户资料、系统管理信息和交易信息等核心数据，这些数据很大程度上属于隐私信息，具有不可公开性，必须采取可靠的保密措施。为保障数据库安全，一般通过数据库管理软件或相关应用程序根据合适的安全保护策略对电子商务系统数据库进行有效地控制和管理。

互联网作为电子商务商品展示和商品交易的平台，同样自身存在的安全问题都可能发生在电子商务活动中。按商务任务划分，整个过程大概包括三个阶段：信息流通、资金转换、商品输送，其中以信息传递为核心。资金转换和商品输送在电子商务活动中受到信息流通的带动，相继完成。电子商务跟传统商务的最大区别就是通过计算机网络来共享资源、传递信息，促进商品交易的完成。然而在电子商务的三个过程中，计算机网络的安全是信息传递的安全保障，影响电子商务中的信息流通，也成为电子商务活动的重要支撑。

9.1.1 电子商务安全的具体表现

电子商务安全要素涉及面广，在电子商务实现的过程中主要的安全问题有以下具体表现：

1. 计算机网络安全威胁

黑客攻击是计算机网络中存在的较为普遍的现象，黑客利用计算机或者网络的漏洞篡改网页、非法侵入服务器或主机、植入木马、窃取信息，对个人及社会造成极大地危害。随着互联网的普及与发展，网络资源与日俱增，同时由于系统自身漏洞和网络监管行为的局限性，致使黑客们为了获取利益，不断扩大攻击范围和增加攻击频率。依靠计算机网络技术的发展，黑客使用的攻击手段也在不断增强，往往令人防不胜防。计算机病毒是能够破坏计算机系统的正常进行，并具有传染性的应用程序。病毒利用互联网的普遍性和扩散性，传播速度得以迅速加快，它可以侵入计算机网络，消耗系统资源，甚至可以损坏系统硬件设备，对电子商务安全造成了巨大的威胁。拒绝服务攻击(DoS)是一种破坏性的攻击,并且拒绝服务对破坏者的技术要求相对较低,通过占用大量的网络资源,增加服务器系统的负荷,造成服务器没有剩余资源为其他应用提供服务的攻击。由于攻击目标是服务器,因此后果严重,甚至会造成整个网络的瘫痪。

2. 商务交易安全威胁

电子商务活动需要在 Internet 上进行,Internet 让资源得到了最大范围的共享,但由于 Internet 自身存在着较多的安全威胁,给电子商务带来了安全隐患。现在普遍使用的 TCP/IP 协议是在数据传输前就已经判定环境是安全的,这一前提缺乏相应的安全机制,没有考虑环境安全问题。如果线路遭到窃听或者地址修改,则会造成巨大的损失;TCP/IP 协议是完全公开的,其远程访问的功能可以使攻击者进行远程攻击,更加规避了攻击行为的风险。随着软件系统规模的不断增大,系统除了承担自身漏洞带来的风险外,还要承担应用软件漏洞带来的威胁。如 OFFICE 应用程序、浏览器、多媒体播放等这些软件或程序都可能给电子商务活动构成安全威胁。

3. 电子商务网络交易中存在的问题

电子商务交易的进行可能会造成商业机密的泄露。由于计算机自身的安全漏洞和网络安全隐患,电子商务的交易信息在网络传输的过程中,如果主机被植入木马进行非法监听,则可能会造成信息泄露,更有可能被非法拦截并进行信息修改,这不但使个人遭受巨大损失,还可能间接地对他人造成损失。在身份识别方面,电子商务交易中交易双方彼此互不见面、互不认识,整个交易通过网络来完成,缺乏相应的保障。此外,电子商务的注册也仅需要通过网络进行身份验证,严谨性较差。因此存在身份被盗用的情况,至今尚未形成有效的管理措施来对网络违法行为进行监控和惩罚,即使发现了违法行为,也很难追踪到嫌疑人,消费者的利益难以得到保障。由于电子商务中会涉及个人身份及资金等比较隐私的信息,在计算机网络安全威胁与隐患仍然存在的环境中,极有可能导致信息泄露,隐私窃取,使个人遭受巨大的名誉或财产损失。

9.1.2 标准问题

如今,电子商务有着看似较为完整的标准体系,以业务操作与支撑技术为支柱,从数据、语言、格式、服务框架、通信协议、电子支付等方面保障着电子商务活动的正常开展。在安全方面,依靠稳定的安全算法和电子交易安全技术,对通信数据进行加密和身份验证的准则。然而,电子商务采用的安全技术仍存在着弊端,利用存在的安全漏洞,违法分子可以通过非法手段盗取用户的资料信息,假冒其身份与他人进行交易,达到获取非法利益的目的。由此可见,如今的电子商务安全标准体系并不完整,只能保证正常的电子商务活动开展,但是对于非法行为仍然显得无力。

9.1.3 服务问题

电子商务除了受计算机网络技术方面的影响,还受到包括人们日常的生产生活行为及制度规范等方面的外在因素。虽然电子商务发展迅猛,但出现了人才储备的不足,不能及时地解决电子商务范围内出现的各种问题。网络安全技术似乎并没有跟上网络横向发展的步伐,电子商务安全策略中涉及的关键性技术往往只掌握在极少数人手中,因而市场上很多产品都缺乏安全性技术的检验,无法保障电子商务行为的安全。由于对安全协议仍然缺乏全球的标准和规范,因此制约了国际性电子商务活动,很难提供全面的、标准的、安全的电子商务服务。在虚拟社区里,电子商务交易极其容易衍生出一系列的法律问题,用户身份的不确定性,发布信息的真实性都容易造成网络交易纠纷。此外,交易双方遵守的条约是否公平等问题,都需要为电子商务提供相应的法律保障。

9.2 电子商务安全技术与协议

9.2.1 电子商务安全技术

电子商务的关键在于让电子交易实现与传统商务交易模式一样的安全可靠的效果。传统的交易模式由于买卖双方面对面,商品的品质可以展现,买卖双方很容易信任彼此,而电子商务交易双方通过网络,距离的限制使得信任难以建立,给电子商务交易活动添加了障碍。而信息的有效性、真实性、完整性、可靠性、机密性等因素都给电子商务带来了严峻的考验。

电子商务加密技术主要包含了数字证书、数字签名、数字信封等几个方面:

1. 数字证书

数字证书是由证书授权(CA)中心发行的,以数字形式在网络通讯中标志通讯方身份信息,可以通过验证来确认身份信息。

2. 数字签名

数字签名用于接收者对信息发送者的身份验证。信息发送者利用 Hash 函数作用于报文,得到数字摘要,并用私钥进行加密得到数字签名密文,然后将报文和数字签名密文一起发送给接收者,接收者将 Hash 函数作用于报文得到的数字签名与用公钥对数字签名密文解密后的数据进行比较,若相等,则可以证明是发送方发送的。其逻辑表达式如下:

发送方:Hash(M) -> s, R(s) -> D, send(M,D);

接收方:Hash(M) -> s', R'(s) -> D', if s' = D'验证通过;

式中:M 为报文,D 为数字签名,s,s' 为报文摘要。

3. 数字信封

电子信封,与实际生活中的信封作用相同,目的是为了确保收信人恩能够收到发送者发送的消息。数字信封除了具备传统信封功能外,还有较为安全的保密措施,用于保障信息的安全。电子信封过程如下:

(1)发送方生成一个对称密钥,用该对称密钥加密要发送的报文,类似于将信件装入信封;

(2)发送方用收信方的公钥加密上述对称密钥,类似于写上收件人地址;

(3)发送方发送(1)、(2)的信息到接收方;

(4)接收方使用私钥解密被对称密钥,类似于接收方确定是自己的信件;

(5)接收方通过对称密钥对报文解密,得到真正的报文,类似于接收方阅读拆开信件。

逻辑过程如下:

发送方:$D(m)->M, R(M)->M', Send(M,M')$

接收方:$R'(M')->r, D'(r)->m$

式中 m 为报文,D 为对称密匙加密,D'为解密,R 为公钥加密,R'为私钥解密

9.2.2 电子商务安全协议

1. SSL 协议

SSL(Secure Sockets Layer,安全套接层)是为网络通信提供安全保障的一种安全协议,它在传输层对网络连接进行加密。SSL 协议是点到点的网络安全通信设计的安全通信协议,可以实现数据的完整性、机密性和可靠性。SSL 协议利用安全密码技术和基于 PKI 的数字证书技术来实现信息安全通信,目前 WEB 站点的安全通信主要使用的就是 SSL 安全通信协议。SSL 协议为应用层协议提供网络安全通信服务,分为两层,一层为 SSL 记录协议,为高层提供加密、压缩等基本功能;一层为 SSL 握手协议,用与数据传输前对通信密钥的协商以及服务器认证。

2. SET 协议

为了解决 SSL 协议对于多方信息通信的缺陷,由 Master Card 和 Visa 联合 Netscape、Microsoft 等公司开发了 SET 电子支付协议。SET 协议的主要功能是给开放的网络提供一个基于信用卡体系的安全的电子交易和电子支付平台,电子交易双方可以实现身份认证、保密通信和数据完整性校验。SET 协议是一组电子商务安全交易和支付规范,电子商务交易实体利用 SET 协议可以实现安全的电子商务交易。

SET 协议实现网络传输数据的保密性,商家只能看到客户的订单信息但不能看到交易的支付信息,而银行只能看到交易双方的支付信息而不能看到交易双方的交易信息。SET 协议利用数字签名和验证技术来验证电子交易数据的真实性,一旦出现交易纠纷可出示电子交易时保留的电子证据追回合法权益。采用 SET 协议的电子商务交易模型如图 9-1 所示。

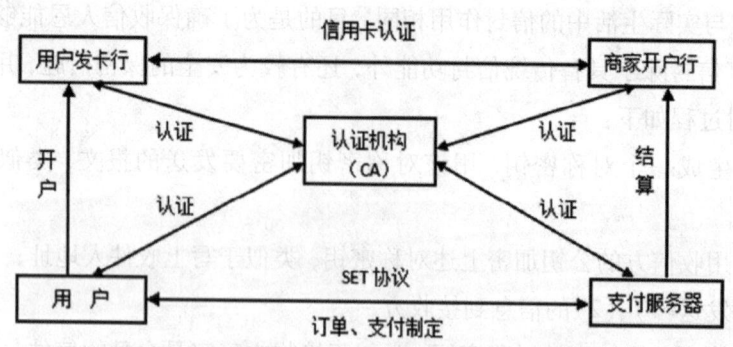

图 9-1 采用 SET 协议的电子商务交易模型

3. 安全协议存在的问题

按照 SET 协议的逻辑实现，它在理论上应该能保证电子商务交易的正常开展。但事实上，我们在电子商务交易的时候仍然出现了 SET 协议尚未解决的问题。例如，C 为客户，B 为商家，S 为支付服务器，C 需要购买 B 的产品过程如下，所有过程都经过 CA 验证：

(1) C 向 B 提交购买订单。

(2) B 向 S 提交待付款交易。

(3) C 向 S 按照订单金额。

(4) S 向 B 核对支付信息并结算。

(5) B 收到货款后发货给 C。

(6) C 收到货物。

问题 1：在过程 (1) 后 C 修改了密钥，C 可以抵赖没有发送过购买需求。

问题 2：在过程 (2) 后 B 修改了密钥，B 可以抵赖没有收到过购买请求。

问题 3：在过程 (3) 后，客户已经付款成功，但此时如果支付服务器 S 发生故障，B 没有接收到 S 发送的支付信息，则最终导致 C 付了款并未收到货物。

问题 4：在过程 (1)，(4) 后，若 B 的密钥已经透露给其他人，则其他人可以发送购买应答。

根据上述例子，电子商务的安全协议 SET 对于"不可否认性"仍然不够完善。需要通过对 CA 密钥的统一管理，才能确保交易的确定性。而对于 SSL 协议，由于加密算法的复杂度与系统资源消耗的矛盾性，因此，要想突破如今的安全瓶颈，只能采取其他技术手段来进行控制。

9.3 大数据下的电子商务安全体系的构建

9.3.1 大数据时代下电子商务安全的特点

电子商务的高速发展带来了庞大的商品信息，在电商领域内，商品的种类和数量及一些描述信息呈现出繁杂化结构甚至非结构化发展趋势。这给电商平台的信息处理能力带来了技术性挑战。大数据和云计算的出现，为海量数据的存储及计算带来了希望。高性能的云计算检索，可提高平台的信息检索能力。此外，大数据还能解决长期以来计算机不能够准确地把握人类语言应用的难题，让数据更加靠近人类思维，使信息检索功能达到质的飞跃。

电子商务平台在面对大规模用户的并发访问和提交的订单，能否实现快速反应，直接关系到平台架构的优良程度。例如：近年来，接近疯狂的双十一、双十二购物节，庞大的访问、交易量，突现了电商平台应对高并发访问的能力和强大的数据扩容能力。而这都不得不依靠大数据的处理技术，它从理论上实现了信息的无上存储能力以及超大规模的数据处理能力。可以轻松应对 TB 数量级乃至 PB 数量级的数据。

随着互联网的不断发展，人们已经进入了一个以网络为载体的数据存储时代，邮箱、网盘、博客、各式各样的私人空间都在迅速地被填充。近年来，网络流行很多花边新闻都是由信息被盗或遭受黑客攻击而造成，使当事人遭受了经济和名誉的损失，留下了难以磨灭的阴影。同样，电子商务平台汇聚了大量客户资料及购买信息，如果此类信息被不法人员窃取，将会对客户造成不可预估的损失。曾经有过类似的案例：客户信息及订单信息被盗，不法者便冒充商家对客户进行诈骗，此种相同的作案手法在全国各地陆续出现，很多客户由于没有类似经验或听闻，遭受或多或少的损失。如今，网络犯罪的数量和犯罪技术都在逐渐提高，时常令人防不胜防，更可悲的是事后往往难以抓住罪犯，往往不了了之。大数据时代下电子商务的安全体系能否对此类行为进行监督呢，答案是肯定的。曾经发生过一个事件，有个别银行账户的资金在通过大数据检查后发现交易量异常，后经报警发现，是不法分子在进行诈骗行为。因此，大数据技术能在海量事务的行为中发现异常点，而这些异常点往往是大数据价值的体现。

由此可见，新时代下电子商务安全不再是被动防御，而是在大数据技术条件下，通过对数据异常点的捕捉，经过对比分析进行的主动防御。主动发掘犯罪行为，为电子商务客户排除安全隐患，降低交易风险，形成更安全的电子商务安全体系。电子商务安全体系涉及硬件、网络、软件、运行及法律等多方面内容。以技术层面来讲，体系涵盖了数据库技术、存储技术、加密安全技术、协议安全技术及认证技术等。大数据时代的来临，为体系中的安全技术的革新赋予了新的动力，为电子商务活动添加了一份保险。

9.3.2 大数据时代对电子商务安全的影响因素

1. 数据存储方式的改变

随着网络技术的飞速发展,数据库也从局域网走向了互联网时代。然而伴随来的是数据结构的多样化,数据量与系统安全隐患的增大。当数据的价值越来越得到人们重视的同时,数据库安全的风险也越来越大。

目前,电子商务数据库仍然普遍采取关系型数据库,通过数据库管理系统来进行管理。由于数据库管理系统搭建在操作系统上,因此要确保数据库的安全,既要保证数据库管理系统自身的安全,也要保证操作系统的安全。数据库管理系统安全包括数据安全传输、存放、访问控制及备份机制等。

(1)NoSQL 的兴起。

随着互联网进入了 Web2.0 时代,传统的关系数据库已经不能够应付超大规模和高并发的 SNS 类型及大型商务网站的扩展事务,暴露了很多难以解决的问题,大大限制了企业的发展,而非关系型的数据库由于其自身的设计理念和业务处理范围得到了非常迅速的发展。NoSQL 数据库是为了解决大规模数据集的管理,包括对数据的存储及并发控制。而数据的多样化、非结构化等难题,给大数据处理及分析带来了挑战。现在 NoSQL 类型有很多,且各自拥有各自的技术优势,数据管理者要结合自己的需求选择好合适的 NoSQL 数据库,才能体现非关系型数据库具备的优势。NoSQL 数据库主要分为:键值存储数据库、列存储数据库、文档型数据库、图形数据库等。NoSQL 数据库并没有一个统一的架构,两种 NoSQL 数据库之间的不同,甚至远远超过两种关系型数据库的不同。NoSQL 没有高低之分,只能合理地使用 NoSQL 到恰当的场合,才能充分发挥 NoSQL 的优势。

Eric Brewer 在 ACM PODC 会议上的主题报告中提出了 CAP 理论,包含了一致性、可用性、分区容错性三大特性。此理论是构建非关系型数据库管理系统的基础。

CAP 理论就是说在分布式存储系统中,最多只能实现一致性和可用性两点。所以只能根据需要在一致性和可用性之间进行选择。而由于当前的网络硬件(问题)肯定会出现网络延迟、数据丢失等问题,因此我们必须要实现(分布式存储系统的)分区容忍性。

对于大数据时代的到来,关系数据库的很多主要特性和功能却无法满足对海量数据管理及分析等需求。很多 web 网站并不要求像关系数据库那样对数据的即时性读写要求很高,对数据的操作需要立刻得到体现,在一定范围内,用户是可以接受系统延迟的。很多拥有大数据量的 web 系统,考虑到查询效率和系统资源占有率,都尽量避免对大数据表做关联查询,涉及复杂的分析报表都采用离线统计分析方式。这样并不能给用户带来更好的体验。因此从需求以及产品设计角度(来说),设计查询时只用到单表的主键,就可以避免数据的关联查询,效率得到大大提高。

现在比较常用的 NoSQL 数据库主要是 Redis、Leveldb、Mongodb、HBase。HBase 作为 Hadoop 的子项目，适合于非结构化的数据存储。HBase 的一大特点是基于列的模式，这样可以增强数据库的扩展性，提高数据库的存储效率。而且，HBase 作为分布式数据库可以在廉价服务器上搭建起规模庞大且结构化的存储集群。

（2）HBase 工作原理。

HBase 是分布式的数据库，因此能够轻松应对海量数据的存储，并通过管理机制提供相应的数据服务。HBase 的运行依赖于其他文件系统，它与 Bigtable 数据库功能类似。HBase 作为存储并处理大型数据的数据库系统，即可以直接使用本地文件系统，也可以使用 Hadoop 中的 HDFS 文件存储系统。

HBase 是一个稀疏的，多维度的，排序的映射表。表的索引是行关键字，列关键字以及时间戳。HBase 与其他 NoSQL 数据库一样，存储都是字符串数据，没有类型之分。HBase 的服务器体系结构遵从简单的主从服务器架构，结构如图 9-2 所示，HMaster 负责管理所有事物，ZooKeeper 进行协调，HRegionServer 自身并不存储数据，提供存储管理功能，Hregion 作为存储载体。

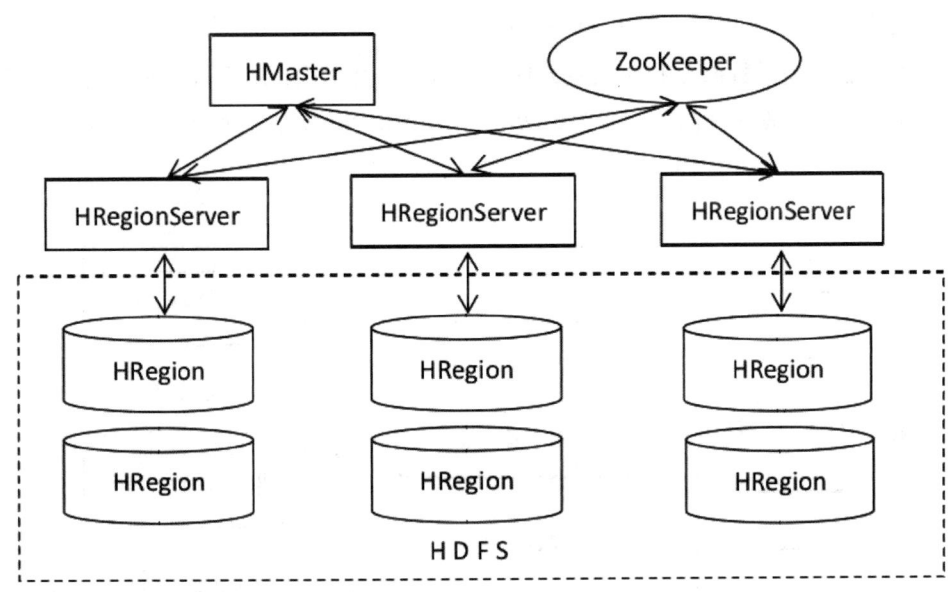

图 9-2　HMaster 与 ZooKeeper

HBase 数据库的数据类型只有字符串类型，多有的类型都交由用户自己处理，大大减轻了数据库对数据类型验证压力，意味着 HBase 存储数据的效率要比关系型数据库更高。HBase 操作只有查询、插入、删除、清空等操作，表与表之间没有联系，不用涉及关系数据库常用到的多表连接，查询等操作。在存储模式上 HBase 是基于列存储的，通过无数个文件来保存。此外，HBase 是稀疏存储数据，所以某些列可以为空。

（3）关于 SQL 与 NoSQL 数据库的思考。

有很多资料记载，关系型数据库在大数据面前暴露出它们无力的一面，无法存储和处理海量的并行数据,这也促使了 NoSQL 的诞生。然而,NoSQL 让数据存储仿佛又回到传统文件存储时代,对于已经习惯使用 SQL 语句进行数据库操作的人们来说,既感到惊讶,又感到恐慌。惊讶的是 NoSQL 具有 SQL 无法比拟的功能,它甚至改变了我们对数据的认识。恐慌的是由于 NoSQL 问世不久,人们对它们还不理解。此外,NoSQL 的配置较于 SQL 来说复杂得多,而且涉及的计算机知识较深,无法顾及计算机基础薄弱的人群。

SQL 数据库现在已经运用得较为成熟,基本能满足所有的日常业务。对于大量的数据分析或处理,只要定义了主键或索引,也能够按照要求取得结果。但这样会增加数据库的负担,当存储量达到一定级别时,进行数据处理会使数据库整体性能受到影响。

(4)大数据时代下数据存储样式设想。

大数据环境下,数据库的访问机制是否能容纳海量数据的并发访问,数据库能否处理海量数据,数据库能否存储和管理海量数据。非关系数据库的出现,解决了在大数据环境下对数据的高并发读写需求和海量数据存储问题,但是由于非关系数据库在成熟度和商业服务上还处于初级阶段。因此,面对 Web 2.0 的到来,可以将关系数据库和非关系数据库结合使用。存储结构如图 9-3 所示,数据存储控制器通过对数据来源及机构的分析,将数据进行分类并可分别存放至关系数据库和非关系数据库,例如信息索引,属性等数据可存于关系数据库,记录行为等事务数据可存放于非关系数据库。数据关联控制器主要用于将分散的数据通过关键值关联起来。

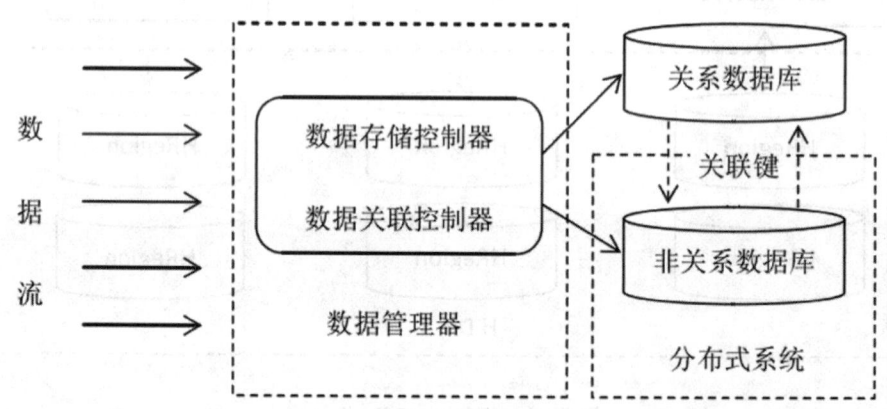

图 9-3 联合存储数据库结构图

2. 存储与信息安全

大数据时代下,要保证电子商务活动的正常开展,必须有强大的基础硬件架构。传统的存储系统面对数据增长过快,不得不重新进行部署,造成停机,影响了电子商务业务的开展,带来极大地损失。

此外,如果没有采用分布式的文件系统,传统的存储系统无法将所有存储资源进行平均分配,因而必然会导致部分存储分配较少,造成资源浪费,同样,也会导致部分存储负担较重,引发单点故障等多种后续问题。

在大数据的浪潮下,电子商务的存储系统需要拥有随时扩容的策略,同时要有提供海量数据服务的能力。虚拟化存储技术通过硬件资源虚拟化,将底层存储设备进行抽象化统一管理,保留其统一的逻辑特性,从而实现了存储系统集中的、统一的、方便的管理。

云存储基于集群存储技术(USS),有着分级存储管理、在线数据安全、按需部署存储空间等主要特点。集群将数据负载分配到各个节点,将存储空间整合为巨大的数据池,统一进行数据的管理和访问。集群存储技术可根据数据的访问频次,数据身份标识等数据,将数据存储在不同性能的存储设备上,实现分级存储管理。云存储将传统存储系统中文件系统、容量管理和磁盘阵列整合归为集群文件系统。传统的数据安全采用 RAID 方式,但只能依赖主机对磁盘间的数据进行保护。USS 可根据设定的存储份数,实现不同主机的冗余,大大地提高了数据的安全性保障。针对传统存储空间部署只能采取增加服务器硬盘或者网络连接存储的方式,USS 可以根据用户系统的需求,在运维过程中任意控制存储空间的大小,可以提高存储使用效率和减少投资成本。

信息安全主要指防止系统漏洞、黑客攻击、病毒破坏、数据修复等具有危害性的行为。信息安全策略包括了加密技术、数据监控、系统容灾和管理策略等。电子商务的信息安全也融于整体信息安全之中,但又有其特殊性,如拥有身份,账户,购买商品等涉及个人较为隐私的数据。

大数据时代的到来,给电子商务数据存储带来新的安全问题。随着人们对数据的重视程度越来越高,复杂多样的大数据存储在一起,没有人会怀疑这些数据的价值存在。这些数据的存储往往成为众矢之的,遭受到各式各样的攻击。而且对于海量数据,很容易被攻击者作为 APT(高级持续性攻击)的载体,采用传统的安全扫描手段不但消耗太多资源,而且浪费时间,已经无法满足现在的安全需求。大数据的分析平台的推出,使海量数据的处理变成可能。然而,如果大数据的技术被用到攻击手段中,这绝对成为安全防御最大的挑战。现阶段的防御体系,很难抵御大规模的并发攻击,同时,大数据的分析手段也让攻击更加准确,造成的损失也将增大。

大数据时代,建立信息安全防御体系,不但要继承传统安全防御体系的优点,还要加大对数据的监管程度,制定信息安全防御策略。与此同时,要提高大数据环境下电子商务的数据分析技术,通过数据分析寻找数据异常点,甚至可以预测一些犯罪行为的发生。

3. 信息挖掘与检索技术分析

电子商务安全体系覆盖了多个领域的安全技术,想要对电子商务安全体系进行全方位的设计,就得依靠大数据的数据挖掘与数据分析技术,用数据来论证数据,用数据来控制数据。

对大数据信息挖掘的研究主要分为可视化挖掘,内存计算,语义分析,云计算技术等几大方向。研究内容主要包括新型数据挖掘算法、可视化平台开发、机器学习模型研究、大数据自然语言识别、非机构化数据的知识发现、集成技术等。

大数据分析技术是在大数据的条件下，利用和改进原有的数据处理技术，对网络数据、群组、图等对象进行探索，根据大数据相关性原则，寻找网络行为，语言等面向领域的新型技术。

从挖掘任务和方法的角度，着重突破：可视化分析、数据挖掘算法、预测性分析、语义引擎、数据质量和数据管理。数据质量与管理是管理的最佳实践，通过标准化流程和机器对数据进行处理可以确保获得一个预设质量的分析结果。

9.3.3 大数据电子商务安全体系架构

电子商务安全体系架构是基于计算机网络和商务应用安全体系的，因此，即使在大数据时代下，电子商务安全体系架构仍然涵盖了以往传统的电子商务安全体系内容，包括电子商务安全协议、安全技术及服务范畴等多方位因素。所有因素必须保障电子商务数据安全在逻辑上是完整的，在功能和结构上是层次递进的，如图9-4所示。

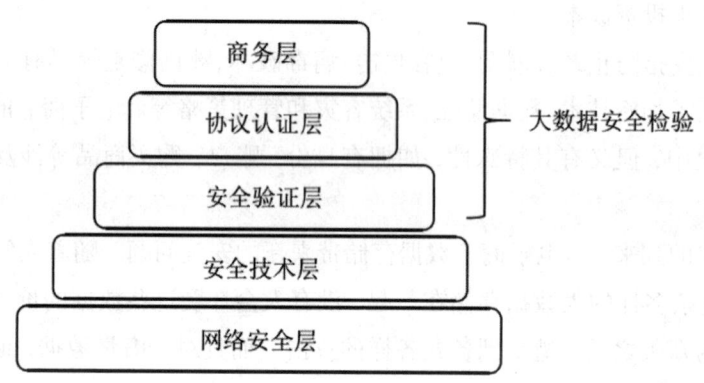

图9-4 大数据电子商务安全体系结构

网络安全层包含了网络传输、信息访问控制和防火墙等，主要是从宏观上保证网络整体安全。网络安全层主要是最大限度地限制黑客攻击行为和降低网络故障发生的几率和风险。安全技术层对数据进行加密，防止数据在传输过程中被窃取后造成巨大的损失。值得注意的是，部分传统的加密算法是通过考虑到现有计算能力的条件下进行设计的。因此，在大数据时代超强计算能力的环境下，很多及加密算法将会面临严峻的挑战，甚至被淘汰。

安全验证层包含信息的数字化验证，如数字签名、CA等。此外安全认证层也针对数据的安全性验证，一般情况下，数据的存储是经过严格的准入规则后进行存放的。然而，在遭受攻击或者非法篡改后，不但会使企业遭受难以挽回的损失，对数据的统计分析都失去意义，无法完整的对企业经营状况进行准确评估，使企业进入窘困的局面，危害巨大。

大数据环境下安全验证层是在电子商务交易的事后进行数据验证，但并没有影响其在电子商务安全体系结构中的重要地位。如同法律、法规一样，数据的安全验证会形成一种约束力，能及时的发现非法行为，并对诸多攻击行为造成威慑，从另一个角度可以保护电子商务体系的安全。

信息安全依靠"三分技术、七分管理",科学技术的日新月异,新的信息技术策略或手段的出现都会促使电子商务安全体系结构的变革。而在大数据时代,是数据的影响力迫使电子商务体系必须加强符合时代特征的安全防御策略。通过数据的检测与以往某技术的创新与革新是不同的,数据检测包括了多方面、多角度的数据采集分析,即使是某些细微环节,都可能通过数据检测发现问题。

客观地说,电子商务安全是通过数据来体现说明的,而数据的安全性一般很少有人去论证。特别是在如今信息爆炸的时代,数据云涌,在没有一些特殊需求的背景下,几乎没有人去验证数据的存储安全,即使在很多方案中提及数据的存储安全,大多都以数据的备份、数据存放的稳定性作为主要目标,很少从后台考虑到数据的有效性和安全性,究其原因是前台已经进行过筛选和过滤或是由于硬件条件及数据分析手段的不足造成的。而当下的网络攻击,虽然大部分是通过前台的服务漏洞进行侵入,然而最终目标是进行数据的窃取及篡改。考虑到网络的防御措施是滞后于攻击手段,因此,在条件允许的情况下,对存储的数据有效性及安全性进行分析是很有必要的。

大数据分析研究方法的出现,为数据的有效性和安全性分析提供了有力的支持。通过大数据分析平台,可以对数据的各种特性进行检测。

9.3.4 大数据环境下数据安全的检验方法

大数据安全分析是信息安全领域近年来的研究热点,一直受到安全企业的高度关注。回顾近几届 RSA 大会,我们不难发现大数据安全分析从概念兴起到受到热捧,再到逐渐成熟的完整周期。本节,主要提供典型的几种大数据环境下数据安全的检验方法以供参考。

1. 数据有效性检验

数据的有效性通常指符合逻辑事实的,符合规范设定的,在一定范围或取值空间内,具有特定属性的数据。通常来说,大多软件在数据录入检测时,都会添加一些数据的录入控制。例如,年龄等数据填充只能允许录入整型非负数,且要符合事实逻辑,避免出现与逻辑不符的数据。

在电子商务中,数据的有效性还包含了数据的确定性,即在交易的过程中,为了增加交易过程的合理性及有效性,分为了支付及支付确认两个环节。在支付确认前所进行的交易可称为预购行为,在这一系列环节内均可撤销,并没有形成交易行为,尚未进行电子货币支付。

在电子商务中,有很多商家为了提高自身的信誉级别,难免会使用一些不诚信的手段,如刷单等现象。为了消除此等现象,关系型数据库会增加标志位来判断数据的有效性,然而对于庞大的数据量,如果要进行数据的筛查和分析,难免会影响数据库的性能。因此,可以另外将交易日志进行数据分析或是利用非关系型数据库进行筛查,既可以保护在线数据库的吞吐和执行效率,又可以对数据的一些特性进行校验。

数据的有效性检验在以逻辑事实为前提的基础上，可以包含各种规则，例如，数据的确认性检验、数据的正确性检验等。通过数据的有效性检验，可以确认存放的数据具有参考价值，并可作为理论和事实分析的依据。此外，面对未来更为庞大且非结构化的电子商务数据，数据的有效性检验将更体现其在大数据时代具有的价值。

2. 数据安全性检验

数据的安全性包含了数据的维护、备份及恢复等方面的性质。普遍认为，要保障数据的安全性，首先得确保网络系统的安全性，保证数据在网络传输过程中不被篡改。其次要对用户进行权限划分，提供不同等级的数据操作权限，通过严格和合理的管理制度来保障数据的安全性。此外，预设数据的备份机制，可以让数据更安全的存放在现有的系统当中。

诸如上述的数据安全性的重心在于防护网络或系统遭受意外攻击，属于事前或事中的安全防护策略。数据的安全性检验是从逻辑等角度出发，验证数据的完整性及合理性。由于安全策略往往滞后于攻击手段，所以，我们不能乐观的认为我们建立的安全防御策略或措施是无懈可击的，必须承认它一定不完美，因为它可能随时遭受攻击，只是由于技术原因，我们尚未发现其缺陷。

在这样的前提下，我们有必要对存储数据的完整性和合理性进行检验。因为，很多时候，我们并不知道系统已经遭受到了网络黑客的攻击，虽然当数据丢失的时候会有遭受攻击的反映，但我们很难发现是数据遭受篡改，特别是对于一些不常用或是具有一定时间年限的数据。

为了检验存储数据的安全性，我们必须从逻辑入手，以逻辑规则作为筛查数据的第一道关卡。逻辑规则可以分为很多类，比如数据的可靠性，以性别为例，人的性别分为男女，而其他生物就分为雌雄。例如，在电子商务交易时，相同时间内不可能存在不同编号的交易数据等。

在数据的分布式处理系统尚未完善前，没有如此庞大的计算能力来用于验证数据的安全性。在大数据时代，数据分析成为了人们认识自然与社会的重要知识来源，人们对数据的态度也大为改观。因此，数据的安全性检验在不久的将来会被普遍推广。数据的安全性检验将会成为发现非法行为的第一目击者，其作用将会越来越突出。

9.4 相关案例

顺丰大战淘宝

随着菜鸟网络在 2017 年 6 月 1 日凌晨率先宣布顺丰关闭对菜鸟的数据接入，一场关于双方的"互撕"引发行业地震。顺丰对《北京商报》记者回复称，这是"一场有针对性的封杀行,并表示是菜鸟先动手封杀了顺丰,并希望顺丰站队,从腾讯云转投阿里云。菜鸟在6月1日凌晨发布的声明中特意强调了"信息安全"的布局。声明提出,此事发生前,为保护消费者隐私、电话信息安全,菜鸟正在根据安全团队的建议对全网物流数据进行信息安全升级,将加强对海淘、快递柜等物流数据的多重交叉验证,但顺丰及丰巢等出于各种原因并不配合。菜鸟与所有物流伙伴是合作关系,而不是竞争关系。

这次菜鸟和顺丰对撕的导火索是丰巢智能柜的数据全面开放问题,双方的说辞中都说对方拿了自己的数据。也许都没有对对方的觊觎之心,但是随着数据的战略价值越来越凸显,谁都无法承受这样的风险。

随后利益的相关方纷纷站队,6月2日,本着敌人的敌人是我的朋友,京东、美团外卖、网易等发声表示支持顺丰。刘强东还在今日头条发表信息称,"我相信顺丰的品质、王卫的为人!现在公民发送的所有私人快递信息,不管是不是该平台的都被拿走!已经严重违法!公民的隐私信息谁来保护?呼吁有关部门调查!"京东方面也表示,京东今年将与丰巢全面合作。

网易公司董事局主席兼CEO丁磊公开表态支持顺丰:"顺丰是我个人十分尊重的企业,顺丰一贯以来对品质的坚持,为广大中国消费者带来了很好的物流体验,这也与网易发展各项业务的要求是一致的。"

美团外卖昨日下午也宣布,将全面接入丰巢。具体合作上,双方将在餐饮、日用品、鲜花等多品类的物流配送领域共同探索更优解决方案,未来也将实现信息打通。

菜鸟这边背靠大树声势也不弱,苏宁快递、圆通速递等也纷纷发表微博声援菜鸟。双方之间你来我往,经历了两个回合,48小时的口水仗。6月3日国家邮政局官方微信公众号发布《国家邮政局协调解决菜鸟顺丰数据互通问题》的文章表示:国家邮政局对此事高度重视,及时与当事双方高层进行沟通,强调要讲政治,顾大局,寻求解决问题的最大公约数,切实维护市场秩序和消费者合法权益,决不能因企业间的纠纷产生严重的社会影响和负面效应。强制出手干预下,顺风和菜鸟之战暂时落下帷幕。

不过这场架可不是白掐的,受此事件影响,6月2日顺丰控股股价低开低走,收盘下跌1.28%,总市值2229.48亿元,下跌28亿元,还有媒体报道王卫身价蒸发了近20亿元。

淘宝也没有好太多。虽然只有2天时间,但默认顺丰配送的天猫、淘宝商家业务也受到了影响。更重要的是让不少以为背靠阿里好乘凉的商家心里有了小九九,以后未必不会多为自己谋条出路。

两个大佬为了争市场抢地盘难免有些损失,却可怜了无辜躺枪的通达系快递公司。要知道这次的焦点丰巢是2015年顺丰领衔申通、中通、韵达、普洛斯共同投资创建的深圳市丰巢科技有限公司。丰巢初期投资5亿元人民币,顺丰持股为35%,申通、中通、韵达均是20%,普洛斯为5%。除了支持菜鸟的圆通,通达系快递公司的业务严重依赖"阿里系"的电商快件。同时,他们中的几家又是丰巢的投资方。

有业内人士透露:"丰巢每天300万票快件里有200万票是通达系的,如今丰巢被封杀,个末端派送渠道被堵,给通达系各公司造成了不小的麻烦,而且各公司这些年数十亿元的投入相当于打了水漂,没法用了。"而他们也不能掉以轻心,菜鸟和顺丰的业务多有覆盖又决心占领这个市场,虽然能够暂时握手言和,然而或许在不久的将来,又会烽烟再起。

课内思考题

1. 电子商务安全的具体表现有哪些?
2. 如何进行大数据下的电子商务安全体系的构建?